정보통신기기

이시우 著

 21세기사

이 도서의 국립중앙도서관 출판예정도서목록(CIP)은 서지정보유통지원시스템 홈페이지(http://seoji.nl.go.kr)와 국가자료공동목록시스템(http://www.nl.go.kr/kolisnet)에서 이용하실 수 있습니다.(CIP제어번호: CIP2016018482)

PREFACE

 본 교재는 IT관련학과 전공자들이 기본적으로 알아야 할 정보통신기기에 관한 전문서적으로서 대학이나 전문대학의 전공교재로 활용할 수 있으며 국가자격시험인 정보통신기사, 정보통신산업기사로 활용할 수 있다. 본 교재의 특징은 장구한 서술은 피하고 그림과 내용을 간략히 요약하는 기법을 사용하여 핵심이 되는 내용을 정리하는 표현기법을 사용한 것이 특징이라 할 수 있다.

 본 교재의 구성을 살펴보면 제1장에서는 정보통신 시스템과 통신제어장치를 다루는 정보통신 단말기기를 요약정리 하였으며, 제2장에서는 정보전송의 개념과 정보전송에 사용되는 정보전송기기를 다루고 있다. 제3장에서는 유선통신과 무선통신에서 사용되는 매체로서 음성신호에 기초한 음성통신기기를 요약정리 하였으며, 제4장에서는 화상통신의 기초와 화상통신에 사용되는 화상통신기기를 다루고 있다. 제5장에서는 무선통신에 사용되는 무선통신이론의 기초와 AM, FM, SSB, 마이크로파 송수신기를 요약정리 하였다. 제6장에서는 이동통신의 기술흐름을 알 수 있는 이동통신기기에 대하여 요약정리 하였으며, 제7장에서는 위선통신의 기초와 시스템, 기지국에 대하여 요약하였으며, 제8장에서는 LAN, VAN 등 정보통신 네트워크에 관한 내용을 정리하였다.

 끝으로 이 책이 출판되기 까지 음양으로 도와준 가족들에게 이 책을 바친다.

2016년 4월 저자

2016년 5월

저자

CONTENTS

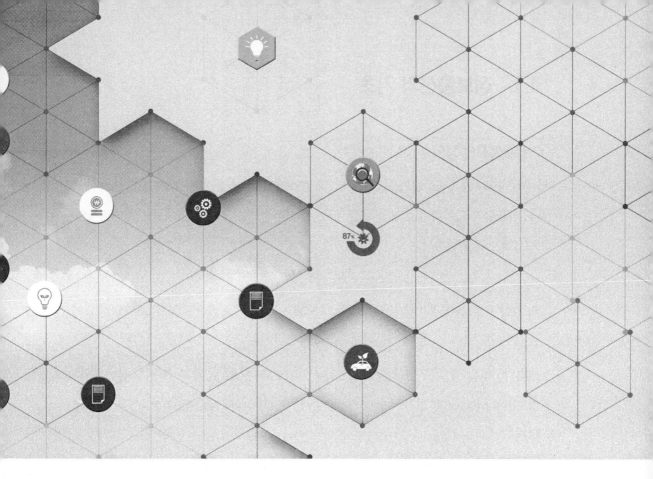

CHAPTER 1

정보단말기기

1.1 정보통신의 기초

(1) 정보통신의 정의

정보통신이란 원격지간에 정보단말기기 및 컴퓨터, 데이터 통신 시스템, 통신 네트워크 등을 이용하여 데이터나 정보를 교환하고, 취득한 정보를 유용한 형태로 신호처리하여 서비스하는 것을 말한다.

> 정보통신 = 정보단말기기 및 컴퓨터 + 통신 시스템 + 통신 네트워크 + 정보처리 및 서비스

- **데이터(Data)** : 인간이 의사 결정을 행할 수 없는 상태의 음성, 화상, 문자, 숫자의 형태
- **정보(Information)** : 인간이 의사 결정을 행할 수 있는 상태의 음성, 화상, 문자, 숫자의 형태
- **신호처리(Signal Processing)** : 음성, 화상, 문자, 숫자를 특정한 목적에 의하여 가공, 처리하는 행위.

(2) 정보통신의 특징

- 시간과 장소에 구애받지 않고 통신이 가능하다.
- 고속통신에 적합하다.
- 대용량의 다양한 정보를 기억장치에 저장하여 다수의 사람과 공동 이용이 가능하여 경제적이다.
- 데이터 및 정보를 정확히 전달할 수 있어 신뢰성이 높다.
- 데이터 및 정보를 다수에게 동시에 전송하거나 광대역 전송이 가능하다.

(3) 정보통신의 시작

- **모르스(Morse) 부호의 전신** : 1844년

- **A.G.Bell의 전화기 발명** : 1876년

- **전자계산기 발명** : 1946년

- **SAGE(Semi-Automatic Ground Environment)** : 1958년 미국의 군사용 방공망 시스템으로 개발된 최초의 정보통신 시스템이다.

- **SABRE(Semi-Automatic Business Research Environment)** : 1961년 미국 항공사의 좌석 예약 시스템이다.

- **TTS(Time Sharing System)의 실용화** : 1968년

⑷ 정보통신의 발전 단계

구 분	단계	개 요
아날로그(Analog) 전송	1	변복조기(Modem)을 이용한 음성 전용회선을 사용
	2	음성 전용회선을 공중전화망(PSTN : Public Switch Telephone Network)으로 사용
	3	광대역 데이터 전용회선을 사용
디지털(Digital) 전송	4	디지털 전용회선을 사용
	5	데이터 전용 교환망을 사용
	6	종합정보 통신망(ISDN : Integrated Service Digital Network)을 사용

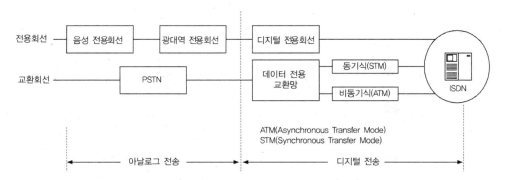

〈그림 1-1〉 정보통신 발전 단계별 블록도

(5) 정보통신의 산업

① 정보처리 산업

- 자료 입력 및 데이터 베이스의 제작

- 프로그램 개발 및 소프트웨어 제작

② 정보제공 산업

- CATV, 위성방송, 전화, FAX 등에 의한 제품 및 프로그램 제공 서비스

③ 정보통신망 산업

- 공중 통신망(PSTN : Public Switched Telephone Network)

- 근거리 통신망(LAN : Local Area Network)

- 부가가치 통신망(VAN : Value Added Network)

- 종합정보 통신망(ISDN : Integrated Service Digital Network)

1.2　정보통신 시스템의 형태

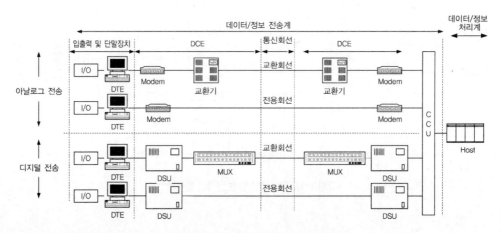

〈그림 1-2〉 정보통신 시스템의 기본형태

① 정보통신 시스템의 기본형태

데이터/정보를 전송하는 데이터/정보 전송계와 데이터/정보를 처리하거나 관리하는 데이터/정보 처리계로 구분된다.

② 입출력장치(I/O : In/Out)

인간-단말기(DTE) 상호간의 인식처리를 위해 데이터를 전기적으로 변환하는 장치.

③ 데이터 단말장치(DTE : Data Terminal Equipment)

데이터/정보의 입출력 기능과 송수신 기능을 수행한다.

④ 데이터 회선 종단장치(DCE : Data Circuit-terminating Equipment)

통신회선의 양단에 위치하며 통신회선-단말장치 상호간의 다음과 같은 기능을 수행한다.

- 통신규격에 맞는 신호로 변환
- 동기제어
- 데이터의 송수신 및 제어
- 전송제어
- 전송오류 검출 및 정정

⑤ 디지털 회선 종단장치(DSU : Digital Service Unit)

디지털 신호를 변조하지 않고 디지털 전송회선에 직접 전송하는 장치(디지털 전송선로에 사용)

⑥ 변복조기(MODEM : Modulator Demodulator)

아날로그-디지털, 디지털-아날로그 상호간에 전기적인 신호변환을 위하여 필요한 장치(아날로그 전송선로에 사용)

⑦ 다중화기(MUX : Multiplexer)

통신회선을 여러 가입자가 공동으로 공유할 수 있도록 시분할, 주파수 분할, 코드분할하는 장치.

- 시분할 다중화(TDM : Time Division Multiplexer)

- 주파수분할 다중화(FDM : Frequency Division Multiplexer)

- 코드분할 다중화(CDM : Code Division Multiplexer)

⑧ 통신제어장치(CCU : Communication Control Unit)

통신회선-컴퓨터 상호간을 전기적으로 결합시켜 다음과 같은 기능을 수행한다.

- 데이터의 송수신 제어

- 통신회선의 감시 및 접속제어

- 전송오류 검출 및 정정

- 시분할 다중통신의 제어

- 전송회선과의 전기적 결합

- 데이터의 버퍼링(Buffering)

- 문자 및 메시지의 조립, 분해

 전용회선, 교환회선

① 전용회선 : 송수신장치가 직접 연결되고, 특정의 이용자가 통신장치와 회선을 점유한다.
② 교환회선 : 통신네트워크에 의하여 다수의 이용자가 통신장치와 회선을 점유한다.

1.3 정보통신 시스템의 구성

데이터 및 정보를 송수신하기 위하여 데이터/정보 전송계와 데이터/정보 처리계로 구성된 정보통신 시스템이 필요하다.

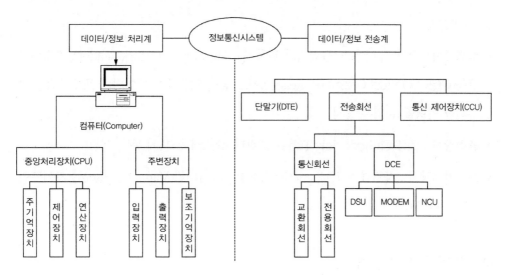

〈그림 1-3〉 정보통신 시스템의 기본구성

(1) 데이터/정보 처리계

데이터/정보 처리계는 입력된 데이터/정보를 컴퓨터에 의하여 가공, 보관, 처리하며, 컴퓨터는 다음과 같이 구성되어 있다.

① 중앙처리장치(CPU : Central Processing Unit)

중앙처리장치는 컴퓨터의 핵심적인 부분으로 데이터를 저장하거나 제어하고 계산(연산)하는 기능을 수행한다.

- **주기억장치(Main Memory Unit)** : 컴퓨터를 제어하는 기본적인 프로그램을 기억하는 장치이다. (예 하드디스크, 플로피 디스크, SRAM, DRAM, Mask ROM, PROM, EPROM, EAROM 등)
- **제어장치(Control Unit)** : 주기억장치에 저장된 프로그램의 명령어로 컴퓨터의 주변장치를 제어하는 장치이다.
- **연산장치(Arithmetic Unit)** : 프로그램의 명령을 수행하기 위해 사칙연산과 논리연산을 행하는 장치

② 주변장치

- **입력장치** : 키보드, 마우스, 광학마크 판독기(OMR : Optical Mark Reader), 광학문자 판독(OCR : Optical Character Reader)카드 등을 이용하여 데이터나 프로그램을 컴퓨터에 입력할 수 있는 장치

- **출력장치** : CRT(Cathode Ray Tube), 프린터, 플로터, 스피커 등

- **보조기억장치** : 자기디스크(Magnetic Disk), 자기테입(Magnetic Tape), 자기드럼(Magnetic Drum)

(2) 데이터/정보 전송계

데이터/정보 전송계는 단말기에 입력된 데이터/정보를 제어하고 전송하는 기능을 수행한다.

① 데이터 단말기 장치(DTE : Data Terminal Equipment)

터미널(Terminal)이라고도 하며 정보통신 시스템과 접속되는 모든 입출력 장치를 말한다.

- **DTE의 기능** : 데이터의 입출력, 데이터의 송수신

② 전송회선

터미널-터미널, 컴퓨터-컴퓨터, 터미널-컴퓨터를 연결시켜 주는 기능을 수행한다.

- **통신회선** : 전용회선과 교환회선으로 구성된다.

- **데이터 회선 종단 장치**(DCE : Data Circuit-terminating Equipment) : 데이터 회선 종단 장치로서 통신회선의 양단에 위치하며 단말기-통신회선간의 신호변환을 목적으로하는 장치이다. (예 MODEM, DSU, NCU)

  - MODEM(Modulator and Demodulator, 변·복조장치) : 아날로그-디지털, 디지털-아날로그 신호의변환장치이다.

  - DSU(Digital Service Unit, 디지털 회선 종단장치) : 디지털 전송로를 통하여 디지털 신호를 전송할 때 사용한다.

  - NCU(Network Control Unit, 네트워크 제어장치) : 회선의 교환 및 접속에 필요한 기능을 수행하는 장치이다.

- DCE의 기능
  - 신호변환 기능
  - 송수신 확인
  - 전송조작 절차의 제어
  - 신호의 동기 및 제어
  - 전송오류의 검출 및 정정

③ CCU(Communication Control Unit, 통신 제어장치)

컴퓨터의 CPU와 통신회선을 전기적으로 결합시키는 장치이다. CCU의 기능은 다음과 같다.

- CCU의 기능
  - 데이터의 송수신 제어
  - 전송오류의 검출 및 제어
  - 통신회선을 다중제어한다.
  - 전송회선과의 접속을 제어
  - 버퍼링
  - 문자 및 메시지의 조립, 분해

1.4 정보단말기

(1) 정보단말기의 분류

① 기능에 따른 분류

- **입력전용 단말기** : 데이터의 입력 기능만 갖는 단말기
  (**예** OCR, MCR, MICR, 천공카드)

- **출력전용 단말기** : 데이터의 출력 기능만 갖는 단말기

- **입출력 공용 단말기** : 데이터의 입출력 모두의 기능을 갖춘 단말기

② 데이터 종류에 따른 분류

- **직접 입출력 장치** : 음성신호, 화상신호, 문자신호 등을 사용자의 시각과 청각에 직접적으로 전달하거나 사용자가 직접 입력할 수 있는 장치
  (예 마우스, 키보드, CRT)

- **간접 입출력 장치** : 간접적인 매체를 이용하는 장치
  (예 종이테입 판독장치, 종이테입 천공장치)

③ 프로그램 내장 여부에 따른 분류

- **인텔리젼트 단말기(Intelligent Terminal)** : 단말기내에 프로그램이 내장되어 있어 여러 용도로 활용할 수 있는 단말기

- **논 인텔리젼트 단말기(Non Intellignet Terminal)** : 프로그램이 내장되어 있지 않은 단순 작업형 단말기

④ 목적에 따른 분류

- **범용 단말기** : 일반적인 용도로 사용되는 단말기

- **전용 단말기** : 특정한 업무를 위해 특수 제작된 단말기
  (예 교육용 단말기, 은행용 단말기, 예약용 단말기)

(2) 정보단말기의 기능

정보단말기의 기능은 크게 입출력 기능과 전송제어 기능으로 구분할 수 있다.

① 입출력 기능

- **입력변환 기능** : 입력된 데이터를 단말기가 인식할 수 있도록 0,1의 디지털 신호로 변환하는 기능

- **출력변환 기능** : 단말기내에서 처리한 데이터를 인간이 인식하기 쉽도록 음성/화상/문자/숫자 등의 데이터로 변환하는 기능

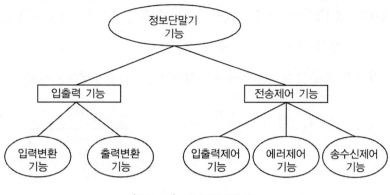

〈그림 1-4〉 정보단말기의 기능

② 전송 제어 기능

- **입출력 제어기능** : 입력 또는 출력하는 데이터의 종류, 길이, 양 등을 제어하는 기능
- **에러제어 기능** : 단말기 상호간에 신뢰성 있는 통신을 위하여 송수신 데이터의 에러를 검출하는 기능
- **송수신제어 기능** : 데이터의 송신 및 수신을 제어하는 기능

(3) 정보단말기의 구성

정보단말기는 데이터/정보를 입력하거나 출력하는 장치와 데이터/정보를 제어하는 제어 장치로 구성되어 있다.

① 입력장치

컴퓨터가 인식 처리할 수 있는 전기적 신호(2진 신호)로 변환하기 위한 장치(예 키보드, 마우스, 자기 디스크, OCR카드, OMR카드 등)

② 출력장치

컴퓨터가 처리한 데이터를 인간의 시각 또는 청각으로 인식할 수 있도록 음성, 화상, 문자 등으로 나타내는 장치(예 CRT, 프린터, 스피커 등)

③ 전송제어장치

- **회선 접속부** : 데이터와 단말기 상호간을 전기적으로 접속하는 기능을 수행하는 부분

- **회선 제어부** : 통신회선의 감시, 데이터 송수신의 제어, 전송에러 검출 및 정정, 문자의 조립 및 분해, 데이터 버퍼링의 기능을 수행하는 부분

- **입출력 제어부** : 입출력 장치를 제어 또는 감시하는 기능을 수행하는 부분

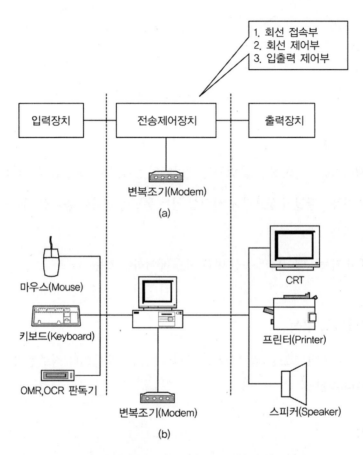

〈그림 1-5〉 정보단말기의 구성 (a) 블록도 (b) 컴퓨터의 경우

1.5 컴퓨터 단말기

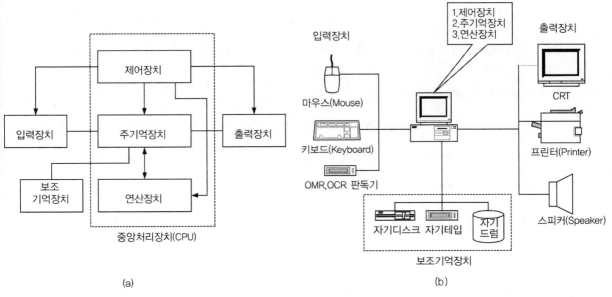

〈그림 1-6〉 컴퓨터 (a) 시스템 블록도 (b) 시스템 구성도

(1) 중앙처리장치(CPU : Central Processing Unit)

① 주기억장치(Main Memory Unit)

분류	종류	개념
RAM	SRAM	(Static RAM) 전원이 들어오는 동안에는 계속 데이터의 내용을 기억하는 특성을 갖고 있다.
	DRAM	(Dynamic RAM) 전원이 계속 들어와도 일정시간이 지나면 데이터가 소멸되므로 일정시간마다 재생(refresh)작업을 해주어야 한다
ROM	Mask ROM	데이터나 프로그램을 ROM 제작시에 넣은 기억소자로서 다시 내용을 수정할 수 없다.
	PROM	(Programable ROM) 사용자가 ROM에 데이터나 프로그램을 넣을 수 있는 기억소자로서 입력된 데이터나 프로그램을 삭제할 수 있는 것과 없는 것이 있다.
	EPROM	(Erasable and Programable ROM) PROM의 개량형으로 데이터나 프로그램을 자유롭게 입력하거나 삭제할 수 있다. 삭제할 때 자외선을 이용한다.
	EAROM	(Electrically Alterable ROM) 전기적인 장치로 데이터나 프로그램을 고속으로 삭제할 수 있는 기억소자

- RAM(Random Access Memory) : 컴퓨터의 주기억장치로서 데이터를 읽고 쓸 수 있으며, 크게 정적 램(Static RAM, SRAM)과 동적 램(Dynamic RAM, DRAM)으로 구분한다.
- ROM(Read-only memory) : 읽기 전용 기억장치로서 데이터를 한번 기록할 수 있다.

② 제어장치(Control Unit)

- **어드레스 레지스터**(Address Register) : 데이터의 번지를 나타내는 레지스터
- **인스트럭션 레지스터**(Instruction Register) : 실행중인 명령코드를 저장하는 레지스터
- **스토리지 레지스터**(Storage Register) : 주기억장치의 내용을 임시로 보관하는 레지스터
- **커멘드 디코더**(Command Decoder) : 연산장치에 보내는 명령어를 해석한다.
- **인스트럭션 카운터**(Instruction Counter) : 명령어를 순차적으로 실행할 수 있도록 어드레스를 순차적으로 증가시켜 준다.

③ 연산장치(Arithmetic Unit)

- **어큐뮬레이터**(Accumulator) : 사칙연산이나 논리연산 등의 결과를 기억한다.
- **스테이터스 레지스터**(Status Register) : 연산에 관계되는 상태를 나타낸다.
  (⑩ 연산결과, 자리올림, 인터럽트, 오버플로 등)
- **데이터 레지스터**(Data Register) : 데이터를 일시적으로 보관하는 레지스터이다.

(2) 주변기기

① 입력장치

데이터나 프로그램을 컴퓨터에 입력할 수 있는 장치

(⑩ 키보드, 마우스, 광학마크 판독기(OMR : Optical Mark Reader), 광학문자 판독기(OCR : Optical Character Reader), 천공카드(Punch Card) 등)

② 출력장치

데이터를 기록, 보관하거나 인간에게 시각적 또는 청각적으로 인식시키기 위한 장치

(예 디스플레이(Display), CRT(Cathode Ray Tube), 라인 프린터(Line Printer), 플로터, 천공카드(Punch Card) 스피커 등)

- **임팩트 프린터(Impact Printer)** : 물리적인 충격(활자의 헤머)에 의하여 인쇄하는 방식
- **논 임팩트 프린터(Non Impact Printer)** : 전자적 또는 화학적인 방법으로 인쇄하는 방식
- **라인 프린터(Line Printer)** : 한 줄을 기본 단위로 인쇄하는 방식
- **시리얼 프린터(Serial Printer)** : 문자 단위로 인쇄하는 방식

③ 보조기억장치

- **자기 디스크(Magnetic Disk)** : 디스크와 같은 형태의 자성체 알루미늄 합금 표면에 데이터를 기록하는 장치
- **자기 테입(Magnetic Tape)** : 오디오 테입과 같은 형태의 자성체의 플라스틱 표면에 데이터를 기록하는 장치
- **자기 드럼(Magnetic Drum)** : 금속 원통형의 자성체에 데이터를 기록하는 장치

(3) 채널(Channel)

중앙처리장치와 주변기기 상호간을 물리적으로 접속시켜 데이터 송수신을 제어하는 기능을 수행한다.

① 셀렉터 채널(Selector Channel)

- 여러 주변장치가 하나의 채널을 일정시간 동안 점유한다.
- 특정의 주변장치가 채널을 점유하면 다른 주변장치는 대기 상태에 있어야 한다.

② 블록 다중 채널(Block Multiplexer Channel)

- 여러 주변장치가 하나의 채널을 공유한다.
- 특정의 주변장치가 채널을 사용하고 있을시에도 인터럽트에 의해 언제든지 사용할 수 있다.
- 채널을 블록단위로 묶어 다중화 한다.

③ 바이트 다중 채널(Byte Multiplexer Channel)

- 여러 주변장치가 하나의 채널을 공유한다.

- 특정의 주변장치가 채널을 사용하고 있을시에도 인터럽트에 의해 언제든지 사용할 수 있다.

- 바이트 단위로 시분할 다중화를 한다.

(4) 컴퓨터 단말기의 종류

① 아날로그 컴퓨터(Analog Computer)

전압, 속도 등의 데이터를 연속적인 데이터로 취급하는 컴퓨터

② 디지털 컴퓨터(Digital Computer)

불연속적인 0, 1의 숫자로 데이터를 표현하여 계산하는 컴퓨터(현재 사용되고 있는 컴퓨터 대부분이 디지털 컴퓨터에 속한다.)

③ 하이브리드 컴퓨터(Hybrid Computer)

아날로그 컴퓨터와 디지털 컴퓨터를 복합화 한 컴퓨터로 아날로그 데이터와 디지털 데이터를 모두 처리할 수 있다.

(5) 통신 시스템에서의 컴퓨터 기능의 3요소

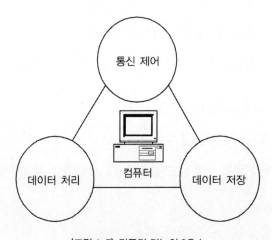

〈그림 1-7〉 컴퓨터 기능의 3요소

① 통신제어

통신회선을 통하여 데이터를 오류없이 전송하기 위하여 필요한 기능이다. 통신제어의 종류는 다음과 같다.

- **회선제어** : 모뎀(Modem), DSU에 의한 제어
- **전송제어** : 통신 프로토콜(Protocol)을 실행하는 제어
- **동기제어** : 음성신호, 영상신호, 문자신호 등의 동기(同期 : 데이터의 시작과 끝을 맞춤)를 제어
- **오류제어** : 통신시에 발생하는 오류를 검출하고 정정하는 제어
- **흐름제어** : 데이터의 오버플로(Overflow)를 방지하는 제어
- **버퍼(Buffer) 제어** : 데이터를 일시적으로 보관하는 제어
- **다중처리 제어** : 다수의 통신회선과 단말기를 동시에 병행 처리하기 위한 제어

② 데이터 처리

컴퓨터는 음성, 화상, 문자 등 다양한 데이터를 처리할 수 있어야 한다. 데이터의 처리형태는 다음과 같다.

- **실시간 처리** : 데이터를 실시간(Real Time)으로 처리한다.
- **시분할 처리** : 명령어를 순서대로 처리한다.
- **원격처리** : 작업 명령어에 의하여 프로그램을 가동한다.
- **데이터 집배신처리** : 파일 전송 시스템

③ 데이터 저장

데이터 저장은 컴퓨터가 데이터를 처리하기 위하여 필요한 요소이다. 데이터의 저장방법은 다음과 같다.

- **파일(File)** : 데이터의 레코드를 기본으로 하는 파일로 저장한다.
- **데이터 베이스(Data Base)** : 다양한 데이터가 특성을 같이하거나 특정한 목적을 위하여 분류되고 정리된 데이터의 집합체

(5) 컴퓨터 통신망의 이용목적

① 정보의 공유

- 산업이윤을 극대화함

- 정보의 가치를 극대화함

② 컴퓨터 하드웨어(H/W) 및 소프트웨어(S/W)의 공유

- 원격 접속으로 대형 컴퓨터를 이용할 수 있어 경제적임

- 소프트웨의 버전(Version) 상향에 능동적으로 대처할 수 있음

③ 정보처리의 분산화

- 컴퓨터 통신망을 통하여 여러대의 컴퓨터를 확보하는 효과를 얻을 수 있다.

- 다양한 정보를 동시에 처리할 수 있다.

(6) 컴퓨터 통신망의 종류

① 근거리 통신망(LAN : Local Area Network)

주로 회사내의 업무효율화와 정보의 통합관리를 위하여 빌딩내에 통신망을 구축하는 것을 말한다.

- 정보를 효율적으로 통합관리 할 수 있다.

- 기존의 공중전화 교환망과 연결이 쉽다.

② 부가가치 통신망(VAN : Value Added Network)

기존의 공중 통신 사업자로부터 통신회선을 임차하여 공중 통신 사업자가 제공하지 않는 서비스를 제공하기 위한 통신망을 말한다.

- 부가가치가 있는 정보나 회선을 사용자에게 판매한다.

- 음성/화상/문자 등의 정보를 제공한다.

③ 종합정보 통신망(ISDN : Integrated Service Digital Network)

- 공중전화, 이동전화, PAGER, FAX, 컴퓨터 등을 통합한 디지털 통신망이다.

- 음성/화상/문자 등의 고속통신이 가능하다.

- 다양한 통신 서비스를 제공할 수 있다.

(7) 컴퓨터 소프트웨어

컴퓨터 시스템을 가동시키기 위한 모든 소프트웨어를 운영체제(OS : Operating System)라 한다.

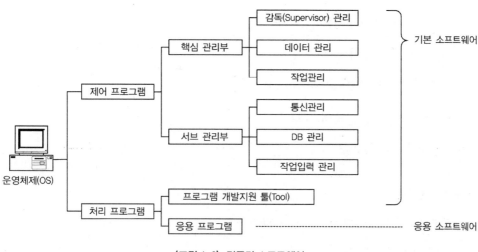

〈그림 1-8〉 컴퓨터 소프트웨어

① 운영체제(OS) 기능

제어 프로그램과 처리 프로그램으로 구성되어 있으며, 컴퓨터 시스템을 운영하기 위한 기본 소프트웨어와 응용 소프트웨어가 있다. 컴퓨터에서의 OS의 기본 기능은 다음과 같다.

- 작업의 연속처리, 작업의 다중처리의 절차

  - 단말기 조작

  - 작업의 접수 및 절차

  - 작업실행의 개시절차

- 작업의 실행

- 출력절차 혹은 작업실행의 종료절차

- **가상화** : 복수의 독립된 가상의 컴퓨터 시스템이 존재하는 것과 같은 효과를 얻는다.

- **자원의 할당처리** : 기억용량 및 파일, 프로그램 등을 작업의 크기에 따라 적당히 할당한다.

- **신뢰성의 향상** : 컴퓨터 장애의 검출과 진단, 고장수리의 기록 등 신뢰성 향상의 기능을 갖는다.

- **데이터 전송** : 컴퓨터 시스템과 통신단말기간의 데이터 전송을 가능하게 한다.

- **시스템 관리정보의 수집과 보고**

  - 시스템 운영 상황의 기록

  - 시스템 이용자의 기록

  - 각종 자원 활용 상황의 기록

  - 시스템 장애 발생 상황의 기록

  - 기밀보호 상황의 기록

② 핵심 관리부

- **감독관리** : 슈퍼바이저(Supervisor)관리

  - CPU 관리

  - 주기억장치의 관리

  - 보조 기억장치의 관리

  - 입출력 장치의 관리

  - 주변기기의 관리

- **데이터 관리**

  - 메모리 관리

  - 파일의 생성, 삭제, 엑세스 등

- **작업 관리**
    - 입출력 장치의 할당
    - 작업의 상태표시

③ 서브 관리부

- **통신관리**
    - 데이터의 전송제어- 통신망 접속제어

- DB 관리 : DB 엑세스 및 제어

- 작업입력 관리
    - 작업의 입력처리
    - 출력결과의 인쇄

④ 프로그램 개발지원 툴(Tool)

⑤ 응용프로그램

- 사용자 프로그램

- 라이브러리

1.6 통신제어 장치

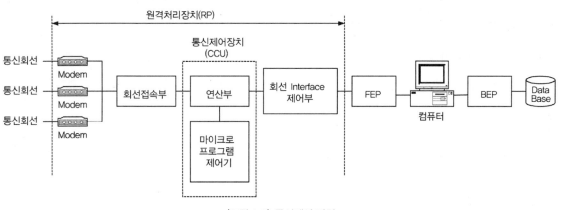

〈그림 1-9〉 통신제어 장치

(1) 통신제어의 필요성

① 정보의 효율적 이용

- **분기, 집선 기능** : 다중접속제어, 통신경로의 제어
- **회선 교환** : 통신회선의 교환 접속
- **데이터 교환** : 파일의 전송 및 수신

② 데이터의 송수신

- **통신의 시작과 종료** : 통신회선의 접속과 절단, 통신 식별기호의 확인
- **송수신 제어 기능** : 송수신 확인 및 완료 통보
- **인터럽트 제어 기능** : 신호의 인터럽트 상태 확인

③ 에러의 검출과 정정

- **전송오류 및 프로그램 오류** : CRC 검사, 패리티 검사, 재전송 요구 검사
- **데이터 손실 및 도청** : 오류 검출, 우회기능, 기밀보호

④ 다양한 제어기능을 수행

- 통신회선의 접속 : 모뎀 또는 DSU와의 접속, 신호의 표본화, 문자의 조립 및 분해
- 전송속도의 정합 : 동기제어, 순서제어, 버퍼행렬
- 통신망의 다양성 : 논리적인 통신회선의 제어

(2) 통신제어장치(CCU : Communication Control Unit)의 구성

① 회선 접속부

- 신호의 동기
- 회선종단장치와 Interface 레벨 변환
- 신호와 문자의 직병렬 변환기능

② 회선 인터페이스(Interface) 제어부

- 컴퓨터의 채널과 접속하여 컴퓨터의 명령을 수신
- 데이터의 전송

③ 연산부

- 데이터 전송을 위한 프레임 구성

- 데이터 형식의 검사

- 오류제어

- 시간감시

(3) 데이터 처리방식

① 요구조건

- **다중화** : 다수의 사용자가 동시에 사용할 수 있어야 한다.

- **리얼타임(Real Time)** : 데이터의 송수신, 컴퓨터의 계산결가가 실시간으로 처리되어 야 한다.

- **대용량 DB** : 많은 데이터를 저장할 수 있는 기억장치가 필요하다.

② 종류

- **오프라인(Off Line) 방식** : 데이터를 종이카드, 자기테입, 라인 프린터 등을 통하여 처리하는 방식이다.

- **온라인(On Line) 방식** : 데이터를 전송할 수 있는 통신장비에 의한 데이터 처리방식이다.

- **배치처리(Batch Processing) 방식** : 일정량의 데이터를 일괄처리하는 방식이다.
  - Local Batch Processing : 오프라인 방식 + 배치처리 방식
  - Remote Batch Processing : 온라인 방식 + 배치처리 방식

- **리얼타임(Real Time) 방식** : 실시간으로 데이터를 처리하는 방식

(4) 통신 제어장치와 컴퓨터 단말기의 접속형태

① 원격처리 장치(RP : Remote Processor)

Modem, 회선접속부, CCU, 회선 Interface 제어부를 포함하며 단말기를 제어하거나 통신회선의 집선장치 역할의 기능을 수행한다.

② 전처리 장치(FEP : Front End Processor)

일반적으로 통신제어 기능을 전담하는 통신제어처리 프로세서(CCP : Communication Control Processor)를 설치한다. CCP 대신에 통신제어용 전용 컴퓨터를 사용하는 경우도 있다.

③ 후처리 장치(BEP : Back End Processor)

자기 디스크 기억장치에 데이터베이스(DB : Data Base)를 구성하기 위해 전용 컴퓨터를 설치한다.

(5) 회선의 접속방식

회선의 접속형태는 포인트-투-포인트 방식, 멀티 포인트 방식, 다중화 방식, 집선방식으로 분류된다.

① 포인트-투-포인트(Point-to-Point) 방식

2점 직통방식이라고 하며, 컴퓨터와 단말기기를 직접 연결하는 방식이다.

- 컴퓨터와 단말기간의 프로토콜(Protocol)이 불필요하다.
- 컴퓨터와 단말기가 직접 연결되어 있어 전송오류가 적다.
- 전송해야 할 정보량이 많은 경우에 적합하다.
- 전용회선에 이용된다.

컴퓨터   단말기

〈그림 1-9〉 통신제어 장치포인트-투-포인트 (Point-to-Point) 방식

② 멀티 포인트(Multi Point) 방식

멀티 드롭(Multi Drop) 방식이라고 하며, 컴퓨터 한 대에 여러 대의 단말기를 접속한 방식이다.

- 비교적 적은 정보량을 취급하는 경우에 적합하다.

- 회선을 공유함으로서 회선을 효율적으로 사용할 수 있다.

- 특정구역내 접속방식으로 사용된다.

- 순차적 회선접속 방식이다.

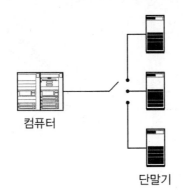

〈그림 1-11〉 멀티 포인트(Multi Point) 방식

③ 다중화(Multiplexing) 방식

가장 일반적으로 사용되고 있는 접속 방식으로 컴퓨터와 단말기간에 다중화 장치(MUX)를 연결하는 방식이다.

- 다중화 장치에는 시분할, 주파수 분할, 코드 분할 방식 등이 있다.

- 회선을 공유함으로서 효율적 사용이 가능하다.

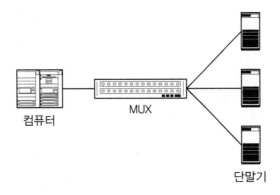

〈그림 1-12〉 다중화(Multiplexing) 방식

④ 집선(Line Concentration) 방식

적은 정보량을 취급하는 다수의 단말기를 집선장치에 연결하여 일정량의 데이터를 모아 고속으로 컴퓨터에 전송하는 방식이다.

• 고속 컴퓨터와 저속 단말기의 연결에 적합하다.

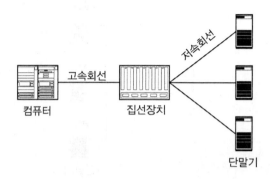

〈그림 1-13〉 집선(Line Concentration) 방식

1. 정보통신 시스템이 갖추어야 할 기능에 관한 설명으로 옳지 않은 것은?

㉮ 정보전송에 있어서 에러 검출 및 정정 기능

㉯ 목적지 주소의 인식과 아날로그 신호의 시작과 끝의 감지 능력

㉰ 통신 회선의 효율적 이용

㉱ 정보처리기기와 통신망의 용이한 접속

2. 데이터 통신의 특징으로 거리가 먼 것은?

㉮ 신뢰성이 높다.

㉯ 통신속도가 매우 빠르다.

㉰ 장시간에 걸쳐 안정적으로 동작한다.

㉱ 전용 회선을 사용하여야 한다.

3. 데이터 통신 시스템을 올바르게 설명한 것은?

㉮ 터미널 : 데이터 통신 시스템과 외부와의 접속지점에 위치하며 데이터의 입출력을 담당

㉯ 통신제어장치 : 터미널 또는 컴퓨터 상호간을 연결시켜주는 기능을 갖는다.

㉰ 데이터 통신회선 : 기억장치간의 정보 전송을 제어한다.

㉱ 전송제어장치 : 데이터 전송에 있어서 데이터의 오류를 검출하고 정정한다.

> 해설 ① 터미널(terminal) : 데이터 통신 시스템과 외부와의 접속지점에 위치하며 데이터의 입출력을 담당
> 한다.
> ② 통신제어장치(communication control unit : CCU) : 통신회선과 데이터 처리 장치를 연결하는 장
> 치로서 시스템에 있어서 불특정 다수의 사용자에 대한 실시간 처리의 실행능력과 정보통신을 위한
> 기능을 갖는다.
> ③ 데이터 통신 회선 : 데이터 통신 시스템간에 네트워크를 구성하는 회선과 접속기기 및 음향결합기
> 나 부속설비 등을 말한다.
> ④ 전송제어장치 : 데이터 전송회선이 접속에 필요한 단말제어장치

정답 1. ㉯   2. ㉱   3. ㉮

4. 데이터 전송 방식의 발전을 단계별로 옳게 나타낸 것은?

㉮ 고속 아날로그 전용회선 → 디지털 전용회선 → 음성 전용회선 → 종합통신망(ISDN)

㉯ 데이터 전용 교환망 → 음성 전용회선 → 종합통신망(ISDN)

㉰ 음성 전용회선 → 광대역 아날로그 전용회선 → 디지털 전용회선 → 종합통신망(ISDN)

㉱ 데이터 전용 교환망 → 음성 전용회선 → 디지털 전용회선 → 종합통신망(ISDN)

5. 컴퓨터와 DTE에서 사용되는 디지털 신호를 아날로그 신호로 변환하는 장치를 무엇이라 하는가?

㉮ FEP   ㉯ CPU

㉰ MODEM   ㉱ DSU

6. 컴퓨터를 구성하는 기본 요소 중 주변 장치와 연결하는 것은?

㉮ I/O   ㉯ CPU

㉰ ROM   ㉱ RAM

7. 데이터 전송계에서 신호 변환, 전송신호의 동기제어, 송수신 확인, 전송 조작절차의 제어 등을 담당하는 장치는?

㉮ TSS   ㉯ CCU

㉰ DTE   ㉱ DCE

> 해설 DCE(data circuit terminating equipment : 신호변환장치, 회선종단장치) : 데이터 전송계에서 통신 회선의 양 끝에 위치하며, 신호변환, 동기제어, 송수신 확인, 전송 조작절차의 제어 등을 담당한다.

8. 터미널의 기본적인 구성중 출력 장치에 속하는 것은?

㉮ CRT   ㉯ OCR

㉰ OMR   ㉱ MICR

정답 4. ㉱   5. ㉰   6. ㉯   7. ㉱   8. ㉮

9. 컴퓨터 구성 요소 중 주변 장치에 해당하는 것은?

㉮ 주기억장치   ㉯ 연산장치

㉰ 출력장치   ㉱ 제어장치

10. 컴퓨터의 처리 속도를 나타내는 방법으로 가장 널리 사용되는 단위는?

㉮ MIS   ㉯ MIPS

㉰ BPS   ㉱ TPS

11. DSU에 관한 설명으로 잘못된 것은?

㉮ DSU는 Digital Service Unit의 약어이다.

㉯ 모뎀의 송수신단에 필요하다.

㉰ DSU는 유니폴라 신호를 바이폴라 신호로 변환 시켜준다.

㉱ 데이터 위해서 필요성이 증대되고 있다.

12. DSU의 기능에 관한 설명 중 잘못된 것은?

㉮ 쌍극성 신호를 직렬단극성 신호로 운용된다.

㉯ 디지털 전송로의 양단에 위치한다.

㉰ 주로 교환회선에 사용된다.

㉱ 직렬 단극성(unipolar) 신호를 변형된 쌍극성(bipolar) 신호로 바꾸어 준다.

> 해설   DSU(digitla service unit) : 아날로그 전송회선에는 모뎀(modem)을 사용하지만 디지털 전송회선에
> 는 DSU를 사용한다.
>
> ① 디지털 전송회선의 양단에 위치한다.
>
> ② 직렬 유니폴라(unipolar : 단극성) 신호를 변형된 바이폴라(bipolar : 쌍극성) 신호로 변환시켜 준다.
>
> ③ 터미널이 DDS 네트워크를 이용하고자 할 때 에는 DSU를 반드시 이용하여야 한다.

13. 정보통신 시스템의 구성요소 중 데이터 처리계에 속하는 것은?

㉮ 통신회선   ㉯ 신호변환장치

㉰ 통신제어장치   ㉱ 중앙처리장치

> **해설** 정보통신 시스템의 구성
> ① 데이터 전송계
> - 데이터 회선 종단장치(Modem, DSU)   · 통신제어장치(CCU)
> - 통신회선   · 터미널
> ② 데이터 처리계
> - 중앙처리장치(CPU)   · 주변장치

14. 정보교환 회선 서비스를 받기 위하여 사용자가 설치하여야 할 장비가 아닌 것은?

㉮ 과금장치   ㉯ 모뎀

㉰ 회선 보호장치   ㉱ 단말기기

15. 데이터 통신을 위한 데이터 교환회선을 구성하는데 있어서 고속의 디지털 데이터 전용회선을
옳게 설명한 것은?

㉮ TDMA 디지털 전송로를 이용한다.

㉯ 저속의 통신에 적합하다.

㉰ 에러율이 높다.

㉱ 음성신호의 전송을 위한 네트워크 교환기에 적합하다.

16. 데이터 통신 시스템의 기본구성이 아닌 것은?

㉮ 단말 시스템   ㉯ 정보 시스템

㉰ 센터 시스템   ㉱ 네트워크 시스템

정답   13. ㉱   14. ㉮   15. ㉰   16. ㉯

17. 정보통신의 특징을 잘못 설명한 것은?

㉮ 에러 검출 및 정정하는 제어 방식을 사용하지 않는다.

㉯ 데이터 전송의 신뢰성이 높다.

㉰ 통신속도가 매우 빠르다.

㉱ 장시간의 데이터 전송을 안정적으로 수행할 수 있다.

18. 정보통신시스템에서 통신제어장치의 통신제어 필요성에 관한 설명으로 잘못된 것은?

㉮ 다중 접속제어   ㉯ 오류검출 및 정정

㉰ 데이터의 송수신 제어   ㉱ 입출력 인터럽트

19. 정보통신의 일반적인 기능에 적합하지 않은 것은?

㉮ 통신망에서 발생하는 오류의 검출 및 정정

㉯ 데이터의 도청 방지를 위한 비암호화

㉰ 목적지까지 여러 교환기를 경유하는 최단 거리 찾기

㉱ 정보처리 기기와 통신망의 용이한 접속

해설 데이터의 도청 방지를 위한 암호화 기능이 있어야 한다.

20. 데이터 종단 장치(DTE)의 구성요소가 아닌 것은?

㉮ CPU   ㉯ Interface

㉰ 단말장치   ㉱ 제어장치

21. 정보통신 시스템에서 컴퓨터의 역할이 아닌 것은?

㉮ 오류 제어   ㉯ 데이터 처리

㉰ 데이터 축적   ㉱ 통신 제어

해설 오류 제어는 데이터 전송계의 역할이다.

정답   17. ㉮   18. ㉱   19. ㉯   20. ㉮   21. ㉮

22. 정보통신의 단말장치의 전송 제어 장치에 해당되지 않는 것은?

㉮ 송수신 제어부   ㉯ 입출력 제어부

㉰ 중앙 제어부   ㉭ 에러 제어부

<u>해설</u> 전송 제어 장치의 구성 : ① 입출력 제어부, ② 송수신 제어부, ③ 에러 제어부, ④ 공통 제어부

23. 통신제어장치(communication control unit : CCU)의 기능으로 옳지 않은 것은?

㉮ 통신회선과 컴퓨터 사이의 송수신 되는 데이터의 입출력을 조정

㉯ 회선에 관한 제어나 데이터의 에러 검출 및 정정

㉰ 회선에 관한 많은 문자로 된 메시지의 조립

㉭ 회선에 관한 제어나 데이터는 터미널이 한다.

24. 정보통신 시스템에서 통신제어의 필요성에 관한 설명중 옳지 않은 것은?

㉮ 다양한 제어 기능을 수행하는 일

㉯ 입/출력, 인터럽트와 오류를 처리하는 일

㉰ 데이터를 송수신하는 일

㉭ 자원의 효율적인 이용을 가능하게 하는일

<u>해설</u> 인터럽트는 데이터의 송수신 기능 중의 일부이다.

25. 정보통신 시스템의 구성 요소가 아닌 것은?

㉮ 컴퓨터   ㉯ 터미널

㉰ 통신제어 장치   ㉭ 변조기

<u>해설</u> 정보통신 시스템의 구성 요소

     ① 컴퓨터(정보처리 시스템) : 중앙처리 장치, 주변 장치

     ② 터미널 : 단말 장치

     ③ 통신제어 장치(CCU) : 중앙처리 장치, 데이터 송수신 장치

     ④ 신호변환기 : 모뎀, DSU

<u>정답</u>   22. ㉰   23. ㉭   24. ㉯   25. ㉭

26. 정보처리 장치에서 데이터를 처리하기 쉬운 형태로 변환하는 장치는?

　㉮ 변복조 장치　　　　　　　　　㉯ 중앙처리 장치

　㉰ 통신제어 장치　　　　　　　　　㉱ 전송제어 장치

27. 정보통신의 구성요소에 해당하지 않는 것은?

　㉮ 멀티 시스템　　　　　　　　　㉯ 데이터 처리계

　㉰ 데이터 전송계　　　　　　　　　㉱ 터미널

　해설　정보통신의 구성요소 : ① 터미널(가입자 단말기기), ② 데이터 전송계, ③ 데이터 처리계

28. 정보통신 시스템의 기본적인 구성 요소에 해당하지 않는 것은?

　㉮ 데이터 단말 장치　　　　　　　㉯ 전송회선

　㉰ 통신제어 장치　　　　　　　　　㉱ 사설 교환 장치

29. 원거리에서 데이터를 송수신 할 수 있는 터미널은?

　㉮ key entry terminal　　　　　　　㉯ remote batch terminal

　㉰ intelligent terminal　　　　　　　㉱ non-intelligent terminal

30. 다음 중 범용 채널(general channel)에 적당하지 않은 것은?

　㉮ byte multiplexer channel　　　　㉯ block multiplexer channel

　㉰ file multiplexer channel　　　　　㉱ selector channel

　해설　채널의 분류

　　　① 바이트 다중 채널(byte multiplexer channel) : 1개 또는 수개의 바이트 마다 시간적으로 나누어

　　　　전송하는 방식으로 저속의 주변 장치나 다중의 입출력 장치에 사용된다.

　　　② 셀렉터 채널(selector channel) : 1개의 채널이 1개의 주변장치에 점유되어 있는 방식으로 비교적

　　　　고속의 주변 장치를 제어하는데 사용된다.

　　　③ 블록 다중 채널(block multiplexer channel) : 1개의 채널이 몇 개의 주변장치를 점유하는 방식으로

　　　　데이터를 블록 단위로 전송하는 방식이다.

정답　26. ㉰　　　　27. ㉮　　　　28. ㉱　　　　29. ㉯　　　　30. ㉰

31. 정보 통신 시스템의 데이터 전송계에 해당하지 않는 것은?

    ㉮ 데이터 단말 장치   ㉯ 신호 변환 장치

    ㉰ 입출력 채널   ㉱ 통신 회선

32. 다음 중 터미널의 기능에 있어서 전송제어 기능에 해당하지 않는 것은?

    ㉮ 송수신 제어 기능   ㉯ 에러 제어 기능

    ㉰ 입출력 제어 기능   ㉱ 입력 변환 기능

> 해설   터미널의 기능
>
>   ① 입출력 기능 : 입력 변환 기능, 출력 변환 기능
>   ② 전송제어 기능 : 입출력 제어 기능, 에러 제어 기능, 송수신 제어 기능

33. 디지털 정보 전송의 품질을 평가하는 것은 다음 중 어는 것인가?

    ㉮ 신호 대 잡음비(SNR)   ㉯ 출력 전력 대 입력 전력비(P_0 / P_i)

    ㉰ 문자 오류율(CER)   ㉱ 비트 에러율(BER)

> 해설   BER(bit error rate)은 정보 전송의 품질을 평가하는 기준으로 사용된다.
>
> $$\text{BER} = \frac{\text{Error발생 bit수}}{\text{총 전송 bit수}}$$

34. 터미널의 구성 부분이 아닌 것은?

    ㉮ 변복조부   ㉯ 입출력장치부

    ㉰ 회선제어부   ㉱ 회선접속부

> 해설   터미널의 구성
>
>   ① 입출력 장치부, ② 회선 접속부, ③ 회선 제어부, ④ 입출력 제어부

정답   31. ㉰   32. ㉱   33. ㉱   34. ㉮

35. 다음 터미널 중에서 가장 속도가 빠른 것은?

㉮ 논인텔리전트 터미널   ㉯ 트랜젝션 터미널

㉰ 인텔리전트 터미널   ㉱ 털레타이프 라이터

36. 다음 중 전송제어 장치의 제어에 해당하지 않는 것은?

㉮ 입출력 제어   ㉯ 에러 제어

㉰ 메모리 제어   ㉱ 송수신 제어

37. 데이터 전송회선과 컴퓨터 간의 전기적인 접속과 문자의 조립/분해의 기능을 수행하는 장치는?

㉮ 코덱(codec)   ㉯ 모뎀(modem)

㉰ CCU   ㉱ DTE

38. 통신제어 장치에서 사용되는 제어 기능으로 옳지 않은 것은?

㉮ 전송 제어   ㉯ 동기 제어

㉰ 입출력 제어   ㉱ 흐름 제어

39. 정보통신 시스템에서 통신제어 장치의 필요성에 관한 설명으로 옳지 않은 것은?

㉮ 데이터의 송수신 제어   ㉯ 입출력 인터럽트

㉰ 다중 접속 제어   ㉱ 오류 검출 및 정정

정답   35. ㉯   36. ㉰   37. ㉰   38. ㉰   39. ㉯

40. 정보통신 시스템에서 통신제어의 필요성에 관한 설명으로 잘못된 것은?

㉮ 입출력 인터럽트와 오류처리 ㉯ 자원의 효율적 이용

㉰ 다양한 제어 기능   ㉱ 데이터의 송수신

> 해설 **통신 제어의 필요성**
> ① 자원을 효율적으로 이용할 수 있도록 하는 일
> ② 다양한 제어 기능을 수행하는 일
> ③ 사용자의 요구에 따라 데이터를 송수신 하는 일
> ④ 데이터의 오류를 검출하고 정정하는 일

41. 컴퓨터가 터미널(terminal)에게 전송할 데이터가 있는가를 묻는 것을 무엇이라 하는가?

㉮ 어드레스(address)   ㉯ 셀렉션(selection)

㉰ 폴(poll)   ㉱ 링크(link)

42. 일반적인 단말장치의 분류에 속하지 않는 것은?

㉮ 전용 단말장치   ㉯ 복합 단말장치

㉰ 범용 단말장치   ㉱ 특수 단말장치

43. 데이터 전송계와 데이터 처리계와의 중간에 위치하는 결합 장치로 FEP라고하는 장치의 명칭은?

㉮ 모뎀   ㉯ 통신제어 장치

㉰ CPU 장치   ㉱ 전송제어 장치

44. 데이터를 전송하는데 필요한 전화선, 동축 케이블, 마이크로 웨이브, 인공위성 등에 관련 있는 장치는?

㉮ 터미널   ㉯ 모뎀

㉰ 통신제어장치   ㉱ 통신채널

정답 40. ㉮ 41. ㉰ 42. ㉱ 43. ㉯ 44. ㉱

45. 정보통신 시스템에서 사용하는 음성출력 방식이 아닌 것은?

㉮ PCM 방식 ㉯ MMS 방식

㉰ VCV 방식 ㉱ PARCOR 방식

> 해설 ① PCM(pulse code modulation) 방식 : 음성신호의 분석 합성 방식의 대표적인 방식이며 음성 파형
> 을 디지털 신호로 변환하여 사용한다.
> ② VCV(vowel consonant vowel) 방식 : 모음(vowel)과 자음(consonant)를 V+C+V의 쌍으로 만
> 들어 합성하는 방식으로 PCM 방식에 비하여 음질이 약간 떨어진다.
> ③ PARCOR(partial auto correlation) 방식 : 선형 예측 부호화(LPC) 방식을 사용하는 방식으로 음
> 성신호를 9.6kps정도로 압축할 수 있으며 2.4kbps에서는 PCM 방식에 비하여 음질이 떨어진다.

46. 전송할 데이터가 있는 터미널은 폴링(polling)하기 전에 중앙국에 데이터 송신의 유무를 묻는
전송 방식은?

㉮ roll-call polling 방식 ㉯ 콘텐션(contention)방식

㉰ 폴(poll)방식 ㉱ 셀렉션(selection)방식

47. 데이터 전송 시스템에서 순간적으로 일어나는 높은 전력의 잡음은?

㉮ 감쇠 ㉯ 위상 왜곡

㉰ 충격성 잡음 ㉱ 백색 잡음

48. 정보통신 시스템 운영체제의 구성에 있어서 제어 프로그램의 분류에 해당하지 않는 것은?

㉮ 감시 프로그램 ㉯ 데이터 관리 프로그램

㉰ 작업 관리 프로그램 ㉱ 이용자 관리 프로그램

> 해설 정보통신 시스템 운영체제 구성
> ① 제어 프로그램
> • 감시 프로그램(supervisor program) : 처리 프로그램의 실행과 컴퓨터 시스템 전체의 동작 상태
> 를 감시하고 제어 프로그램 중에서 가장 우선적으로 제어된다.

정답 45. ㉯ 46. ㉮ 47. ㉰ 48. ㉱

- 데이터 관리 프로그램(data management program) : 데이터의 입출력 제어, 기억장치에 기록된 자료를 관리하는 프로그램이다.
- 작업관리 프로그램(jop management program) : 실행할 작업들의 스케줄을 제어하여 작업을 준비하거나 작업의 우선 순위를 정하는 일을 수행한다.
  ② 처리 프로그램
- 언어 번역 프로그램(language translator program) : 사용자가 작성한 프로그램을 컴퓨터 메이커가 제공하는 프로그램이다.
- 서비스 프로그램(service program) : 범용으로 사용하는 프로그램을 컴퓨터 메이커가 제공해주는 프로그램으로 연계 편집 프로그램, 유틸리티 프로그램 등이 있다.

49. 다음 중 컴퓨터의 주변장치라 할 수 없는 것은?

㉮ 연산 장치　　　　　　　　　　　㉯ 입력 장치
㉰ 출력 장치　　　　　　　　　　　㉱ 자기 디스크

해설 컴퓨터에서 CPU(연산장치, 제어장치, 주기억 장치)를 제외한 장치를 주변장치라 한다.

50. 데이터 통신의 교환 방식은?

㉮ 분기 교환 방식　　　　　　　　　㉯ 직접 교환 방식
㉰ 축적 교환 방식　　　　　　　　　㉱ 중계 교환 방식

51. 컴퓨터 기억장치 중 주변장치의 매체가 아닌 것은?

㉮ 자기 디스크　　　　　　　　　　㉯ 레지스터
㉰ 자기 드럼　　　　　　　　　　　㉱ 천공 카드

52. 컴퓨터의 입력장치, 출력장치, 연산장치, 기억장치의 감독 및 통제, 동작명령을 수행하는 장치는?

㉮ 제어장치　　　　　　　　　　　㉯ 주변장치
㉰ 연산장치　　　　　　　　　　　㉱ 주기억장치

정답　49. ㉮　　　50. ㉰　　　51. ㉯　　　52. ㉮

53. 패킷 교환 방식의 장점이 아닌 것은?

㉮ 프로토콜이 다른 단말기와도 통신이 가능하다.

㉯ 빠른 통신속도를 필요로 하는 기기에 적합하다.

㉰ 교환기가 메시지를 추적하지 않는다.

㉱ 통신 회사에 장애가 발생하였을 경우 대체 경로를 사용할 수 없다.

54. 터미널의 기능을 구분한 것 중 터미널의 입출력 기능에 속하는 것은?

㉮ 출력 변환 기능

㉯ 에러 제어 기능

㉰ 송수신 제어 기능

㉱ 입출력 제어 기능

해설 터미널의 기능

① 입출력 기능 : 입력 변환 기능, 출력 변환 기능

② 전송 제어 기능 : 입출력 제어 기능, 송수신 제어 기능, 에러 제어 기능

55. 정보통신 시스템간의 데이터 교환을 하기 위하여 미리 약속된 형식에 의하여 데이터를 송수신
하는 것을 무엇이라 하는가?

㉮ 폴(poll)

㉯ 인터페이스(interface)

㉰ 소프트웨어(software)

㉱ 프로토콜(protocol)

56. 컴퓨터 내부의 정보 흐름을 옳게 나타낸 것은?

㉮ 입력-제어-연산-기억-출력

㉯ 입력-기억-제어-연산-출력

㉰ 입력-기억-연산-출력

㉱ 입력-연산-기억-출력

57. 단말기의 입출력 장치와 데이터 전송장치간의 통신제어 장치를 사용하지 않고 종이 테이프, 종
이 카드 등의 매체를 사용하는 방식은?

㉮ batch process system

㉯ on-line system

㉰ off-line system

㉱ delayed time system

정답   53. ㉱   54. ㉮   55. ㉱   56. ㉯   57. ㉰

58. 컴퓨터 시스템의 보조 기억 장치에 해당하지 않는 것은?

    ㉮ 자기 디스크   ㉯ 자기 드럼

    ㉰ RAM   ㉱ 자기 테이프

    해설 RAM 또는 ROM은 주기억장치에 해당한다.

59. 다음 중 통신 제어 장치에서 비트 동기, 문자 동기, 비트와 문자의 변환을 수행하는 곳은?

    ㉮ 전송 제어부   ㉯ 회선 접속부

    ㉰ 입출력 채널부   ㉱ 제어 프로세서

60. 데이터 단말장치에서 전송 화선을 통하여 들어온 데이터를 직렬, 병렬 신호로 변환하는 곳은?

    ㉮ 회선 접속부   ㉯ 회선 제어부

    ㉰ 입출력 장치부   ㉱ 입출력 제어부

61. 다음 중 자기 코어 기억 장치에 비해 반도체 기억 장치의 장점이 아닌 것은?

    ㉮ 전력 소모가 적다.   ㉯ 가격이 저렴하다.

    ㉰ 불휘발성이다.   ㉱ 부피가 적다.

62. 다음 중 컴퓨터 시스템의 중앙 처리 장치가 실행하는 명령에서 가장 먼저 실행해야 할 것은?

    ㉮ 주기억장치에서 명령을 읽는다.

    ㉯ 우선 명령을 해석한다.

    ㉰ 명령이 참조해야 할 데이터의 저장 위치를 계산한다.

    ㉱ 오퍼랜드를 주기억 장치에서 읽는다.

정답 58. ㉰   59. ㉯   60. ㉯   61. ㉰   62. ㉮

> **해설** 중앙 처리 장치에서 실행하는 명령의 순서
>
> ① 주기억장치에서 명령을 읽는다.
>
> ② 읽은 명령의 내용을 해석한다.
>
> ③ 명령이 참조해야 할 데이터의 저장 위치를 계산한다.
>
> ④ 오퍼랜드를 주기억장치에서 읽는다.
>
> ⑤ 더하기, 빼기, 곱하기, 나누기 등의 연산을 논리 장치에서 실행한다.

63. 네트워크의 구성 중 가장 기본적으로 사용되는 것으로 중앙에 컴퓨터가 있고 이를 중심으로 터미널이 연결된 형태는?

㉮ 트리(tree)형   ㉯ 링(ring)형

㉰ 그물(mesh)형   ㉱ 스타(star)형

64. 다음 중 근거리 네트워크에서 많이 사용하는 형태는?

㉮ 스타(star)형   ㉯ 트리(tree)형

㉰ 그물(mesh)형   ㉱ 링(ring)형

65. 다음 중 데이터 네트워크의 구성 형태가 아닌 것은?

㉮ polling   ㉯ star형

㉰ tree형   ㉱ mesh형

66. 캐쉬 메모리의 성능을 측정하는 히트율(hit ratio)의 식을 옳게 나타낸 것은?

㉮ CPU의 메모리 총수 + 히트수   ㉯ CPU의 메모리 총수 × 히트수

㉰ $\dfrac{\text{히트수}}{CPU\text{의 메모리 총수}} \times 100$ ㉱ $\dfrac{CPU\text{의 메모리 총수}}{\text{히트수}} \times 100$

정답   63. ㉱   64. ㉱   65. ㉮   66. ㉰

67. 정보 통신 시스템에서 시스템 동작 속도의 평가 기준으로 사용되는 것은?

    ㉮ 신뢰성   ㉯ 응답 시간

    ㉰ 데이터 처리량   ㉱ 대기 시간

68. 다음 중 연산기에 관한 설명으로 옳지 못한 것은?

    ㉮ ALU는 산술 및 논리적 연산을 하는 회로이다.

    ㉯ ALU의 입력은 보통 누산기와 임시 데이터 레지스터에서 받는다.

    ㉰ 8bit 마이크로 프로세서에서의 산술 연산은 2진수 덧셈과 뺄셈으로 이루어진다.

    ㉱ ALU가 병렬로 처리하는 bit수는 시스템의 기본 단어 수와 다르다.

> **해설** 연산기(ALU)
>
> ① ALU 병렬 처리하는 비트 수는 시스템의 기본 단어의 비트 수와 일치한다.
>
> ② ALU의 입력은 누산기 혹은 임시 데이터 레지스터에서 받는다.
>
> ③ ALU는 산술 및 논리적 연산을 하는 회로이다.
>
> ④ 8bit 마이크로프로세서의 산술 연산은 2진수 덧셈과 뺄셈만으로 이루어지며, 16bit에서는 덧셈, 뺄셈, 곱셈, 나눗셈이 가능하다.

69. 중앙에 컴퓨터 시스템이 있고, 주위에 여러 개의 터미널이 연결되어 있는 통신망의 형태는?

    ㉮ 스타형 네트워크(star network)   ㉯ 집중기

    ㉰ 링형 네트워크(ring network)   ㉱ 멀티플렉서(multiplexer)

70. 중앙처리장치의 입출력 채널에 대한 설명으로 옳지 않은 것은?

    ㉮ 블록 멀티플렉서 채널은 데이터를 블록 단위로 전송한다.

    ㉯ 셀렉터 채널은 다중 모드 전송 방식에 사용한다.

    ㉰ 데이터 전송 방식에는 버스트 모드와 다중 모드가 있다.

    ㉱ 주변 장치를 제어한다.

정답   67. ㉯   68. ㉱   69. ㉮   70. ㉯

71. 다음 중 컴퓨터를 크게 두가지 요소로 구분한 것으로 옳은 것은?

 ㉮ 기억장치, 입력장치   ㉯ 기억장치, 연산장치

 ㉰ 연산장치, 제어장치   ㉱ 하드웨어, 소프트웨어

72. 중앙처리장치의 기능에 속하지 않는 것은?

 ㉮ 데이터의 기억   ㉯ 사용자 프로그램의 송수신

 ㉰ 처리 기능의 제어   ㉱ 데이터의 연산

73. 정보통신 서비스의 분류 중 데이터 전송 서비스에 속하는 것은?

 ㉮ 정보 제공 서비스   ㉯ 정보 처리 서비스

 ㉰ 조회 처리 서비스   ㉱ 네트워크 서비스

 해설 정보통신 서비스의 분류
  ① 통신 회선의 측면
   • 전용회선 : 통신 시스템의 통신설비를 특정의 이용자가 점유함
   • 교환회선 : 통신 시스템의 통신설비를 불특정 다수가 공동으로 점유함
  ② 데이터 전송의 측면
   • 데이터 집배신 서비스
   • 메시지 교환 서비스
  ③ 이용 목적의 측면
   • 정보 제공 서비스
   • 정보 처리 서비스
   • 네트워크 서비스

정답   71. ㉱   72. ㉯   73. ㉰

연습문제

74. 다음 중 대규모 정보통신 시스템에 많이 사용하는 버퍼 방식은?

㉮ 블록(block) 버퍼 방식   ㉯ 문자(character) 버퍼 방식

㉰ 비트(bit) 버퍼 방식   ㉱ 메시지(message) 버퍼 방식

> **해설** 통신제어장치(CCU)에는 4가지 버퍼 방식이 있다.
>
> ① 블록(block) 버퍼 방식 : 컴퓨터에 데이터를 블록 단위로 전송하는 버퍼를 가지며 block check나
> 재전송 요구 기능을 갖는다.
>
> ② 문자(character) 버퍼 방식 : bit를 모아 문자로 조립시키는 문자 버퍼를 가지며 조립된 문자에서
> 제어문자를 분리시킨 후 나머지 정보 문자만을 컴퓨터로 전송한다.
>
> ③ 비트(bit) 버퍼 방식 : bit 단위로 데이터를 수행한다. 기능이 단순하여 일부 회로에만 사용한다.
>
> ④ 메시지(message) 버퍼 방식 : 대용량의 정보 통신 시스템에 많이 사용한다.

75. 다음 중 중앙처리장치의 기능에 해당하지 않는 것은?

㉮ 정보의 기억   ㉯ 정보의 연산

㉰ 모든 장치의 동작 제어   ㉱ 이용자와의 대화

76. 다음 중 정보통신 시스템의 입출력 채널에 해당하지 않는 채널은?

㉮ 셀렉터 채널   ㉯ 주파수 분할 채널

㉰ 블록 멀티플렉서 채널   ㉱ 바이트 멀티플렉서 채널

77. 데이터의 입력장치에 있어서 도표나 그림을 컴퓨터에 직접 입력할 수 있는 것은?

㉮ 디지타이저   ㉯ 플로터

㉰ 마우스   ㉱ 타블렛(tablet)

> **해설** 디지타이저 : 도표나 그림을 컴퓨터에 직접 입력 할 수 있는 장치
> 스캐너 : 그림이나 사진을 컴퓨터에 직접 입력 할 수 있는 장치

정답   74. ㉱   75. ㉱   76. ㉯   77. ㉮

78. 그림이나 사진을 컴퓨터에 직접 입력 할 수 있는 장치는?

　㉮ 타블렛(tablet)　　　　　　　㉯ 플로터

　㉰ 스캐너　　　　　　　　　　　㉱ 마우스

79. 지시펜을 사용하여 문자나 도형의 위치정보를 입력할 수 있는 장비는?

　㉮ OCR　　　　　　　　　　　㉯ tablet

　㉰ OMR　　　　　　　　　　　㉱ COM

　해설　COM(computer output microfilm) : 필름을 제작하는 장비
　　　　타블렛(tablet) : 지시펜을 사용하여 문자나 도형의 위치정보를 입력하는 장비

80. 중앙처리장치의 제어장치에 있어서 주기억장치의 내용을 임시로 보관하는 레지스터는?

　㉮ 어드레스 레지스터(Address Register)

　㉯ 인스트럭션 레지스터(Instruction Register)

　㉰ 스토리지 레지스터(Storage Register)

　㉱ 커멘드 디코더(Command Decoder)

81. 중앙처리장치의 제어장치에 있어서 데이터의 번지를 나타내는 레지스터는?

　㉮ 어드레스 레지스터(Address Register)

　㉯ 인스트럭션 레지스터(Instruction Register)

　㉰ 스토리지 레지스터(Storage Register)

　㉱ 커멘드 디코더(Command Decoder)

정답　78. ㉰　　　79. ㉯　　　80. ㉰　　　81. ㉮

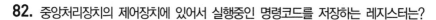

82. 중앙처리장치의 제어장치에 있어서 실행중인 명령코드를 저장하는 레지스터는?

　　㉮ 어드레스 레지스터(Address Register)

　　㉯ 인스트럭션 레지스터(Instruction Register)

　　㉰ 스토리지 레지스터(Storage Register)

　　㉱ 커멘드 디코더(Command Decoder)

83. 중앙처리장치의 제어장치에 있어서 연산장치에 보내는 명령어를 해석하는 레지스터는?

　　㉮ 어드레스 레지스터(Address Register)

　　㉯ 인스트럭션 레지스터(Instruction Register)

　　㉰ 스토리지 레지스터(Storage Register)

　　㉱ 커멘드 디코더(Command Decoder)

84. 컴퓨터 통신망에 있어서 주로 회사내의 업무효율화와 정보의 통합관리를 위하여 빌딩내에 구축한 통신망을 무엇이라 하는가?

　　㉮ 인터넷 통신망　　　　　　　　　㉯ 부가가치 통신망

　　㉰ 근거리 통신망　　　　　　　　　㉱ 종합정보 통신망

85. 컴퓨터 통신망에 있어서 기존의 공중 통신 사업자로부터 통신회선을 임차하여 공중 통신 사업자가 제공하지 않는 서비스를 제공하기 위한 통신망을 무엇이라 하는가?

　　㉮ 인터넷 통신망　　　　　　　　　㉯ 부가가치 통신망

　　㉰ 근거리 통신망　　　　　　　　　㉱ 종합정보 통신망

86. 컴퓨터 통신망에 있어서 공중전화, 이동전화, PAGER, FAX, 컴퓨터 등을 통합한 통신망을 무엇이라 하는가?

　　㉮ 인터넷 통신망　　　　　　　　　㉯ 부가가치 통신망

　　㉰ 근거리 통신망　　　　　　　　　㉱ 종합정보 통신망

정답　82. ㉯　　　83. ㉱　　　84. ㉰　　　85. ㉯　　　86. ㉱

87. 데이터 처리 방식에 있어서 일정량의 데이터를 일괄처리하는 방식은?

    ㉮ 오프라인(Off Line) 방식   ㉯ 온라인(On Line) 방식

    ㉰ 배치처리(Batch Processing) 방식   ㉱ 리얼타임(Real Time) 방식

88. 데이터 처리 방식에 있어서 데이터를 전송할 수 있는 통신장비에 의한 데이터 처리방식은?

    ㉮ 오프라인(Off Line) 방식   ㉯ 온라인(On Line) 방식

    ㉰ 배치처리(Batch Processing) 방식   ㉱ 리얼타임(Real Time) 방식

89. 데이터 처리 방식에 있어서 데이터를 종이카드, 자기테입, 라인 프린터 등을 통하여 처리하는 방식은?

    ㉮ 오프라인(Off Line) 방식   ㉯ 온라인(On Line) 방식

    ㉰ 배치처리(Batch Processing) 방식   ㉱ 리얼타임(Real Time) 방식

90. 다음 중 통신제어 기능을 전담하는 통신제어처리 프로세서(CCP : Communication Control Processor)를 설치하는 것은?

    ㉮ 원격처리 장치(RP : Remote Processor)

    ㉯ 전처리 장치(FEP : Front End Processor)

    ㉰ 후처리 장치(BEP : Back End Processor)

    ㉱ 인터페이스 장치

> 해설 통신 제어장치와 컴퓨터 단말기의 접속형태
>
> ① 원격처리 장치(RP : Remote Processor) : Modem, 회선접속부, CCU, 회선 Interface 제어부를 포함하며 단말기를 제어하거나 통신회선의 집선장치 역할의 기능을 수행한다.
>
> ② 전처리 장치(FEP : Front End Processor) : 일반적으로 통신제어 기능을 전담하는 통신제어처리 프로세서(CCP : Communication Control Processor)를 설치한다. CCP 대신에 통신제어용 전용 컴퓨터를 사용하는 경우도 있다.
>
> ③ 후처리 장치(BEP : Back End Processor) : 자기 디스크 기억장치에 데이터베이스(DB : Data Base)를 구성하기 위해 전용 컴퓨터를 설치한다.

정답 87. ㉰   88. ㉯   89. ㉮   90. ㉯

91. 다음 중 컴퓨터 한 대에 여러대의 단말기를 접속한 방식은?

    ㉮ 포인트-투-포인트(Point-to-Point) 방식

    ㉯ 멀티 포인트(Multi Point) 방식

    ㉰ 다중화(Multiplexing) 방식

    ㉱ 집선(Line Concentration) 방식

92. 다음 중 컴퓨터와 단말기기를 직접 연결하는 방식은?

    ㉮ 포인트-투-포인트(Point-to-Point) 방식

    ㉯ 멀티 포인트(Multi Point) 방식

    ㉰ 다중화(Multiplexing) 방식

    ㉱ 집선(Line Concentration) 방식

93. 다음 중 일정량의 데이터를 모아 고속으로 컴퓨터에 전송하는 방식은?

    ㉮ 포인트-투-포인트(Point-to-Point) 방식

    ㉯ 멀티 포인트(Multi Point) 방식

    ㉰ 다중화(Multiplexing) 방식

    ㉱ 집선(Line Concentration) 방식

94. 다음 중 가장 일반적으로 사용되고 있는 접속 방식으로 컴퓨터와 단말기간에 다중화 장치(MUX)를 연결하는 방식은?

    ㉮ 포인트-투-포인트(Point-to-Point) 방식

    ㉯ 멀티 포인트(Multi Point) 방식

    ㉰ 다중화(Multiplexing) 방식

    ㉱ 집선(Line Concentration) 방식

정답   91. ㉯   92. ㉮   93. ㉱   94. ㉰

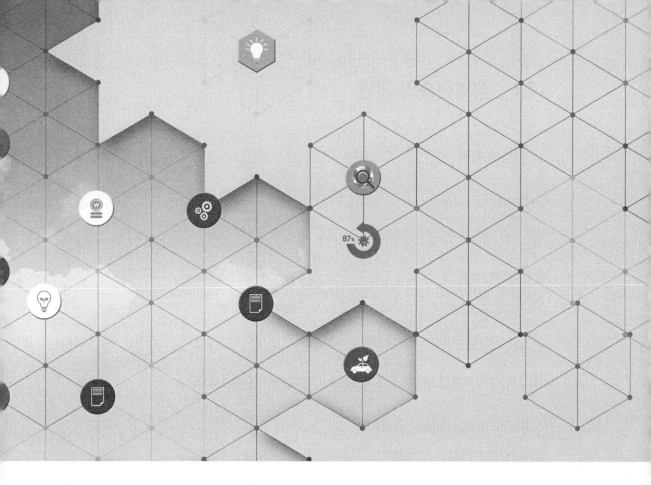

CHAPTER 2

정보전송기기

2.1 정보전송의 개념

(1) 신호의 종류

① 정보(Information)

상호간의 약속에 의하여 전달하는 의사결정 수단의 집합체를 의미한다.

② 데이터(Data)

통신 및 정보교환이 용이하도록 형식화된 자료를 데이터라 한다.

③ 코드(Code)

0과 1의 수의 체계를 2진수라 하며 2진수의 편성 형태를 부호라 한다.

④ 아날로그 신호(Analog Signal)

연속적으로 변화하는 전기신호를 아날로그 신호라 한다.

⑤ 디지털 신호(Digital Signal)

이산적(0 또는 1)으로 변화하는 전기신호를 디지털 신호라 한다.

(2) 데이터/정보 전송 시스템

데이터/정보를 전송하기 위한 시스템으로 데이터/정보를 부호화하는 부호화기와 부호화된 데이터를 전송하기 위한 변·복조기, 전송된 데이터/정보를 해독하기 위한 복조기로 구성된다.

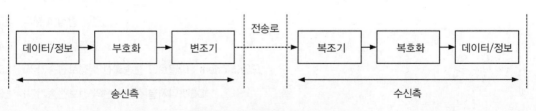

〈그림 2-1〉 데이터/정보 전송 시스템

(3) 코드(Code)의 규격

① ASCII(American Standard Code for Information Interchange) 코드

- 대표적인 정보통신용 코드
- 8bit 단위의 코드 (7bit = 정보비트, 1bit = 패리티 비트)
- 컴퓨터에 사용

② EBCDIC(Extended BCD Interchange Code) 코드

- 컴퓨터용 코드
- 9bit 단위의 코드 (8bit = 정보비트, 1bit = 패리티 비트)
- 컴퓨터에서 영문자, 숫자, 특수문자를 표현하는데 사용

③ 6bit BCD(Binary Coded Decimal) 코드

- 2진화 10진수 코드이다.
- 6bit 단위의 코드 (6bit = 정보비트, 패리티 비트 없음)
- 컴퓨터에서 영문자, 숫자, 특수문자를 표현하는데 사용

④ ISO(International Standard Organization) 코드

- ITU-T 표준 코드
- 8bit 단위의 코드 (7bit = 정보비트, 1bit = 패리티 비트)
- 정보처리에 사용

⑤ Baudot 코드

- ITU-TS 표준 코드
- 5bit 단위의 코드 (5bit = 정보비트, 패리티 비트 없음)
- 텔렉스에 사용

(3) 아날로그(Analoge Signal) 통신회선을 사용한 전송

아날로그 전송회선에 아날로그 신호를 전송하는 방법과 디지털 신호를 전송하는 방법이 있다.

① 아날로그 신호-아날로그 통신회선

• 전화(Telephone) 사용

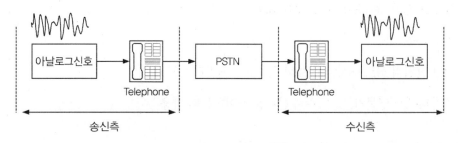

PSTN:Public Switched Telephone Network

〈그림 2-2〉 아날로그 통신회선에 아날로그 신호를 전송한 경우

② 디지털 신호-아날로그 통신회선

• 모뎀(Modem) 사용

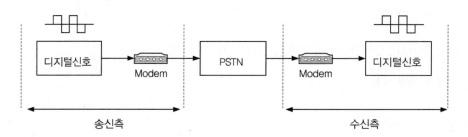

PSTN:Public Switched Telephone Network

〈그림 2-3〉 아날로그 통신회선에 디지털 신호를 전송한 경우

⑷ 디지털(Digital Signal) 통신회선을 사용한 전송

① 아날로그 신호-디지털 통신회선

• 부호화기(Codec) 사용

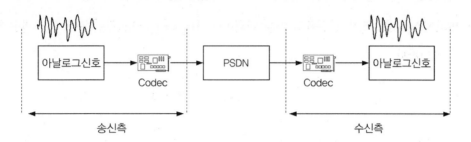

PSDN:Packet Switched Data Network

〈그림 2-4〉 디지털 통신회선에 아날로그 신호를 전송한 경우

② 디지털 신호-디지털 통신회선

• 디지털 회선 종단 장치(DSU) 사용

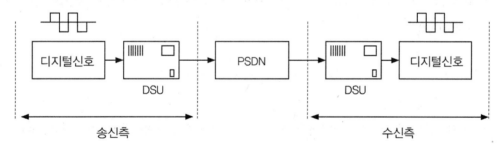

PSDN:Packet Switched Data Network

〈그림 2-5〉 디지털 통신회선에 디지털 신호를 전송한 경우

2.2 정보전송의 파라메터

(1) 전송의 단위

- **비트(Bit)** : 정보를 표현하는 최소 단위이다. 1bit로 0,1을 표현할 수 있다.

- **비피에스(bps)** : 정보 전송율의 기본 단위이다. 1bps = 1bit/sec는 1초에 1bit 전송함을 표현한다.

$$bps = 신호당 \ 비트수(bit)Baud$$

- **보오(Baud)** : 정보 전송 속도의 단위이다. 매초에 변화하는 신호의 상태를 나타낸다.

$$보오(Baud) = \frac{bps}{신호당 \ 비트수(bit)}$$

(2) 통신속도

- **변조속도(M_V)** : 초당 전송하는 신호(Pulse, 부호)의 수를 나타낸다. 단위는 보오[Baud]이다.

$$M_V = \frac{1}{펄스간격 \ T(\sec)}[Baud]$$

- **데이터 신호속도(S_V)** : 초당 전송하는 비트 수를 나타낸다. 단위는 [bps] 또는 [b/s]이다.

$$S_V = \frac{비트수(bit)}{변화점의 \ 최단시간 T(\sec)}[bps]$$

- **데이터 전송속도(T_V)** : 초당 전송하는 문자 혹은 블록의 수를 나타낸다. 단위는 [문자/초], [블록/초]이다.

$$T_V = \frac{문자수}{전송에 \ 소요된 \ 총시간 T}[문자/초]$$

- 베이러(Bearer) 속도(B_V) : 기저대(Baseband) 전송방식에서 데이터 신호, 동기 신호, 상태 신호를 포함한 전송 속도를 나타낸다. 단위는 [bps] 또는 [b/s]이다.

$$B_V = \text{데이터 신호속도}(S_V)\frac{4}{3}\,[\text{bps}]$$

- TRIB(Transfer Rate of Information Bits) : 제어신호를 제외한 정보에 할당한 비트 수를 나타낸다. 유효 전달 속도라고도 한다.

(3) 통신용량

대역폭 W, 신호전력 S, 잡음전력 N인 통신회선에서의 용량(C)는

$$C = W \log_2\left(1 + \frac{S}{N}\right)[\text{bps}]$$

(4) 효율

- 부호효율 : 전체 비트에 실제 정보에 소요된 비트 수를 나타낸다.

$$\text{부호효율} = \frac{\text{정보비트수}}{\text{전체비트수}}100\,[\%]$$

- 전송효율 : 전체 펄스에 실제 정보에 사용된 펄스 수를 나타낸다.

$$\text{전송효율} = \frac{\text{정보펄스수}}{\text{전체펄스수}}100\,[\%]$$

- 전송 시스템의 효율 : 전송 시스템의 효율은 부호와 전송효율의 곱으로 나타낸다.

$$\text{전송시스템효율} = \frac{\text{부호효율}}{100} \times \frac{\text{전송효율}}{100}100\,[\%]$$

2.3 전송 방식의 분류

(1) 전송형태에 따른 통신방식의 분류

① 단방향(Simplex) 통신방식

- 한쪽 방향으로만 통신이 가능하다.

- 2선식 회선을 사용한다.

- TV, 라디오, 전광 안내판 등에 이용된다.

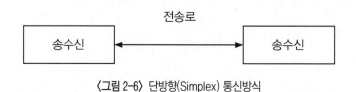

〈그림 2-6〉 단방향(Simplex) 통신방식

② 이중(Duplex) 통신방식 : 쌍방향 통신방식

- **반이중(Half-Duplex) 방식** : 조건식 쌍방향 통신방식이다.

  - 어느 한쪽이 송신 할 때는 다른 한쪽이 수신만 가능하다. 즉,송신과 수신을 동시에 수행할 수 없다.

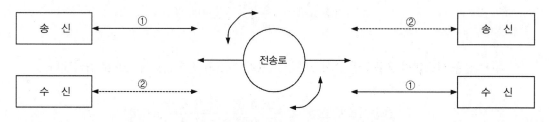

〈그림 2-7〉 반이중(Half-Duplex) 통신방식

- **전이중(Full-Duplex) 방식** : 쌍방향 통신방식이다.

  - 송신과 수신을 동시에 수행한다.

  - 통신량이 많은 곳에 적합하다.

- 통신회선의 용량이 큰 곳에 적합하다.

- 전송효율이 좋다.

- 설치비용이 많이 든다.

〈그림 2-8〉 전이중(Full-Duplex) 통신방식

(2) 동기 방법에 따른 전송방식의 분류

① 동기 전송 방식

- 한 글자가 아닌 한 묶음의 문자열을 구성하여 전송한다.

- 문자열 앞에 반드시 동기 문자가 있다.

- 동기를 위한 타이밍(Timing)신호가 있다.

- 글자사이에 빈 공간을 만들면 않된다.

- 문자 동기 방식과 비트(Bit) 동기 방식이 있다.

- 문자 동기 방식 : 기호, 문자, 숫자 등을 표현하거나 제어할 때 사용한다.

- 비트(Bit) 동기 방식 : 문자 동기 방식의 전송속도를 개선하기 위하여 사용한다.

② 비동기 전송 방식

- 한 글자씩 전송한다.

- 스타트-스톱(Start-Stop) 방식이라 한다.

- 글자의 시작과 끝에 스타트 비트(Start bit)와 스톱 비트(Stop bit)를 부가하여 글자의 시작과 끝을 알 수 있도록 한다.

- 동기를 위한 타이밍(Timing)신호가 없다.

- 글자사이에 빈 공간을 만들어도 된다.

③ 혼합형 전송 방식

• 동기 전송방식과 비동기 전송방식의 혼합한 형태의 전송방식이다.

• 글자의 시작과 끝에 스타트 비트(Start bit)와 스톱 비트(Stop bit)를 부가한다.

• 동기를 위한 타이밍(Timing)신호가 있다.

• 글자사이의 빈 공간의 길이는 한 글자의 정수배여야 한다.

(3) 연결 방법에 따른 전송방식의 분류

① 직렬 전송 방식

• 전송선을 통하여 한 글자(1bit)씩 순차적으로 전송된다.

• 송수신측에 동기가 필요하다.

• 경제적이다.

• 원거리 전송에 적합하다.

• 병렬전송에 비해 전송 속도가 느리다.

• 시스템 구성이 복잡하다.

② 병렬 전송 방식

• 여러개의 전송선을 통하여 한 글자(8bit)씩 동시에 전송된다.

• 전송회선이 많아 비 경제적이다.

• 근거리 전송에 적합하다.

• 전송 속도가 빠르다.

• 문자 간격을 식별하는 Strobe 신호를 사용한다.

• 데이터 수신상태를 알리는 Busy 신호를 사용한다.

• 시스템 구성이 단순하다.

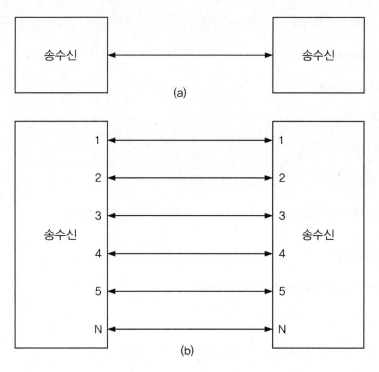

〈그림 2-9〉 (a) 직렬전송 (b) 병렬전송

⑷ 전송 매체의 분류

① 유선 전송매체

• **트위스트 페어(Twisted Pair)**

- **전송률** : 4Mbps

- **대역폭** : 250kHz

- **중간 증폭기 설치거리** : 2~3km(아날로그 신호사용), 5~6km(디지털 신호사용)

• **동축케이블(Coaxial Cable)**

- **전송률** : 500Mbps

- **대역폭** : 350MHz

- 가장 널리 사용되는 전송매체이다.

- TV, 전화, 통신망에 사용되는 전송매체이다.

- 트위스트 페어에 비해 신호간섭과 누화가 적다.

- 중간 증폭기 설치거리 : 1~10km(아날로그 신호사용), 1km(디지털 신호사용)

- 광섬유(Optical Fiber)

  - 전송률 : 2Gbps

  - 대역폭 : 2GHz

  - 신호의 왜곡이 적다.

  - 신호전송의 신뢰성 및 신속성이 우수하다.

  - 주파수 대역폭이 넓은 신호나 많은 양의 데이터 전송에 적합하다.

② 무선 전송매체

- 지상 마이크로파(Terrestrial Microwave)

  - 1~30GHz대의 주파수를 사용한다.

  - 주파수가 높을수록 대역폭이 넓어져 데이터 전송률도 높아진다.

  - 옥내, 옥외의 데이터 전송에 적합하다.

  - 대용량의 전송매체로 사용되며 전화에서 위성통신에 이르기까지 사용범위가 광범위하다.

- 위성 마이크로파(Satellite Microwave)

  - 3~30GHz대의 주파수를 사용한다.

  - 1GHz 이하의 주파수 대역에서는 우주 잡음, 태양열 잡음 등에 영향을 받기 쉽다.

  - 광범위한 지역의 통신망 구축에 적합하다.

- 라디오파(Radiowave)

  - 30MHz~1GHz의 주파수를 사용한다.

  - 비교적 넓은 지역의 전송에 사용된다.

2.4 변조방식의 분류

변조방식에는 아날로그 변조방식과 디지털 변조방식이 있다. 아날로그 변조방식은 주로 무선 송수신계에 사용되며 디지털 변조방식은 유선 송수신계에 사용된다. 유선 전송기기 인 모뎀(Modem)에는 디지털 변조방식을 사용한다.

(1) 아날로그 변조방식

- **진폭변조(AM : Amplitude Modulation)** : 변조파의 진폭에 비례하여 반송파의 진폭 이 변하는 변조방식

- **주파수 변조(FM : Frequency Modulation)** : 변조파의 순시치 변화에 비례하여 반송 파의 순시주파수가 변하는 변조방식

- **위상 변조(PM : Phase Modulation)** : 변조파의 진폭에 비례하여 위상이 변위하는 변 조방식

- **각변조(Angle Modulation)** : 주파수와 위상은 상호 밀접하게 연관되어 있으며, 주파 수와 위상을 함께 변조하는 방식이다. 주파수변조(FM) + 위상변조(PM)

(2) 디지털 변조방식

- 진폭편이 변조방식(ASK : Amplitude Shift Keying)

- 주파수편이 변조방식(FSK : Frequency Shift Keying)

- 위상편이 변조방식(PSK : Phase Shift Keying)

- 직교진폭 변조방식(QAM : Quadrature Amplitude Modulation)

(3) 진폭편이 변조방식(ASK : Amplitude Shift Keying)

① 진폭편이 변조방식의 개념

- 반송파(케리어 : Carrier)로 사용하는 정현파의 진폭에 정보/데이터를 실어 보내는 변 조 방식이다.

- 데이터의 크고 작음에 따라 반송파의 진폭이 변화한다.

② 진폭편이 변조방식의 특징

• 가장 초기의 변조 방식이다.

• 구조가 간단하여 가격이 저렴하다.

• 근거리 전송에 적합하다.

• 다른 방식에 비해 잡음이 많다.

• 신호의 레벨 변동에 약하다.

③ 2진폭 편이 변조

정현파의 진폭을 "0", "1"로 표현하는 변조방식

④ 4진폭 편이 변조

정현파의 진폭을 "00", "01", "10", "11"로 표현하는 변조방식

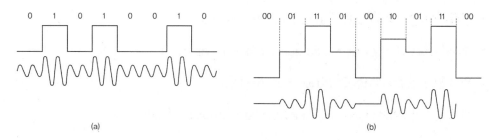

〈그림 2-10〉 진폭 편이 변조(ASK) (a) 2진폭 편이 변조 (b) 4진폭 편이 변조

(4) 주파수편이 변조방식(FSK : Frequency Shift Keying)

① 주파수편이 변조방식의 개념

• 반송파로 사용하는 정현파의 주파수에 정보/데이터를 실어 보내는 변조 방식이다.

- 반송파의 진폭은 일정하다.

- 데이터 0에는 높은 주파수, 1에는 낮은 주파수를 할당한다.

② 주파수편이 변조방식의 특징

- 저속의 데이터 전송에 적합하다.

- 원거리 전송에 적합하다.

- 비동기식 모뎀이다.

- 레벨 변동에 강하다.

- 주파수 변동이 적은 장점이 있다.

- 주파수 대역폭이 넓은 단점이 있다.

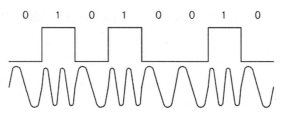

〈그림 2-11〉 주파수편이 변조방식 (FSK)

(5) 위상편이 변조방식(PSK : Phase Shift Keying)

① 위상편이 변조방식의 개념

- 반송파로 사용하는 정현파의 위상에 정보/데이터를 실어 보내는 변조방식이다.

- 반송파의 진폭은 일정하다.

- 데이터의 변화점(0→1, 1→0)에서 반송파의 위상이 바뀐다.

- **2위상 변조방식** : 데이터의 변화점에서 반송파의 위상이 180° 바뀐다.

- **4위상 변조방식** : 데이터의 변화점에서 반송파의 위상이 90° 바뀐다.

- **8위상 변조방식** : 데이터의 변화점에서 반송파의 위상이 45° 바뀐다.

② 위상편이 변조방식의 특징

- 기준위상이 필요하다.

- 중고속의 데이터 전송에 적합하다.

- 고품질의 데이터 전송에 적합하다.

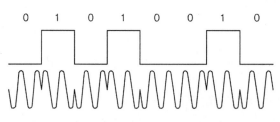

〈그림 2-12〉 위상편이 변조방식(PSK)

⑹ **직교진폭 변조방식(QAM : Quadrature Amplitude Modulation)**

① 직교진폭 변조방식의 개념

- 반송파로 사용하는 정현파의 진폭 및 위상을 상호 변환하여 정보/데이터를 실어 보내는 변조방식이다.

② 직교진폭 변조방식의 특징

- ASK와 PSK를 혼합한 방식이다.

- 고속의 데이터 전송에 적합하다.

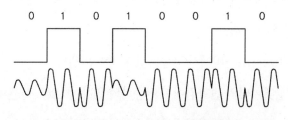

〈그림 2-13〉 직교진폭 변조방식(QAM)

2.5 모뎀(Modem : 아날로그 전송회선의 정보전송기기)

(1) 모뎀(Modem)의 기본 기능

모뎀은 데이터 회선 종단장치(DCE : Data Circuit-terminating Equipment)의 일종으로 데이터를 아날로그 전송회선에 전송하기에 적합하도록 아날로그 신호를 디지털 신호로 변환하거나 디지털 신호를 아날로그 신호로 변환하는 변복조기 이다.

- 등화기능 : 신호의 전송에 따른 일그러짐을 보상해 주는 기능
- AGC(Automatic Gain Cotrol)기능 : 신호의 이득을 자동으로 조절하는 기능
- 스크램블(Scramble) 기능 : 전송오류를 줄이기 위하여 데이터의 "1"과 "0"이 연속적으로 발생하는 것을 방지하는 기능
- 디스크램블(Descramble) 기능 : 스크램블하여 전송된 데이터를 복원하는 기능

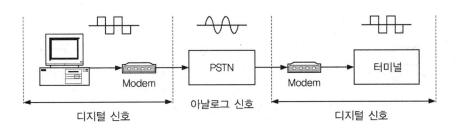

PSTN:Public Switched Telephone Network

〈그림 2-14〉 모뎀의 신호처리

(2) 모뎀(Modem)의 자동 기능

① 자동시험 기능

모뎀에는 패턴 발생기가 탑재되어 있으며 반송(返送)되어 오는 패턴신호로 모뎀자체 및 전송선로의 고장상태를 파악할 수 있는 기능이다. 모뎀의 시험기능에는 4종류가 있다.

- 패턴발생기 자체 시험
- 자국모뎀 시험

- 전송회선의 시험
- 상대편 모뎀의 시험

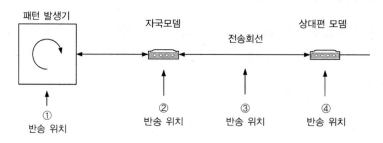

〈그림 2-15〉 모뎀의 시험기능

② 자동호출 기능

상대 단말기와 데이터 송수신을 위하여 자동호출하는 기능이다. 컴퓨터가 네트워크 상에서 상대 모뎀을 주기적으로 폴링할 때 주로 사용하는 기능이다.

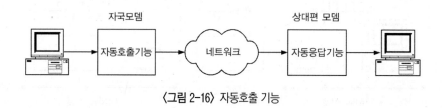

〈그림 2-16〉 자동호출 기능

③ 자동응답 기능

네트워크상에서 상대 단말기의 호출신호에 자동으로 응답하여 상대 단말기와 연결될 수 있도록 하는 기능이다.

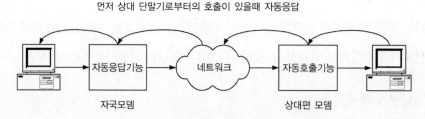

〈그림 2-17〉 자동응답 기능

④ 자동 속도조절 기능

네트워크상에서 상대 단말기의 전송속도에 자동으로 대응하는 기능이다.

(3) 모뎀(Modem)의 송신부와 수신부

- **컴퓨터(Computer) 혹은 단말기(Terminal)** : 디지털 신호의 데이터를 입출력한다.
- **부호화기(Encoder)** : 데이터의 "1"과 "0"이 연속적으로 발생하지 않도록 스크램블한다.
- **변조기(Modulation)** : 1,700~1,800Hz의 반송 주파수를 사용하여 디지털 신호를 아날로그 신호로 변조한다.
- **대역제한 여파기(BLF : Band Limiting Filter)** : 합의 주파수만 통과시키고 차의 주파수는 제거한다.
- **증폭기(AMP : Amplifier)** : 신호를 증폭한다.
- **변압기(TF : Transformer)** : 신호의 전압을 높인다.
- **등화기(EQ : Equlaizer)** : 신호의 일그러짐을 보상한다.
- **AGC(Automatic Gain Cotrol)기능** : 신호의 이득을 자동으로 조절한다.
- **복조기(Demodulation)** : 아날로그 신호를 디지털 신호로 복원한다.
- **복호화기(Decoder)** : 부호화된 신호를 본래의 신호로 복원한다.

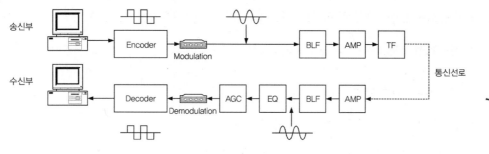

〈그림 2-18〉 모뎀의 구조

⑷ 모뎀(Modem)의 분류

① 동기 형태에 따른 분류

- **동기식 모뎀** : 2,400[bps]에서 사용

- **비동기식 모뎀** : 1,200[bps]에서 사용

② 주파수 대역폭에 따른 분류

- **60~299[Hz]** : 50[bps]에서 사용

- **300~3.4[kHz]** : 9,600~56,000[bps]에서 사용

- **48~240[kHz]** : 56,000[bps]이상의 고속 모뎀용

③ 통신속도에 따른 분류

- **저속** : 300[bps]이하

- **중속** : 1,200~2,400[bps]

- **고속** : 4,800~56,000[bps]

④ 등화방식에 따른 분류

- **고정등화 모뎀** : 등화회로의 특성이 고정됨

- **가변등화 모뎀** : 등화회로의 특성이 자동으로 조절됨

⑤ 회선의 종류에 따른 분류

- **공중회선 모뎀** : 공중 통신망의 회선을 이용한 모뎀(저속, 중속용 모뎀)

- **전용회선 모뎀** : 전용회선을 이용한 모뎀(고속용 모뎀)

⑥ 포트수에 따른 분류

- **단포트 모뎀** : 2,400[bps]이하의 모뎀에 사용

- **멀티포트 모뎀** : 4,800[bps]이상의 모뎀에 사용(포트수 = 2개, 4개, 6개)

(5) 기타 모뎀(Modem)

① 지능형(Intelligent) 모뎀

2개의 분리된 채널을 통하여 데이터와 제어신호를 전송한다.

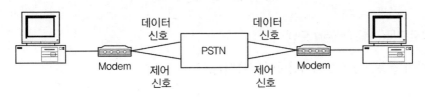

〈그림 2-19〉 지능형 모뎀

② 멀티포트(Multiport) 모뎀

모뎀에 시분할 다중화기(TDM : Time Division Multiplexer)를 혼합한 형태의 모뎀.

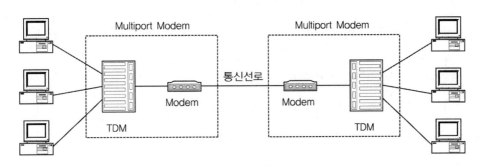

〈그림 2-20〉 멀티포트 모뎀

③ 멀티포인트(Multipoint) 모뎀

* 데이터의 지연시간을 단축시키기 위하여 폴링(Polling)을 고속으로 할 수 있는 모뎀

* 단말기의 응답시간 = 데이터 처리시간 + 데이터 전송시간

* 전송시간의 지연에 관계되는 파라메터

    - **데이터 처리 지연** : 데이터 처리에 소요되는 지연

    - **변복조 지연** : 신호의 변복조에 소요되는 지연

    - **응답지연** : 단말기가 응답하는데 소요되는 지연

〈그림 2-21〉 멀티포인트 모뎀

④ 선로구동(Line Driver) 모뎀

데이터의 전송거리를 늘리기위하여 사용한다.

⑤ 제한거리(Limited Distance) 모뎀

비교적 짧은 거리에서 사용된다.

⑥ 베이스밴드(Base Band) 모뎀

• 구내모뎀 혹은 Short-haul 모뎀이라고 한다.

• 가정이나 빌딩내의 단말기들을 접속하여 외부의 전용회선을 접속할 때 사용한다.

⑦ 음향결합기(Acoustic Coupler)

• 전화의 송수화기를 통하여 데이터를 전송하는 방식이다.

• 저속의 데이터 전송에 적합하다. (예 1,200bps 이하)

• 변조방식은 비동기식 FSK를 사용한다.

• 설치가 간단하고 경제적이다.

(6) 모뎀(Modem)의 규격

모뎀의 표준 규격은 국제 전기 통신 연합(ITU : International Telecommunications Union)의 표준안인 ITU-T의 규격에 따라 음성대역과 광대역으로 분류하고 있다.

〈표 2-1〉모뎀 규격

주파수 대역	ITU-T 권고번호	사용회선	동기형태	통신속도
음성대역	V.21	교환회선	비동기	300 bps
	V.22	교환회선	비동기	300/1,200 bps
	V.23	교환회선	비동기	600/1,200 bps
	V.26	전용회선	동기	2,400 bps
	V.27	전용회선	동기	4,800 bps
	V.29	전용회선	동기	9,600 bps
광대역	V.35	전용회선	동기	48 kbps
	V.36	전용회선	동기	48~72 kbps
	V.37	전용회선	동기	96~168 kbps

2.6 DSU(디지털 전송회선의 정보전송기기)

(1) DSU(Digital Service Unit)의 개념

DSU는 데이터 회선 종단장치(DCE : Data Circuit-terminating Equipment)의 일종으로 데이터를 디지털 전송회선에 전송하기에 적합한 신호로 변환하는 정보전송기기이다.

(2) DSU의 특징

- 디지털 전송회선에는 DSU가 반드시 사용되어야 한다.

- 모뎀에 비해 가격이 저렴하다.

- 단극성 신호를 쌍극성신호로 변환하는 장치이다.

- 신호의 동기를 위하여 타이밍 재생회로(Timing Recovery)회로가 사용된다.

(3) DSU의 구성

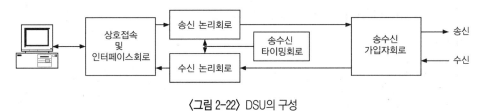

〈그림 2-22〉 DSU의 구성

(4) DSU와 모뎀(Modem)의 비교

	DSU	모뎀(Modem)
전송신호 형태	디지털 신호	아날로그 신호
통신망	PSDN	PSTN
전송속도	24~64[kbps]	1.2~9.6[kbps]

2.7 다중화(Multiplexer) 방식

(1) 다중화 방식의 개념

다중화란 송신측에서 여러개 터미널의 회선을 하나의 통신회선으로 결합한후 신호를 전송하고 수신측에서 여러개 터미널로 신호를 나누어 주는 것을 말한다.

(2) 다중화 방식의 특징

- 통신회선의 유지보수가 편리하다.

- 통신회선을 공유함으로서 회선 사용료를 절감할 수 있다.

- 통신망 구성이 용이하고 경제적이다.

(3) 다중화 방식의 종류

- 시분할 다중화(TDM : Time Division Multiplexer) 방식

- 주파수분할 다중화(FDM : Frequency Division Multiplexer) 방식

- 코드분할 다중화(CDM : Code Division Multiplexer) 방식

- 지능 다중화(Intelligent Multiplexer) 방식

- 광대역 다중화 방식

- 역 다중화 방식

⑷ 시분할 다중화(TDM : Time Division Multiplexer) 방식

① 시분할 다중화 방식의 개념

하나의 전송회선을 여러대의 단말기가 시간적으로 공유하기 위하여 데이터의 전송시간을 타임슬롯(Time Slot)으로 나누어 사용하는 것을 시분할 다중화 방식이라 한다.

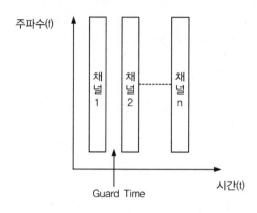

〈그림 2-23〉 시분할 다중화의 개념

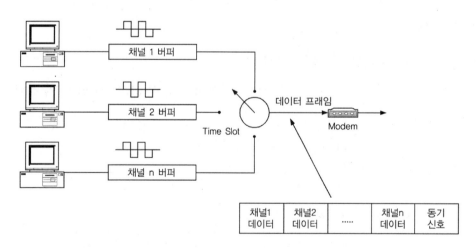

〈그림 2-24〉 시분할 다중화 방식

② 시분할 다중화 방식의 특징

• 저속 혹은 고속의 데이터 전송에 사용한다.

• 동기식 및 비동기식 데이터를 다중화 하는데 사용한다.

- 고속의 전송 속도를 갖는다.

- 전송할 데이터가 없는 채널에도 타임슬롯을 할당하는 단점도 있다.

- 전송로와 데이터의 속도를 조절하는 버퍼 기억장치가 필요하다.

③ 시분할 다중화 방식의 데이터 프레임

• **비트 삽입식**

- 동기식 시분할 다중화 방식에 사용한다.

- 프레임 전송의 지연시간이 적다.

- 각 단말기에 할당된 타임슬롯에 비트를 삽입한다.

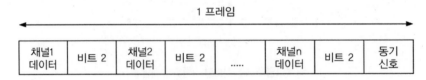

〈그림 2-25〉 비트 삽입식 데이터 프레임

• **문자 삽입식**

- 비동기식 시분할 다중화 방식에 사용한다.

- 데이터의 시작과 끝을 알리는 스타트-스톱(Start-Stop) 비트는 다중화시에 제외시
  킨다.

- 각 단말기에 할당된 타임슬롯에 문자를 삽입한다.

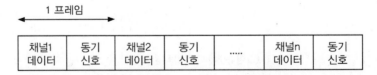

〈그림 2-26〉 문자 삽입식 데이터 프레임

④ 시분할 다중화 방식의 접속형태

• **포인트 투 포인트 접속**

　- 일반적으로 사용하고 있는 접속 형태이다.

　- 고속의 전송속도에 적합하다.

• **멀티 포인트 접속**

　- 원격지 전송시스템에 적합하다.

　- 높은 전송속도를 필요로 한다.

(5) 주파수분할 다중화(FDM : Frequency Division Multiplexer) 방식

① 주파수분할 다중화 방식의 개념

하나의 전송회선을 여러대의 단말기가 공유하기 위하여 전송회선의 주파수 대역폭을 일정한 폭의 주파수 대역폭으로 분할하여 각 단말기의 채널에 할당하여 사용하는 것을 주파수분할 다중화 방식이라 한다.

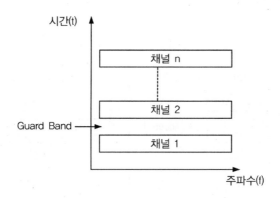

〈그림 2-27〉 주파수분할 다중화의 개념

② 주파수분할 다중화 방식의 특징

• 주파수분할 다중화기 자체에 변복조 기능이 있어 별도의 모뎀이 필요없다.

• 일반적으로 1,200[Baud] 이하의 비동기식 다중화에 적합하다.

• 채널간의 상호간섭을 방지하기 위하여 가드밴드(Guard Band)가 있다.

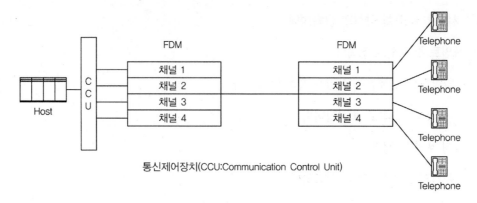

통신제어장치(CCU:Communication Control Unit)

〈그림 2-28〉 주파수분할 다중화 방식

⑹ 코드분할 다중화(CDM : Code Division Multiplexer) 방식

① 코드분할 다중화 방식의 개념

하나의 전송회선을 여러대의 단말기가 공유하기 위하여 각 단말기에 하나의 Sequence를 할당한다. 각 단말기에서 전송하고자 하는 데이터를 Pseudo-random Sequence에 의해 인코딩(Encoding)하여 수신측에 전송하고, 수신측에서는 디코딩(Decoding)하여 신호를 재생하는 방식이다.

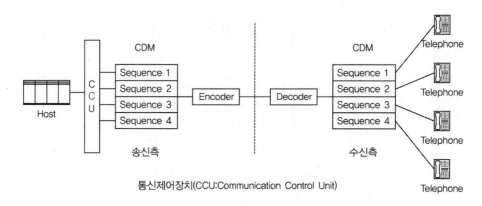

통신제어장치(CCU:Communication Control Unit)

〈그림 2-29〉 코드분할 다중화 방식

② 코드분할 다중화 방식의 특징

• 통신신호에 각기 다른 코드를 부여하여 전송함으로 신호간의 간섭이 거의 없다.

• 확산대역(Spread Spectrum) 방식을 사용한다.

- 보다 많은 가입자를 수용할 수 있다. 즉, 통신회선의 용량을 늘리는 효과를 얻을 수 있다.

> 💡 **NOTE** 확산대역(Spread Spectrum) 방식
>
> 디지털 변조방식의 일종으로 신호의 주파수 대역을 확산시켜 송신하는 방식이다.

(7) 지능 다중화(Intelligent Multiplexer) 방식

① 지능 다중화 방식의 개념

시분할 다중화 방식에서는 전송할 데이터가 없는 채널에도 타임슬롯을 할당하는 단점이 있다. 이러한 단점을 보완하기 위하여 마이크로 프로세서로 데이터가 없는 채널에는 타임슬롯을 할당하지 않도록 제어하는 방식을 지능 다중화 방식이라 한다. 지능 다중화 방식을 통계적 시분할 다중화(Statistical TDM) 방식 혹은 비동기식 시분할 다중화(Asynchronous TDM) 방식이라고 한다.

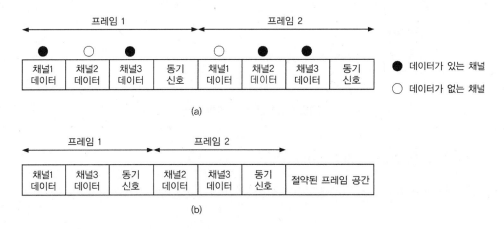

〈그림 2-30〉 데이터 프레임의 비교
(a) 일반적인 시분할 다중화 방식의 프레임 (b) 지능 다중화 방식의 프레임

기존의 TDM 방식에서는 데이터가 없는 채널에도 타임슬롯을 할당하나 지능 다중화 방식에서는 데이터가 없는 채널에는 타임슬롯을 할당하지 않는다. 따라서 절약된 프레임 공간만큼의 시간을 절약할 수 있다.

② 지능 다중화 방식의 특징

• 데이터를 전송할 단말기에 동적으로 채널의 타임슬롯을 할당함으로서 전송효율이 좋다.

• 각 단말기에 주소를 할당하고 제어하는 주소 제어장치가 필요하다.

• 전송량이 많은 통신망에 적합하다.

• 각 단말기의 접속시간이 TDM 보다 길은 단점이 있다.

(8) 광대역(Broad Band) 다중화 방식

데이터의 전송속도를 달리하는 단말기를 그룹화하여 고속의 광대역 전송회선을 사용하는 방식을 광대역 다중화 방식이라 한다.

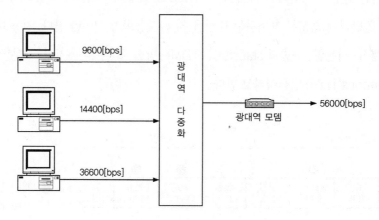

〈그림 2-31〉 광대역 다중화 방식

(9) 역다중화(Inverse Multiplexer) 방식

음성대역의 전송회선을 병렬로 연결하여 광대역의 데이터 전송속도를 얻는 다중화 방식이다.

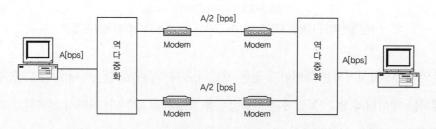

〈그림 2-32〉 역다중화 방식

2.8 집중화(Line Concentrator) 방식

(1) 집중화 방식의 개념

통신속도를 달리하는 전송회선과 단말기를 접속하기위한 방식으로 전송할 데이터가 있는 단말기에만 채널을 동적으로 할당하는 방식이다.

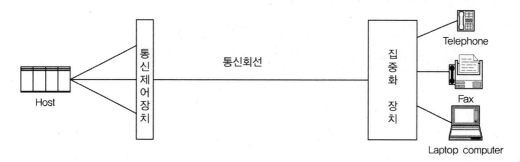

〈그림 2-33〉 집중화 방식

(2) 집중화 방식의 특징

- 데이터가 있는 단말기에만 타밍슬롯을 할당한다.

- 채널을 효율적으로 사용할 수 있다.

- 단말기의 속도, 터미널의 접속 개수 등을 자유롭게 변경할 수 있다.

- 패킷교환 집중화 방식과 회선교환 집중화 방식이 있다.

〈표 2-2〉 집중화 방식과 다중화 방식의 비교

	집중화 방식	다중화 방식
회선의 접속형태	물리적 접속	논리적 접속
채널 할당	고정적으로 할당	가변적으로 할당
신호의 제어형태	고정회선 제어 및 논리제어	마이크로 프로세서 제어
통신회선의 속도	접속된 각 단말기의 통신속도의 합보다 작다	접속된 각 단말기의 통신속도의 합과 같다.

공동이용(Sharing) 방식

(1) 모뎀 공동이용(Modem Sharing) 방식

- 하나의 모뎀을 여러대의 단말기가 공동으로 이용하고자 할 때 사용한다.

- 하나의 모뎀을 여러대의 단말기가 공용으로 사용함으로 경제적이다.

- 타이밍 신호를 모뎀으로부터 얻는다.

- 단말기와 공동이용기와의 접속거리에 제한을 받는다.

- 모뎀 고장시 모든 단말기의 통신이용이 불가능해지는 단점이 있다.

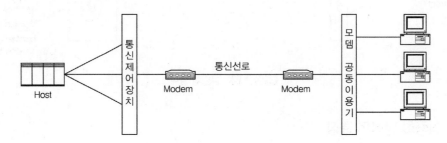

〈그림 2-34〉 모뎀 공동이용 방식

(2) 선로 공동이용(Line Sharing) 방식

- Polling 네트워크에 사용한다.

- 타이밍 신호를 자체적으로 발생한다.

- 각 단말기에 모뎀이 필요함으로 비경제적이다.

- 단말기와 공동이용기와의 접속거리에 제한을 받는다.

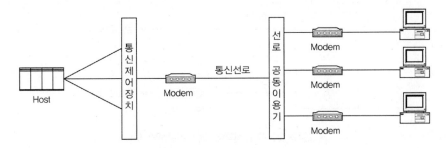

〈그림 2-35〉 선로 공동이용 방식

(3) 포트 공동이용(Port Sharing) 방식

- Polling 네트워크에 사용한다.
- 단말기와 공동이용기와의 접속거리에 제한을 받지 않는다.
- Host와 모뎀사이에 공동선로를 이용함으로서 선로의 설치비용을 절감할 수 있는 반면, 공동선로가 단절되면 모든 단말기의 통신이용이 불가능해지는 단점이 있다.

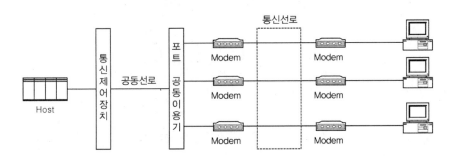

〈그림 2-36〉 포트 공동이용 방식

(4) 포트 선택(Port Selector) 방식

- 경쟁 네트워크에 사용한다.
- 데이터를 전송하고자 하는 단말기에 동적으로 포트를 선택하여 연결한다.
- 적은 수의 포트로 많은 단말기를 연결할 수 있다.
- 속도 선택 방법과 그룹 선택 방법이 있다.

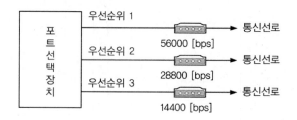

〈그림 2-37〉 속도 선택에 의한 포트 선택 방식

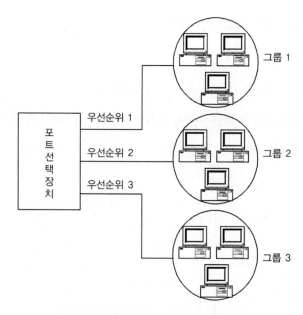

〈그림 2-38〉 그룹 선택에 의한 포트 선택 방식

2.10 DTE/DCE 인터페이스 규격

(1) 인터페이스 표준 규격

네트워크 상에서 정보전송기기(모뎀, DSU, PC, 터미널) 간의 데이터 송수신을 원할히 하기 위하여 국제전기통신연합(ITU : International Telecommunication Standadization Conference)의 표준안을 따르도록 되어 있다. 이 밖의 표준화 기구로서 EIA, ISO 등이 있다.

ITU-T에서 권장하고 있는 인터페이스 규격에는 V시리즈와 X시리즈가 있다.

- **V시리즈 용도** : 아날로그 데이터, 아날로그 네트워크

- **X시리즈 용도** : 디지털 데이터, 디지털 네트워크

- **ITU관련 용어**

    - **TSS** : Telecommunication Standardization Sector

    - **WCSC** : World Telecommunication Standadization Conference

    - **RS** : Radicommunication Sector

    - **DS** : Development Sector

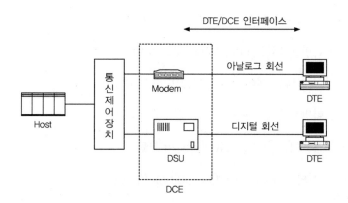

〈그림 2-39〉 DTE/DCE 인터페이스

(2) V 시리즈 인터페이스 규격

아날로그 공중전화망(PSTN)을 이용하여 아날로그 데이터를 송수신하기 위한 표준 접속 규격이다. DTE-Modem 간의 인터페이스 규격이다.

- **V.1** : 2진 부호의 정보전송기기의 데이터 송수신에 필요한 기호

- **V.2** : 공중전화망을 위한 데이터 송수신에 있어서 출력신호의 전력레벨

- **V.3** : 데이터와 메시지 전송을 위한 국제전신부호 ITU-T No.5 코드

- **V.4** : 데이터와 메시지 전송을 위한 7계층의 코드 구조

- **V.5** : 공중전화망을 위한 동기식 데이터 전송속도

- V.6 : 공중전화망을 위한 동기식 데이터 전송속도

- V.10 : IC를 사용한 정보전송기기와 불평형 복류 상호 접속회로의 전기적 특성

- V.11 : IC를 사용한 정보전송기기와 평형 복류 상호 접속회로의 전기적 특성

- V.15 : 데이터 전송을 위한 음향결합기

- V.16 : 의료용 아날로그 데이터 전송을 위한 모뎀

- V.19 : 공중전화망을 위한 병렬 데이터 전송용 모뎀

- V.20 : 공중전화망을 위한 표준형 병렬 데이터 전송용 모뎀

- V.21 : 공중전화망을 위한 표준형 300[bps]의 모뎀

- V.22 : 공중전화망을 위한 표준형 1200[bps]의 모뎀

- V.22bis : 전용회선을 위한 동기식 1200[bps]의 모뎀

- V.23 : 공중전화망을 위한 600/1200[bps]의 모뎀

- V.24 : 데이터 터미널과 데이터 통신기기의 접속 규격

- V.25 : 공중전화망을 위한 자동호출 및 응답장치

- V.26 : 4선식 전용회선을 위한 2400[bps]의 모뎀

- V.26bis : 공중전화망을 위한 1200/2400[bps]의 모뎀

- V.26ter : 공중전화망 및 2선식 전화망을 위한 2400[bps]의 모뎀

- V.27 : 수동 등화기 장착의 전용회선을 위한 4800[bps]의 모뎀

- V.27bis : 자동 등화기 장착의 전용회선을 위한 2400/4800[bps]의 모뎀

- V.27ter : 공중전화망을 위한 2400/4800[bps]의 모뎀

- V.28 : 불평형 복류 상호 접속회로의 전기적 특성

- V.29 : 전용회선을 위한 9600[bps]의 모뎀

- V.31 : 접점에 의해 제어되는 단류 인터체인지 회로의 전기적 특성

- V.35 : 60~108[kHz] 대역의 회선을 위한 48[kbps] 데이터 전송

- V.36 : 60~108[kHz] 대역의 회선을 위한 48[kbps] 동기식 모뎀

- V.37 : 60~108[kHz] 대역의 회선을 위한 72[kbps]이상의 동기식 데이터 전송

- V.40 : 전자기계식 기기의 에러지시에 관한 사항

- V.41 : 모든 코드에 이용 가능한 에러제어 방식에 관한 사항

- V.50 : 데이터 전송의 전송품질의 표준 한계값

- V.51 : 데이터 전송을 위한 국제전화회선의 보전에 관한 사항

- V.52 : 데이터 전송에 있어서 신호의 왜곡현상과 에러율에 관한 사항

- V.53 : 데이터 전송용 전화회선의 유지보수에 관한 사항

- V.54 : 모뎀의 루프 테스터기기

- V.55 : 데이터 전송을 위한 충격성 잡음 측정기

- V.56 : 공중전화망을 위한 모뎀의 비교 측정

- V.57 : 고속데이터 신호의 comprehensive data test set

- V.100 : 공중 데이터 통신망과 공중전화망간의 상호 접속 규격

- V.230 : 데이터 통신 인터페이스 계층 규격

(3) X 시리즈 인터페이스 규격

디지털 데이터망(PSDN)을 이용하여 디지털 데이터를 송수신하기 위한 표준 접속 규격이다. DET-DSU 간의 인터페이스 규격이다.

- X.1 : 공중 데이터 네트워크에서의 서비스 분류

- X.2 : 공중 데이터 네트워크에서의 전송 서비스

- X.3 : 공중 데이터 네트워크에서의 패킷 조립 및 분해

- X.4 : 공중 데이터 네트워크에서 ITU-T No.5 코드의 구성

- X.20 : 공중 데이터 네트워크에서 DTE/DCE 접속 규격

- X.20bis : 공중 데이터 네트워크에서 비동기 전송의 DTE/DCE 접속 규격

- X.21 : 공중 데이터 네트워크에서의 동기 전송의 DTE/DCE 접속 규격

- X.21bis : V계열 동기식 모뎀의 DTE/DCE 접속 규격

- X.24 : 공중 데이터 네트워크에서의 DTE/DCE 상호 접속 회로에 관한 정의

- X.25 : 공중 데이터 네트워크에서의 패킷형 DTE/DCE 접속 규격

- X.26 : IC내장의 장치에 사용되는 불평형 복류 상호접속회로의 전기적 특성

- X.27 : IC내장의 장치에 사용되는 평형 복류 상호접속회로의 전기적 특성

- X.28 : 공중 데이터 네트워크에서의 패드접속을 위한 DTE/DCE 접속 규격

- X.29 : 패드와 DTE간의 제어정보 및 데이터 교환에 관한 절차

- X.30 : ISDN에서의 DTE에 관한 사항

- X.31 : ISDN에서의 패킷형 단말기기에 관한 사항

- X.40 : 주파수 편이 방식의 표준화에 관한 사항

- X.50 : 동기식 공중 데이터 네트워크에서의 국제적 접속을 위한 다중화 방법에 관한 사항

- X.51 : 10bit Envelope 구조에서의 X.50에 관한 사항

- X.53 : 공중 데이터 네트워크에서의 국제 다중링크의 채널 번호

- X.54 : 공중 데이터 네트워크에서의 국제 다중링크의 채널 할당

- X.60 : 동기식 데이터 통신 방식에서 공동 채널 신호 방식

- X.61 : ITU-T No.7 신호방식에 관한 사항

- X.70 : 비동기식 데이터망과 국제회선을 위한 DTE 및 공중 제어신호 방식

- X.71 : 동기식 데이터망과 국제회선에 분산된 터미널 중계 제어신호 방식

- X.75 : 패킷교환망 상호간의 접속을 위한 프로토콜(Protocol)

- X.92 : 동기식 데이터망에 관한 가상 연결에 관한 사항

- X.95 : 공중 데이터 네트워크에서의 파라메터

- X.96 : 공중 데이터 네트워크에서의 Call Progress 신호

- X.110 : 공중 데이터 네트워크를 위한 국제회선의 경로

- X.121 : 공중 데이터 네트워크를 위한 국제번호

- X.200 : OSI의 기준

- X.210 : OSI 서비스의 정의

- X.214 : OSI 전송 서비스의 정의

- X.215 : OSI 세션 서비스의 정의

- X.224 : OSI 전달 프로토콜의 규격

- X.225 : OSI 세션 프로토콜의 규격

- X.250 : 공중 데이터 네트워크에서의 프로토콜

- X.300 : 공중 데이터 네트워크에서의 일반 준수 사항

- X.400 : 정보전송기기의 메시지 처리 및 서비스에 관한 사항

- X.410 : 정보전송기기의 메시지 처리에 관한 프로토콜 규격

⑷ RS-232C 인터페이스 규격

RS-232C는 데이터 통신 단말기간의 인터페이스 규격으로 9핀, 15핀, 25핀, 37핀이 있으며, 범용적으로 RS-232C 25핀 규격(ITU-T V.24)을 가장 널리 사용하고 있다.

- **9핀, 37핀** : ISO 4902

- **15핀** : ISO 4903

- **25핀** : ISO 2110

① 인터페이스 조건

- **물리적 조건** : DTE/DCE간의 접속 커넥터의 핀 배열 및 크기의 표준화를 ISO에서 규정하고 있다.

- **논리적 조건** : 신호의 순서, 신호의 접속시간, 신호의 접속시간의 허용 오차, 신호의 명칭 등을 구분하기 위하여 ITU-T에서는 번호로 표기하고, EIA에서는 영문과 숫자로 표기한다.

- **전기적 조건** : 신호로 간주할 수 있는 전압의 크기를 의미한다.

    - **아날로그 데이터** : ±3V 이상의 전압

    - **디지털 데이터** : "1" 또는 "0"

- **기능적 조건**

  - 데이터 송수신 속도 : 20[kbps] 이하

  - 동기방식 : 동기식 및 비동기식이 전송

  - 적용회선 : 포인 투 포인트, 멀티포인트, 패킷교환, 교환회선 등

② DTE/DCE 인터페이스 구성 및 통신순서

- FG(Frame Ground) : 핀1번, 프레임 접지단자

- TD(Transmit Data) : 핀2번, 송신데이터

- RD(Receive Data) : 핀3번, 수신 데이터

- RTS(Request To Send) : 핀4번, 송신요청

- CTS(Clear To Send) : 핀5번, 송신준비 완료

- DSR(Data Set Ready) : 핀6번, 데이터 셋 준비완료

- SG(Signal Ground) : 핀7번, 신호용 접지

- DCD(Data Carrier Detect) : 핀8번, 데이터 케리어 검출

- TC(Transmit Clock) : 핀15번, 송신 동기신호

- RC(Receive Clock) : 핀17번, 수신 동기신호

- DTR(Data Terminal Ready) : 핀20번, 데이터 단말기 준비완료

- RI(Ring Indication) : 핀22번, 링 감지신호

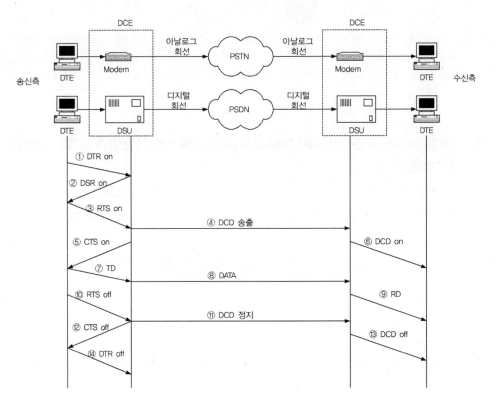

〈그림 2-40〉 DTE/DCE 인터페이스 구성 및 통신순서

1. 디지털 전송회선의 경우 전송로에 적합하도록 디지털 신호 레벨로 변환한 후 동기화 시키는 신호변환기는?

㉮ 모뎀(modem)
㉯ OCU(office channel unit)
㉰ DSU(digital service unit)
㉱ DAA(data access arrangement)

2. 디지털 신호를 아날로그 전송 화선에 전송할 수 있도록 하는 신호변환기는?

㉮ 모뎀(modem)
㉯ DSU
㉰ CCU
㉱ CPU

3. 변복조기(모뎀 : modem)에서 신호의 변환은 어떤 형태로 이루어지나?

㉮ 단극성 펄스를 쌍극성 펄스로 변환
㉯ 아날로그신호를 디지털신호로 변환
㉰ 디지털신호를 아날로그신호로 변환
㉱ 아날로그신호-디지털신호 또는 디지털신호-아날로그신호 변환

4. 다음의 변조 방식에서 기술적인 실현 가능성이 적어 거의 이용하지 않는 방식은?

㉮ 진폭 편이 변조(ASK)
㉯ 주파수 편이 변조(FSK)
㉰ 위상 편이 변조(PSK)
㉱ 절대 위상 편이 변조(APSK)

5. 고속의 데이터 통신에 사용되는 모뎀의 방식이 아닌 것은?

㉮ PSK
㉯ DPSK
㉰ ASK
㉱ QAM

6. 비동기식 변복조기에 주로 사용하는 변조 방식은?

㉮ 펄스부호 변조(PCM)
㉯ 진폭 편이 변조(ASK)
㉰ 주파수 편이 변조(FSK)
㉱ 위상 편이 변조(PSK)

정답	1. ㉰	2. ㉮	3. ㉱	4. ㉱	5. ㉰	6. ㉰

7. 동기식 변복조기에서 주로 사용하는 변조 방식은?

   ㉮ 펄스부호 변조(PCM)   ㉯ 진폭 편이 변조(ASK)

   ㉰ 주파수 편이 변조(FSK)   ㉱ 위상 편이 변조(PSK)

> 해설 동기식 변복조기는 주로 위상 편이 변조(PSK) 또는 진폭위상 편이 변조(QAM) 방식을 사용하며 고속의 데이터 전송에 적합하다.

8. 데이터 전송 속도가 느려 시스템의 효율은 낮으나 잡음에 강한 모뎀은?

   ㉮ 진폭 편이 변조(ASK)   ㉯ 진폭 위상 변조(APK)

   ㉰ 위상 편이 변조(PSK)   ㉱ 주파수 편이 변조(FSK)

9. 변복조기의 기능을 잘못 설명한 것은?

   ㉮ 디지털 신호를 아날로그 회선에서 전송이 적합하도록 변조한다.

   ㉯ 디지털 신호를 복류 신호로 전송하기 위한 정보 통신 기기이다.

   ㉰ 전송 매체를 통하여 데이터를 전송하는데 필요한 기기이다.

   ㉱ 음성급 신호를 디지털 신호로 변환하여 주는 정보 통신 기기이다.

> 해설 디지털 신호를 복류 신호로 전송하기 위한 정보통신 기기기에는 DSU(디지털 서비스 유닛)이라는 DCE를 사용한다.

10. 다음 중 데이터 전송계에서 신호변환, 전송신호의 동기 제어, 송수신 확인, 전송 절차의 제어 등을 수행하는 장치는?

   ㉮ DCE   ㉯ CTE

   ㉰ CCU   ㉱ DTE

> 해설 DCE는 DTE 간의 규정된 신호를 전송할 수 있도록 중계역할을 하여 전기적 또는 물리적인 변환을 하는 기기이다.

정답   7. ㉱   8. ㉱   9. ㉯   10. ㉮

11. 전송로의 신호를 전달, 접속하는 것은?

　　㉮ 광대역 네트워크　　　　　　　㉯ 통신 전송기

　　㉰ 디지털 구내 교환기　　　　　　㉱ 디지털 중계기

12. 변복조기(modem)의 고려사항이 아닌 것은?

　　㉮ 등화 회로　　　　　　　　　　㉯ 동기 방법

　　㉰ 변조 방식　　　　　　　　　　㉱ 샘플링 방식

13. 변복조기에 있어서 심벌간의 다경로 확산 또는 페이딩에 의한 일그러짐을 방지하기 위한 것은?

　　㉮ 채널 디코더　　　　　　　　　㉯ 스크램블러

　　㉰ 등화기　　　　　　　　　　　㉱ 대역 여파기

해설 (1) 모뎀의 송신부

　　① 컴퓨터(Computer) 혹은 단말기(Terminal) : 디지털 신호의 데이터를 입출력한다.

　　② 부호화기(Encoder) : 데이터의 "1"과 "0"이 연속적으로 발생하지 않도록 스크램블한다.

　　③ 변조기(Modulation) : 1,700~1,800Hz의 반송 주파수를 사용하여 디지털 신호를 아날로그 신호로 변조한다.

　　④ 대역제한 여파기(BLF : Band Limiting Filter) : 합의 주파수만 통과시키고 차의 주파수는 제거한다.

　(2) 모뎀의 수신부

　　① 증폭기(AMP : Amplifier) : 신호를 증폭한다.

　　② 변압기(TF : Transformer) : 신호의 전압을 높인다.

　　③ 등화기(EQ : Equlaizer) : 신호의 일그러짐을 보상한다.

　　④ AGC(Automatic Gain Cotrol)기능 : 신호의 이득을 자동으로 조절한다.

　　⑤ 복조기(Demodulation) : 아날로그 신호를 디지털 신호로 복원한다.

　　⑥ 복호화기(Decoder) : 부호화된 신호를 본래의 신호로 복원한다.

정답　11. ㉰　　　　12. ㉱　　　　13. ㉰

14. 다음 중 데이터 회선 종단장치(DCE)에 해당하지 않는 것은?

    ㉮ NCU   ㉯ DTE

    ㉰ DSU   ㉱ modem

> 해설   데이터 회선 종단장치(DCE) : ① modem, ② DSU, ③ NCU(망제어장치)

15. 다음 코드 중 ITU-T 표준 코드로서 8bit 단위의 코드 (7bit= 정보비트, 1bit =패리티 비트)이며 주로 정보처리에 사용하는 코드는?

    ㉮ ASCII 코드   ㉯ EBCDIC 코드

    ㉰ ISO 코드   ㉱ Baudot 코드

16. 다음 코드 중 대표적인 정보통신용 코드로서 8bit 단위의 코드 (7bit= 정보비트, 1bit =패리티 비트)이며 주로 컴퓨터에 사용하는 코드는?

    ㉮ ASCII 코드   ㉯ EBCDIC 코드

    ㉰ ISO 코드   ㉱ Baudot 코드

17. 다음 그림에서 ( )안에 적합한 기기는?

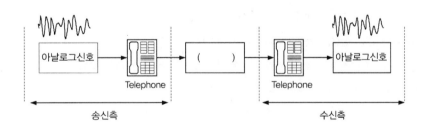

    ㉮ PSDN   ㉯ PSTN

    ㉰ TDM   ㉱ FDM

정답   14. ㉯   15. ㉰   16. ㉮   17. ㉯

18. 다음 그림에서 (a), (b) 안에 적합한 기기는?

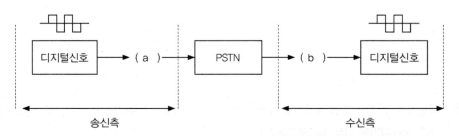

송신측   수신측

PSTN:Public Switched Telephone Network

㉮ (a) modem, (b) codec   ㉯ (a) codec, (b) DSU

㉰ (a) DSU, (b) DSU   ㉱ (a) modem, (b) modem

19. 다음 중 동기식과 비동기식 변복조기에 대한 설명으로 옳지 않은 것은?

㉮ 비동기식은 주로 주파수 편이 변조(FSK)에 이용된다.

㉯ 동기식은 위상 편이 변조(PSK), 진폭위상 편이 변조(QAM)에 이용된다.

㉰ 동기식은 대화형이나 지능형 단말기에 주로 사용한다.

㉱ 비동기식은 start/stop bit에 맞춘 후 데이터의 마크와 스페이스를 감지하는 방식이다.

20. 모뎀(modem)에 관한 설명으로 잘못된 것은?

㉮ 자동 이득 조절기(AGC)는 수신부에 속한다.

㉯ 아날로그 전송회선에 디지털 신호를 전송하는데 필요한 기기이다.

㉰ 등화기는 페이딩에 의한 일그러짐을 보상하는 기기이다.

㉱ 대역제한 여파기(BLF)는 송신부에 속한다.

정답 18. ㉱   19. ㉰   20. ㉮

21. 다음 그림에서 (a), (b) 안에 적합한 기기는?

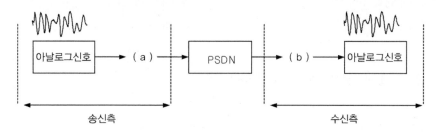

PSDN:Packet Switched Data Network

㉮ (a) modem, (b) codec   ㉯ (a) codec, (b) DSU

㉰ (a) codec, (b) codec   ㉱ (a) modem, (b) modem

22. 다음 그림에서 (a), (b) 안에 적합한 기기는?

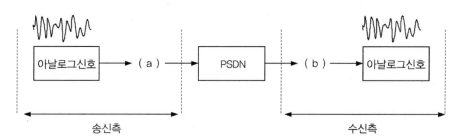

PSDN:Packet Switched Data Network

㉮ (a) modem, (b) codec   ㉯ (a) DSU, (b) DSU

㉰ (a) codec, (b) DSU   ㉱ (a) modem, (b) modem

23. 시간폭과 진폭이 일정한 펄스의 위치를 입력신호에 따라 변화시키는 변조방식은?

㉮ PCM   ㉯ PAM

㉰ PPM   ㉱ PWM

정답   21. ㉱   22. ㉯   23. ㉰

연습문제

24. 다음 중 상대위상 편이 변조(DPSK) 방식에서 사용하지 않는 것은?

  ㉮ DPSK(2 phase)   ㉯ DPSK(4 phase)

  ㉰ DPSK(8 phase)   ㉱ DPSK(16 phase)

25. 다음 중 데이터 통신 속도의 종류가 아닌 것은?

  ㉮ 복조 속도   ㉯ 변조 속도

  ㉰ 전송 속도   ㉱ 신호 속도

> 해설 ① 신호 속도 : bit/sec, bps
> ② 전송 속도 : 자/분
> ③ 변조 속도 : baud

26. 정보 전송율이 8kbps인 정보통신 시스템에서 신호당 비트수가 4bit였다면 이 시스템의 전송 속도는?

  ㉮ 1K[Baud]   ㉯ 2K[Baud]

  ㉰ 3K[Baud]   ㉱ 4K[Baud]

> 해설 $\text{보오(Baud)} = \dfrac{\text{bps}}{\text{신호당 비트수(bit)}} = \dfrac{8 \times 10^3}{4} = 2\text{K[baud]}$

27. 다음 중 변조속도 M_V를 옳게 나타낸 것은?

  ㉮ $M_V = (1 - \text{펄스간격 } T)[\text{Baud}]$ ㉯ $M_V = (1 + \text{펄스간격 } T)[\text{Baud}]$

  ㉰ $M_V = \dfrac{1}{\text{펄스간격 } T}[\text{Baud}]$ ㉱ $M_V = \text{펄스간격 } T[\text{Baud}]$

정답   24. ㉱   25. ㉮   26. ㉯   27. ㉰

28. 다음 중 신호속도 S_V를 옳게 나타낸 것은?

㉮ $S_V = \dfrac{\text{비트수}}{\text{변화점의 최단시간 } T(\sec)}$ [bps]

㉯ $S_V = \dfrac{\text{변화점의 최단시간 } T}{\text{비트수}}$ [bps]

㉰ $S_V = \dfrac{\text{문자수}}{\text{전송에 소요된 총시간 } T}$ [문자/초]

㉱ $S_V = \dfrac{\text{전송에 소요된 총시간 } T}{\text{문자수}}$ [문자/초]

29. 데이터의 신호속도가 2[kbps]일 경우 베이러(Bearer) 속도 B_V는 ?

㉮ 0.67[kbps]   ㉯ 1.335[kbps]

㉰ 2.67[kbps]   ㉱ 5.34[kbps]

> **해설** B_V = 데이터 신호 속도$(SV) \times \dfrac{4}{3}$[bps] $= (2 \times 10^3) \times \dfrac{4}{3} = 2.67$[kbps]

30. 다음 중 전송속도 T_V를 옳게 나타낸 것은?

㉮ $S_V = \dfrac{\text{비트수}}{\text{변화점의 최단시간 } T(\sec)}$ [bps]

㉯ $S_V = \dfrac{\text{변화점의 최단시간 } T}{\text{비트수}}$ [bps]

㉰ $S_V = \dfrac{\text{문자수}}{\text{전송에 소요된 총시간 } T}$ [문자/초]

㉱ $S_V = \dfrac{\text{전송에 소요된 총시간 } T}{\text{문자수}}$ [문자/초]

정답   28. ㉮   29. ㉰   30. ㉰

31. 다음 중 베이러(Bearer) 속도 B_V를 옳게 나타낸 것은?

  ㉮ $B_V = $ 데이터 신호 속도$(SV) \times \dfrac{1}{2}$[bps]

  ㉯ $B_V = $ 데이터 신호 속도$(SV) \times \dfrac{1}{4}$[bps]

  ㉰ $B_V = $ 데이터 신호 속도$(SV) \times \dfrac{2}{3}$[bps]

  ㉱ $B_V = $ 데이터 신호 속도$(SV) \times \dfrac{4}{3}$[bps]

> **해설** 베이러(Bearer) 속도는 기저대(Baseband) 전송방식에서 데이터 신호, 동기 신호, 상태 신호를 포함한 전송 속도를 나타낸다. 단위는 [bps] 또는 [b/s]이다.

32. 다음 중 디지털 신호의 전송방식에 필요한 변조방식은?

  ㉮ AM   ㉯ PCM

  ㉰ FM   ㉱ PM

33. PCM 전송 방식에 적합한 다중화 전송로는?

  ㉮ 반송 케이블   ㉯ 음성 케이블

  ㉰ 도파관   ㉱ 동축케이블

34. 다음 시분할 방식 중 디지털 신호 방식은?

  ㉮ PCM   ㉯ PAM

  ㉰ PTM   ㉱ PWM

35. PCM 방식의 장점이 아닌 것은?

  ㉮ 전송 레벨 변동이 적다.   ㉯ 잡음에 강하다.

  ㉰ 누화에 강하다.   ㉱ 점유 주파수 대역폭이 크다.

정답   31. ㉱   32. ㉯   33. ㉱   34. ㉮   35. ㉱

36. PCM 통신 방식에서 양자화 단계를 세분화 할수록 일어하는 현상은?

    ㉮ 여파 잡음의 감소한다.   ㉯ 전송할 데이터를 많이 보낼 수 없다.

    ㉰ 양자화 잡음이 감소한다.   ㉱ SNR이 감소한다.

37. 반송파로 사용하는 정현파의 주파수에 정보를 싣는 변조 방식은?

    ㉮ FSK   ㉯ ASK

    ㉰ PCM   ㉱ PSK

   해설 ① ASK : 반송파로 사용하는 정현파의 진폭에 정보를 싣는 변조방식

         ② FSK : 반송파로 사용하는 정현파의 주파수에 정보를 싣는 변조방식

         ③ PSK : 반송파로 사용하는 정현파의 위상에 정보를 싣는 변조방식

38. 동기식 변복조기에서 주로 사용하는 변조방식은?

    ㉮ ASK   ㉯ FSK

    ㉰ PSK   ㉱ QAM

   해설 ① 동기식 모뎀 : FSK

         ② 비동기식 모뎀 : PSK, QAM

39. 비동기식 변복조기에서 주로 사용하는 변조방식은?

    ㉮ ASK   ㉯ FSK

    ㉰ PSK   ㉱ QAM

40. 다음 중 통신속도가 가장 높은 변조 방식은?

    ㉮ ASK   ㉯ DPSK

    ㉰ PSK   ㉱ QAM

정답   36. ㉰   37. ㉮   38. ㉱   39. ㉯   40. ㉱

41. 다음 중 통신속도가 가장 낮은 변조 방식은?

㉮ QPSK   ㉯ FSK

㉰ PSK   ㉱ QAM

42. 대역폭 W, 신호전력 S, 잡음전력 N인 통신화선에서의 용량(C)은?

㉮ $C = W \log_2 (1 + \frac{N}{S})[\text{bps}]$ ㉯ $C = W \log_2 (1 + \frac{S}{N})[\text{bps}]$

㉰ $C = W \log_2 (\frac{N}{S})[\text{bps}]$ ㉱ $C = W \log_2 (\frac{S}{N})[\text{bps}]$

43. 다음 중 통신시스템의 효율에 해당하지 않는 것은?

㉮ 부호 효율   ㉯ 전송 효율

㉰ 전송 제어 효율   ㉱ 전송 시스템 효율

44. 다음 중 부호 효율을 옳게 나타낸 식은?

㉮ 부호효율 $= \dfrac{\text{정보비트수}}{\text{전체비트수}} \times 100[\%]$

㉯ 부호효율 $= (\text{전체비트수} - \text{정보비트수}) \times 100[\%]$

㉰ 부호효율 $= \dfrac{\text{전체비트수}}{\text{정보비트수}} \times 100[\%]$

㉱ 부호효율 $= (\text{전체비트수} + \text{정보비트수}) \times 100[\%]$

> 해설   부호효율은 전체 비트에 실제 정보에 소요된 비트 수를 나타낸다.
>
> 부호효율 $= \dfrac{\text{정보비트수}}{\text{전체비트수}} \times 100[\%]$

정답   41. ㉯   42. ㉯   43. ㉰   44. ㉮

45. 다음 중 전송 효율을 옳게 나타낸 식은?

㉮ 전송효율 = (전체펄스수 − 정보펄스수) × 100[%]

㉯ 전송효율 = $\dfrac{\text{전체펄스수}}{\text{정보펄스수}}$ × 100[%]

㉰ 전송효율 = (전체펄스수 + 정보펄스수) × 100[%]

㉱ 전송효율 = $\dfrac{\text{정보펄스수}}{\text{전체펄스수}}$ × 100[%]

46. 전송 속도는 느리나 잡음에 강한 모뎀의 전송 방식은?

㉮ ASK(진폭 편이 변조) ㉯ PSK(위상 편이 변조)

㉰ FSK(주파수 편이 변조) ㉱ APK(진폭 위상 변조)

47. 다중화 장비의 장점에 관한 설명중 옳지 않은 것은?

㉮ 회선 관리가 용이하다.

㉯ 통신회선이 고장나더라도 터미널 사용이 가능하다.

㉰ 장비 관리가 용이하다.

㉱ 회선 사용료가 절약된다.

48. 다음 중 전송 시스템 효율을 옳게 나타낸 것은?

㉮ 전송시스템효율 = $\dfrac{\text{전송효율}}{\text{부호효율}}$ × 100[%]

㉯ 전송시스템효율 = (부호효율 × 전송효율) × 100[%]

㉰ 전송시스템효율 = $\dfrac{\text{부호효율}}{\text{전송효율}}$ × 100[%]

㉱ 전송시스템효율 = $\dfrac{\text{부호효율}}{100}$ × $\dfrac{\text{전송효율}}{100}$ × 100[%]

정답 45. ㉱ 46. ㉰ 47. ㉮ 48. ㉱

49. 다음 전송 장비 중 다중화 장비의 특징이 아닌 것은?

㉮ 전송로의 데이터 전송 시간을 일정한 폭으로 나누는 방식을 시분할 방식이라 한다.

㉯ 입력측과 출력측의 전체 대역폭이 다를 수 있다.

㉰ 다중화 장비는 정적인 공동 이용을 행하고 집중화기는 동적인 공동 이용을 행한다.

㉱ 두 개 이상의 신호를 결합하여 하나의 물리적인 회선을 통해 전송할 수 있는 시스템이다.

50. 변복조기의 수신부의 순서를 옳게 나타낸 것은?

㉮ 대역제한 여파기 → 자동이득 조절기 → 통신선로 → 복조기 → 데이터 복조화기

㉯ 데이터 복조화기 → 복조기 → 통신선로 → 자동이득 조절기 → 대역제한 여파기

㉰ 통신선로 → 대역제한 여파기 → 자동이득 조절기 → 복조기 → 데이터 복조화기

㉱ 대역제한 여파기 → 자동이득 조절기 → 데이터 복조화기 → 통신선로 → 복조기

51. 다음 그림은 어떤 형태의 전송방식인가?

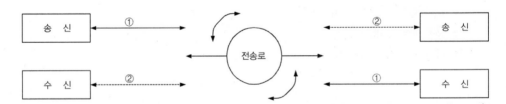

㉮ 단방향(simplex) 통신방식   ㉯ 반이중(half-duplex) 방식

㉰ 전이중(full-duplex) 방식   ㉱ DSB(double side band) 방식

52. 데이터 통신에 있어서 검출된 에러의 정정 방식이 아닌 것은?

㉮ 재송 정정 방식   ㉯ 패리티 체크 방식

㉰ 자기 정정 방식   ㉱ 판정 궤환 방식

정답   49. ㉰   50. ㉰   51. ㉯   52. ㉱

53. 시분할 다중화기가 주파수 분할 다중화기 보다 좋은 점을 옳게 나타낸 것은?

    ㉮ 높은 속도의 이용이 가능하다.   ㉯ 구조가 간단하다.

    ㉰ 버퍼 기억 장치가 필요 없다.   ㉱ 가격이 저렴하다.

54. 다음 중 다중화 장비에 관한 설명으로 잘못된 것은?

    ㉮ 저속의 부채널의 속도의 합계가 고속의 채널속도와 같다.

    ㉯ 직렬전송을 하는 장비에는 모두 적용할 수 있다.

    ㉰ 실제 송신되는 데이터량이 적을 경우에 효율적이다.

    ㉱ 정적인 연결방식을 사용한다.

55. 주파수 분할 다중화기에 관한 설명으로 잘못된 것은?

    ㉮ 채널간 완충 지역을 두어야 한다.

    ㉯ 1200[Baud] 이하의 비동기식에서만 이용된다.

    ㉰ 부채널별로 복조하여 본래의 신호를 수신한다.

    ㉱ 모뎀이 별도로 필요하다.

56. 동기 전송 방식에 관한 설명으로 잘못된 것은?

    ㉮ 글자 사이에 빈 공간이 있어도 된다.

    ㉯ 한 글자가 아닌 한 묶음의 문자열을 구성하여 전송한다.

    ㉰ 문자열 앞에 반드시 동기 문자가 있다.

    ㉱ 동기를 위한 타이밍(Timing)신호가 있다.

> 해설 동기 전송 방식은 글자 사이에 빈 공간이 있으면 않된다.

정답   53. ㉮   54. ㉰   55. ㉱   56. ㉮

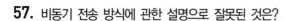

57. 비동기 전송 방식에 관한 설명으로 잘못된 것은?

㉮ 한 글자씩 전송한다.

㉯ 글자의 시작과 끝을 알 수 없다.

㉰ 스타트-스톱(Start-Stop) 방식이라 한다.

㉱ 글자사이에 빈 공간을 만들어도 된다.

> 해설 비동기 전송 방식은 글자의 시작과 끝에 스타트 비트(Start bit)와 스톱 비트(Stop bit)를 부가하여 글자의 시작과 끝을 알 수 있도록 한다.

58. 혼합형 전송 방식에 관한 설명으로 잘못된 것은?

㉮ 글자의 시작과 끝에 스타트 비트(Start bit)와 스톱 비트(Stop bit)를 부가한다.

㉯ 글자사이의 빈 공간의 길이는 한 글자의 정수배여야 한다.

㉰ 동기를 위한 타이밍(Timing)신호가 필요 없다.

㉱ 동기 전송방식과 비동기 전송방식의 혼합한 형태의 전송방식이다.

59. 역 다중화기의 특징이 아닌 것은?

㉮ 전용선이 고장일 때 교환회선을 이용할 수 있다.

㉯ 광대역 회선을 사용하지 않고 두 개의 음성 대역 회선을 이용한다.

㉰ 다양한 전송 속도를 얻을 수 있다.

㉱ 통계적 시분할 다중화기라 한다.

60. 몇개의 터미널들이 하나의 통신회선을 통하여 결합된 형태로 신호를 전송하고 이를 수신측에서 다시 몇 개의 터미널의 신호로 분리할 수 있는 장비는?

㉮ 통신 제어 유닛(CCU) 　　　　㉯ 다중화 장비(multiplexer)

㉰ 변복조기(MODEM) 　　　　㉱ 디지털 서비스 유닛(DSU)

정답　57. ㉯　　　58. ㉰　　　59. ㉱　　　60. ㉯

61. 다중화 기기의 기능과 관계가 없는 것은?

㉮ 공동화기의 기능   ㉯ 메시지 스위칭 기능

㉰ 순수한 경쟁 선택의 기능   ㉱ 원격 네트워크 프로세싱의 기능

해설 다중화기의 기능
① 자동 속도 감지 기능
② 순수한 경쟁의 선택 기능
③ 음성 경보 기능
④ 메시지 스위칭 기능
⑤ 자동 에코 기능
⑥ 원격 네트워크 프로세싱의 기능
⑦ 포트 경쟁 선택 기능 등의 다양한 기능을 수행한다.

62. 다음 기능 중 문자의 시작과 끝은 모뎀 내에 어떤 기능에 의하여 결정되는가?

㉮ 시간 측정 기능   ㉯ 문자 측정 기능

㉰ bit 측정 기능   ㉱ 전송 측정 기능

63. 다중화기의 종류가 아닌 것은?

㉮ 시분할 다중화기   ㉯ 바이 플렉서

㉰ FEP   ㉱ 주파수 분할 다중화기

64. 2개의 음성 대역폭을 이용하여 광대역에서 얻을 수 있는 통신 속도를 이용하는 기기는?

㉮ STDM   ㉯ TDM

㉰ concentrator   ㉱ inverse MUX

정답   61. ㉮   62. ㉱   63. ㉰   64. ㉱

연습문제

65. 주파수 분할 다중화기에서 서브 채널간의 상호 간섭을 방지하기 위한 완충 지역은 어느 것인가?

    ㉮ buffer   ㉯ guard band

    ㉰ channel   ㉱ terminal

66. 데이터 통신 방식의 에러 체크 방식으로서 수직 패리티 체크 방식은 1개 부호 중에서 수직에 대한 1의 수를 어떻게 하고 있는가?

    ㉮ 0개가 되도록 한다.   ㉯ 홀수가 되도록 한다.

    ㉰ 짝수가 되도록 한다.   ㉱ 홀수나 짝수와 관계 없다.

67. 주파수 분할 다중화기에 관하여 잘못 설명한 것은?

    ㉮ 전송로를 시간으로 나누어 사용한다.

    ㉯ 전송로를 주파수 대역폭으로 나누어 사용한다.

    ㉰ 가드 밴드(guard band)로 인하여 채널의 이용률이 낮아진다.

    ㉱ 시분할 다중화 장비에 비해 가격이 저렴하다.

68. 주파수 분할 다중화기의 가장 큰 장점은?

    ㉮ 신호의 감쇠가 적다.

    ㉯ 멀티드롭 네트워크에 사용할 수 있다.

    ㉰ 에러 발생률이 적다.

    ㉱ 음성대역 이상의 주파수 대역을 사용할 수 있다.

69. 주파수 분할 다중화기의 특징으로 옳은 것은?

    ㉮ 전송로를 일정한 시간폭으로 나누어 사용한다.

    ㉯ 저속, 고속 DTE에 이용할 수 있다.

    ㉰ 비동기식 데이터를 다중화 하는데 사용한다.

    ㉱ point to point 방식에 적합하다.

정답   65. ㉯   66. ㉯   67. ㉮   68. ㉱   69. ㉰

70. 다음 그림과 같이 변조된 파형을 얻을 수 있는 변조 방식은?

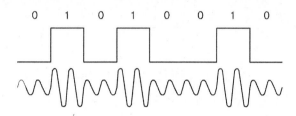

㉮ 진폭편이 변조방식(ASK : Amplitude Shift Keying)

㉯ 주파수편이 변조방식(FSK : Frequency Shift Keying)

㉰ 위상편이 변조방식(PSK : Phase Shift Keying)

㉱ 직교진폭 변조방식(QAM : Quadrature Amplitude Modulation)

71. 다음 그림과 같이 변조된 파형을 얻을 수 있는 변조 방식은?

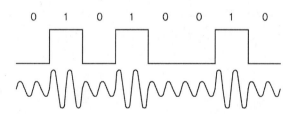

㉮ 진폭편이 변조방식(ASK)　　　　㉯ 주파수편이 변조방식(FSK)

㉰ 위상편이 변조방식(PSK)　　　　㉱ 직교진폭 변조방식(QAM)

정답　70. ㉮　　　　71. ㉯

72. 다음 그림과 같이 변조된 파형을 얻을 수 있는 변조 방식은?

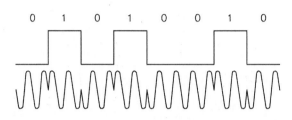

㉮ ASK   ㉯ FSK

㉰ PSK   ㉱ QAM

73. 다음 그림과 같이 변조된 파형을 얻을 수 있는 변조 방식은?

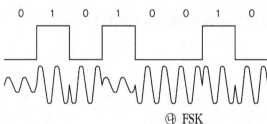

㉮ ASK   ㉯ FSK

㉰ PSK   ㉱ QAM

74. 주파수 분할 다중화기에 관한 설명으로 잘못된 것은?

㉮ 2선식 회로에 전이중 채널을 가능하게 하는 특수한 모뎀에 사용될 수 있다.

㉯ 통신 채널의 제한된 주파수 대역을 여러개의 독립된 저속 채널을 집단으로 나눈다.

㉰ 그 자체에서 변조와 복조를 수행함으로서 모뎀을 설치할 필요성이 없다.

㉱ 여러 신호들을 직렬 변환 방식으로 전송 할 수 있게 한다.

정답   72. ㉰   73. ㉱   74. ㉮

75. 데이터 전송 과정을 옳게 나타낸 것은?

㉮ 터미널 → 통신 채널 → 모뎀 → 통신제어 장치 → 모뎀 → 터미널

㉯ 컴퓨터 → 통신 채널 → 모뎀 → 통신제어 장치 → 터미널

㉰ 터미널 → 모뎀 → 통신 채널 → 모뎀 → 통신제어 장치 → 컴퓨터

㉱ 컴퓨터 → 모뎀 → 통신 채널 → 터미널 → 통신제어 장치

76. 데이터 통신에서 데이터의 송신측과 수신측을 연결하는 회선을 무엇이라 하는가?

㉮ 트리(tree)   ㉯ 망(network)

㉰ 회선(line)   ㉱ 링크(link)

77. AFC 회로가 필요한 데이터 신호 변조 방식은 어는 것인가?

㉮ 진폭 변조   ㉯ 주파수 변조

㉰ 위상 변조   ㉱ 각도 변조

78. 다음 중 데이터 통신의 전송 방식 중 다른 것은?

㉮ 혼합형 전송 방식   ㉯ 아날로그 전송 방식

㉰ 동기식 전송 방식   ㉱ 비동기식 전송 방식

79. 채널을 통해 전송되는 데이터의 용량은?

㉮ 주파수 대역폭의 제곱근에 반비례한다.

㉯ 주파수 대역폭의 제곱근에 비례한다.

㉰ 주파수 대역폭에 반비례한다.

㉱ 주파수 대역폭에 비례한다.

> 해설 통신회선에서의 용량(C)은 다음과 같다.
>
> $$C = W \log_2 \left(1 + \frac{S}{N}\right) [\text{bps}] \quad (\text{W : 주파수 대역폭, S : 신호전력, N : 잡음전력})$$

정답	75. ㉰	76. ㉱	77. ㉯	78. ㉯	79. ㉱

80. 통계 시분할 다중화(STATDM) 방식의 장점에 해당하지 않는 것은?

㉮ 전송 효율을 높일 수 있다.

㉯ 시스템 효율이 높아 진다.

㉰ 전송량이 많아지는 경우 대기지연이 발생할 가능성이 있다.

㉱ 많은 사용자를 수용할 수 있다.

81. 시분할 다중화 방식에 관한 설명으로 옳지 않은 것은?

㉮ 송신측과 수신측에서 동기를 맞추어야 한다.

㉯ 비트 삽입식은 비동기식 데이터, 문자 삽입식은 동기식 데이터를 다중화하는데 사용한다.

㉰ 동기식 및 비동기식 데이터를 다중화하는데 사용한다.

㉱ 전송로를 일정한 시간폭으로 나누어 다중화한다.

> 해설 ① 비트 삽입식 : 동기식 데이터에 사용
> ② 문자 삽입식 : 비동기식 데이터에 사용

82. 다음 중 시분할 방식과 거리가 먼 것은?

㉮ 가드 타임(guard time) 설정

㉯ 포인트 투 포인트(point to point)에 사용

㉰ 문자 삽입식

㉱ 비트 삽입식

83. 시분할 다중화에 관하여 잘못 설명한 것은?

㉮ 포인트 투 포인트(point to point)에 사용

㉯ 비트 삽입식과 문자 삽입식이 있다.

㉰ 전송로를 일정한 시간폭으로 나누어 사용

㉱ 폴(poll)과 셀렉션(selection)을 이용하여 송수신

정답   80. ㉰   81. ㉯   82. ㉯   83. ㉮

84. 데이터 전송시 에러가 발생하였을 경우 수신측은 송신측에 에러 발생을 알리고 송신측은 다시 데이터를 재전송한다. 이러한 방식을 무엇이라 하는가?

㉮ CRC(cyclic redundancy code)

㉯ FEC(foward error correction)

㉰ TRIB(transfer rate of information bits)

㉱ ARQ(automatic repeat request)

85. 전화 교환기의 회선 접속 불량에 의하여 발생하는 잡음을 무엇이라 하는가?

㉮ 충격성 잡음(impulse noise)

㉯ 감쇄(attenuation)

㉰ 비선형 일그러짐(nonlinear distortion)

㉱ 위상 일그러짐(phase distortion)

86. 다음 중 시분할 다중화 방식에 관한 설명으로 옳지 않은 것은?

㉮ 동기식 및 비동기식 데이터를 다중화 하는데 사용한다.

㉯ 전송할 데이터가 없는 채널에도 타임슬롯을 할당하는 단점도 있다.

㉰ 전송로와 데이터의 속도를 조절하는 버퍼 기억장치가 필요없다.

㉱ 저속 혹은 고속의 데이터 전송에 사용한다.

87. 진폭편이 변조 방식(ASK)의 특징에 관한 설명으로 적합하지 않는 것은?

㉮ 구조가 간단하여 가격이 저렴하다.

㉯ 다른 방식에 비해 잡음이 많다.

㉰ 신호의 레벨 변동에 약하다.

㉱ 원거리 전송에 적합하다.

해설 진폭 편이 변조 방식(ASK)은 근거리 전송에 적합하다.

정답 84. ㉱   85. ㉮   86. ㉰   87. ㉱

88. 주파수 편이 변조 방식(FSK)의 특징에 관한 설명으로 적합하지 않는 것은?

㉮ 레벨 변동에 강하다.　　　　　㉯ 동기식 모뎀이다.

㉰ 레벨 변동에 강하다.　　　　　㉱ 주파수 대역폭이 넓은 단점이 있다.

　해설　주파수 편이 변조 방식(FSK)은 비동기식 모뎀이다.

89. 위상 편이 변조 방식(PSK)의 특징에 관한 설명으로 적합하지 않는 것은?

㉮ 반송파의 진폭은 변한다.　　　㉯ 기준위상이 필요하다.

㉰ 고품질의 데이터 전송에 적합하다.　㉱ 중·고속의 데이터 전송에 적합하다.

　해설　위상 편이 변조 방식(PSK)에서는 반송파의 진폭은 일정하다.

90. 다음 변조 방식 중 잡음의 영향이 강한 변조 방식은 어는 것인가?

㉮ 펄스 변조 방식(PCM)　　　　㉯ 진폭 변조 방식(AM)

㉰ 주파수 변조 방식(FM)　　　　㉱ 위상 변조 방식(PM)

91. 다중화 기기는 하드웨어 구성과 운용 소프트웨어에 따라 여러 가지 기능을 수행 할 수 있다. 이 기능과 관계가 없는 것은?

㉮ 원격 네트워크 프로세싱　　　　㉯ 집중화기 기능

㉰ 공동화기 기능　　　　　　　　㉱ 메시지 스위칭 기능

　해설　다중화기의 기능

　① 원격 네트워크 프로세싱 기능 : 집중화기의 기능과 원격 일괄 처리 기능을 동시에 수행한다.

　② 집중화기 기능 : 저속, 중속 전송로에 한 개 혹은 몇 개의 고속 전송로를 통해 재전송하기 위하여 묶어 놓는다.

　③ 메시지 스위칭 기능 : 온라인 측정 기능과 집중화기에서 데이터를 축적후 전송하는 메시지 스위칭 기능을 수행한다.

　④ 순수한 경쟁 선택의 기능 : 다중화기는 프로그램된 스위치, 포트 선택기 혹은 경쟁 선택기 등으로 전송로를 선택하는 기능을 수행한다.

정답　88. ㉯　　　89. ㉮　　　90. ㉮　　　91. ㉰

92. 데이터 전송 회선의 품질은 데이터가 어느 정도 정확히 전송되었는지를 판정할 때 사용하는 에러율이 아닌 것은?

㉮ 비트(bit) 에러율

㉯ 블록(block) 에러율

㉰ 문자(character) 에러율

㉱ 일그러짐(distortion) 에러율

93. 비트(bit) 에러율을 옳게 나타낸 식은?

㉮ $\dfrac{\text{전송 bit 수}}{\text{잘못 수신된 bit 수}}$

㉯ $\dfrac{\text{잘못 수신된 bit 수}}{\text{전송 bit 수}}$

㉰ $\dfrac{\text{전송 block 수}}{\text{잘못 수신된 block 수}}$

㉱ $\dfrac{\text{잘못 수신된 block 수}}{\text{전송 block 수}}$

94. 블록(block) 에러율을 옳게 나타낸 식은?

㉮ $\dfrac{\text{잘못 수신된 block 수}}{\text{전송된 block 수}}$

㉯ $\dfrac{\text{전송된 block 수}}{\text{잘못 수신된 block 수}}$

㉰ $\dfrac{\text{잘못 수신된 문자 수}}{\text{전송된 문자 수}}$

㉱ $\dfrac{\text{전송된 문자 수}}{\text{잘못 수신된 문자 수}}$

95. 문자(character) 에러율을 옳게 나타낸 식은?

㉮ $\dfrac{\text{전송된 문자 수}}{\text{잘못 수신된 문자 수}}$

㉯ $\dfrac{\text{전송된 문자 수}}{\text{잘못 수신된 block 수}}$

㉰ $\dfrac{\text{잘못 수신된 문자 수}}{\text{전송된 문자 수}}$

㉱ $\dfrac{\text{잘못 수신된 문자 수}}{\text{전송된 block 수}}$

96. 데이터 전송에서 에러 발생의 원인이 아닌 것은?

㉮ 감쇄

㉯ 잡음

㉰ 전파 지연

㉱ 지연 왜곡

정답   92. ㉱   93. ㉯   94. ㉮   95. ㉰   96. ㉯

97. 데이터 전송에서 에러율을 측정하는데 필요한 장비가 아닌 것은?

㉮ 증폭기　　　　　　　　　　　㉯ 패턴 발생기

㉰ 변복조기　　　　　　　　　　㉱ 패턴 비교기

98. 다음 중 에러 검출 방식이 아닌 것은?

㉮ 수직 parity 방식　　　　　　㉯ 수평, 수직 parity 방식

㉰ 주파수 check 방식　　　　　　㉱ 군계수 check 방식

99. 2개의 음성 대역폭을 이용하여 광대역에서 얻을 수 있는 통신 속도를 이용하는 기기는?

㉮ STDM　　　　　　　　　　　㉯ inverse MUX

㉰ TDM　　　　　　　　　　　　㉱ concentator

100. 데이터 통신에서 에러의 주요 원인은 ?

㉮ 회선 단선　　　　　　　　　　㉯ 지터

㉰ 임펄스 잡음　　　　　　　　　㉱ 백색 잡음

101. 다음 중 공동 이용기의 종류에 해당하지 않는 것은?

㉮ 선로 공동 이용기　　　　　　㉯ DSU 공동 이용기

㉰ 변복조기 공동 이용기　　　　㉱ 컴퓨터 소프트웨어 공동 이용기

102. 다음 중 모뎀의 자동 기능에 해당하지 않는 것은?

㉮ 자동 시험 기능　　　　　　　　㉯ 자동 호출 기능

㉰ 자동 회피 기능　　　　　　　　㉱ 자동 속도 조절 기능

해설　모뎀의 자동 기능

① 자동 시험 기능 : 모뎀에는 패턴 발생기가 탑재되어 있으며 반송(返送)되어 오는 패턴신호로 모뎀 자체 및 전송선로의 고장상태를 파악할 수 있는 기능이다. 모뎀의 시험기능에는 4종류가 있다.

② 자동 호출 기능 : 상대 단말기와 데이터 송수신을 위하여 자동호출하는 기능이다. 컴퓨터가 네트워크상에서 상대 모뎀을 주기적으로 폴링할 때 주로 사용하는 기능이다.

③ 자동 응답 기능 : 네트워크상에서 상대 단말기의 호출신호에 자동으로 응답하여 상대 단말기와 연결될 수 있도록 하는 기능이다.

④ 자동 속도 조절 기능 : 네트워크상에서 상대 단말기의 전송속도에 자동으로 대응하는 기능이다.

103. 공동 이용기를 사용하는데 고려해야 할 사항과 거리가 먼 것은?

㉮ 공동 이용기에 접속이 가능한 다중화 기기의 종류

㉯ 공동 이용기와 단말기간의 거리

㉰ 공동 이용기에 접속이 가능한 모뎀

㉱ 공동 이용기에 접속하는 단말기의 수

해설　공동 이용기를 사용하는데 고려해야 할 사항

① 공동 이용기와 단말기간의 거리

② 접속한 단말기의 수

③ 접속 가능한 모뎀의 종류

104. 공동 이용기를 옳게 분류한 것은?

㉮ PSU, LSU　　　　　　　　　　㉯ MSU, ACU

㉰ ACU, LSU　　　　　　　　　　㉱ MSU, LSU

해설　MSU : 변복조기 공동 이용기

　　　LSU : 선로 공동 이용기

정답　102. ㉯　　　　103. ㉮　　　　104. ㉱

105. 2대의 단말기간에 데이터를 전송하는데 사용되는 전송방식과 가장 관계가 적은 것은?

㉮ 반이중 전송 ㉯ 전이중 전송

㉰ 단방향 전송 ㉱ 병렬 전송

106. 다음 중 디지털 신호 재생 중계기의 기능에 해당하지 않는 것은?

㉮ 타이밍 ㉯ 에러 정정

㉰ 파형 등화 ㉱ 식별 재생

> 해설 디지털 신호 재생 중계기의 기능
> ① 타이밍 : 부호 간섭이 없는 시점을 잡는다.
> ② 파형 등화 : 파형의 일그러짐을 식별하는데 적합한 형식으로 보상
> ③ 식별 재생 : 새로운 펄스를 송출한다.

107. 다음 중 데이터 통신의 시스템 일그러짐(왜곡)이 아닌 것은?

㉮ 위상 지터 ㉯ 손실

㉰ 하모닉 일그러짐 ㉱ 지연 일그러짐

> 해설 데이터 통신의 시스템 일그러짐
> ① 손실 ② 하모닉 일그러짐
> ③ 지연 일그러짐 ④ 주파수 편이 일그러짐
> ⑤ 지연 일그러짐 ⑥ 바이어스 일그러짐

108. 등화기에서 보상할 수 있는 일그러짐은?

㉮ 상호 변조 잡음 ㉯ 지연 일그러짐

㉰ 감쇠와 지연 일그러짐 ㉱ 회선 단선

정답 105. ㉱ 106. ㉯ 107. ㉮ 108. ㉰

109. 다음중 정보통신 단말장치의 접속 규격을 제정하는 기관과 거리가 먼 것은?

㉮ 국제전기통신연합(ITU-T) ㉯ 국제전기표준회의(IEC)

㉰ 미국전자공업회(EIA) ㉱ 국제표준화기구(ISO)

해설 ITU-T : International Telecommunication Union-Telecommunication

ISO : International Oraganization for Standadization

EIA : Electronics Industries Association

IEC : International Electrotechnical Commission

110. 국제 표준화 기구의 약어는?

㉮ ITU-T ㉯ IEC

㉰ EIA ㉱ ISO

111. 다음 중 자동 호출기에 관한 설명이 아닌 것은?

㉮ 컴퓨터나 단말기를 자동으로 다이얼링하여 호출한다.

㉯ 분산 네트워크에 많이 사용한다.

㉰ 전용선에서 사용한다.

㉱ 접속 방법으로 RS-232, RS-365가 있다.

해설 (1) 자동 호출기의 기능 : 컴퓨터나 터미널을 자동으로 다이얼링하여 호출한다. 분산 네트워크에 많이
사용된다.

(2) 자동 호출기의 형태

① 801A : 다이얼식

② 801C : 버튼식

(3) 자동 호출기의 접속 형태

① RS-232 사용 : 자동 응답기와 변복조기, 변복조기와 컴퓨터, 컴퓨터와 터미널간

② RS-365 사용 : DTE와 자동 호출기간

정답 109. ㉯ 110. ㉱ 111. ㉰

112. 자동 호출기의 형태에서 다이얼식에는 어떤 호출기가 사용되는가?

㉮ 701A   ㉯ 801A

㉰ 701C   ㉱ 801C

113. 다음 중 음향 결합기(acoustic couppler)에서 사용되는 변조 방법은?

㉮ FSK   ㉯ ASK

㉰ PSK   ㉱ DPSK

114. 멀티 포인트 시스템에서 터미널을 폴링할 때 발생되는 지연 시간에 속하지 않는 것은?

㉮ 컴퓨터와 단말기 사이의 거리에 따른 지연 시간

㉯ 터미널 자체에서의 지연 시간

㉰ DSU/CSU에 따른 지연 시간

㉱ 변복조기의 내부 지연 시간

115. 단말기측에 설치하여 집선 장치의 역할과 동시에 단말기를 제어하는 장치는?

㉮ 통신 제어 장치(communication control unit)

㉯ 원격 처리 장치(remote processor)

㉰ 전처리 장치(front end processor)

㉱ 후처리 장치(back end processor)

116. 다음 중 정보 전송상 주파수 이용 효율이 가장 좋은 변복조기는?

㉮ 16QAM(16직교 진폭 변조)   ㉯ ASK(진폭 편이 변조)

㉰ FSK(주파수 편이 변조)   ㉱ 4PSK(4차 위상 변조)

정답   112. ㉯   113. ㉮   114. ㉯   115. ㉯   116. ㉮

117. 다음 중 광대역 다중화기의 특성이 아닌 것은?

㉮ 하나 또는 그 이상의 채널이 광대역 다중화기 사이의 동기를 위해서 사용된다.

㉯ 비동기식 데이터를 위한 주파수 분할 다중화기와 비슷하며 문자 삽입식 다중화 방식을 사용한다.

㉰ 서로 다른 속도의 동기식 데이터를 묶어서 광대역을 이용해서 전송하는 시분할 다중화기의 일종이다.

㉱ 광대역 모뎀과 함께 사용되며 피라미드식으로 이용이 가능하다.

118. 전방 처리기(front end processor)의 역할을 옳게 설명한 것은?

㉮ 디지털 신호를 변조하거나 복조하는 역할을 한다.

㉯ 전송로의 순수 경쟁 선택, 메시지 스위칭, 원격 네트워크 프로세싱 등의 기능이 있다.

㉰ 주 컴퓨터의 통신 기능을 맡아 처리함으로서 독립적인 일을 하게 한다.

㉱ 보통 전화가 디지털 신호를 전화선을 따라 전송할 수 있도록 음향으로 변환하여 준다.

119. 망 운영 시스템의 기능을 일부 가지며 모뎀 사이의 채널을 주채널과 부채널로 나누어 전송하는 모뎀은?

㉮ 음향 결합기   ㉯ 광대역 모뎀

㉰ 시큐리티 모뎀   ㉱ 인텔리젼트 모뎀

120. 다중화기와 집중화기에 대한 차이점을 옳게 설명한 것은?

㉮ 같은 기능을 갖는다.

㉯ 다중화기는 저속의 각 부채널의 합과 고속의 링크채널 속도의 합과 같으나 집중화기는 다르다.

㉰ 다중화기는 집중화기 보다 적은 대역폭을 요구한다.

㉱ 다중화기는 전송로를 동적으로 이용하나 집중화기는 정적으로 이용한다.

정답   117. ㉯   118. ㉰   119. ㉱   120. ㉯

해설 다중화기와 집중화기의 비교

구 분	다중화기	집중화기
제어기	고정회선 제어 및 논리제어	프로세서 제어
회선 연결 형태	물리적 연결	논리적 연결
부채널 할당	정적인 할당	동적인 할당
부채널 속도합	고속채널 속도와 같다	고속채널 속도 보다 크거나 같다

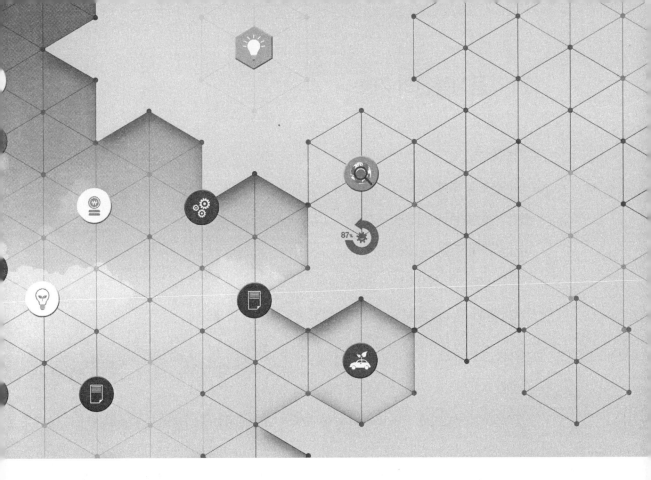

CHAPTER 3

음성통신기기

3.1 음성통신의 기초

(1) 음성신호

① 음성신호의 특성

- 인간의 발성기관의 진동을 전기적인 신호로 변환한 것을 음성신호라 한다.

- 인간의 가청 주파수는 20[kHz]이다.

- 인간의 효과적인 의사전달 수단이다.

- 음성신호의 주요 정보는 5[kHz] 이하의 주파수 대역에 존재한다.

② 음성신호의 분류

- **유성음**

  - 5~20[ms] 구간마다 같은 모양의 음성 파형이 되풀이 되는 주기적인 특성을 갖는다.

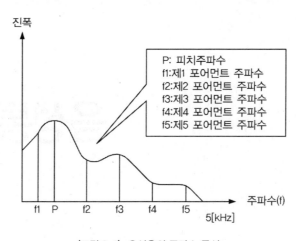

⟨그림 3-1⟩ 유성음의 주파수 특성

  - 2[kHz] 이하의 주파수 대역에 분포한다.

  - 기본 주파수(피치 주파수)와 포어먼트 주파수를 갖는다.

- **무성음**

  - 잡음과 같이 비주기적인 특성을 갖는다.

  - 3[kHz] 이상의 주파수 대역에 분포한다.

  - 백색잡음(White Noise)로 대체할 수 있다.

③ 음성의 심리적 속성 3요소

인간의 청각으로 음성신호의 변화를 느낄수 있게 하는 심리적 요소로 "음정", "음량", "음색"이 있으며, 이에 대응하는 물리적 속성으로 "피치", "진폭", "파형구조"가 있다.

- **음정** : 음성신호의 주파수가 높거나 낮게 변화하는 것을 말하며, 기본 주파수의 높낮이에 의하여 변한다.

- **음량** : 음성신호가 강하거나 약하게 변하는 것을 말하며, 음성신호의 진폭이 시간적으로 변화한다.

- **음색** : 기본 주파수(피치 주파수)의 정수배에 해당하는 주파수 성분을 말한다.

④ 음성의 물리적 속성 3요소

- **피치** : 음성신호의 기본 주파수를 말하며 주파수 단위에서는 피치 주파수라 하며, 시간 단위에서는 피치간격이라 한다. 남녀의 기본 주파수는 80~340Hz에 있다.

- **진폭** : 음성신호가 전기적으로 음양의 값을 갖는 것을 말하며 음압의 강약에 따라 음성파형의 진폭이 변화한다.

- **파형구조** : 음성파형의 구조는 성대진동과 성문(구강)의 모양에 따라 기본 주파수의 정수배에 해당하는 주파수가 변화하여 달라지게 된다.

⑵ 음성통신의 통화품질

① 음성통신의 개념

- **의미** : 인간 상호간의 의사 전달 수단으로 음성신호를 사용하는 것을 음성통신이라 한다.

- **음성통신 과정** : 음성신호의 표현 → 음성신호의 전송 → 음성신호의 해독

② 음성통신의 통화품질

- **통화품질** : 음성통신에 의하여 전달된 음성신호의 좋고 나쁨을 객관적으로 표현한 것을 통화품질이라 한다.

- **통화품질의 평가요소(Q)** : $Q = S \cdot T \cdot L$

  - 발성자가 발성한 음성의 정확도(S)

  - 음성신호 전송과정에서의 신호의 일그러짐(T)

  - 수신자의 청각으로 발성자의 의사를 알아 듣는 정도(L)

3.2 전화기

⑴ 전화기의 기본구성

전화기는 1876년 A.G.Bell이 발명한 자석식 전화기가 시초이며 이후 공전식과 자동식 전화기로 발전하였다.

- **통화회로** : 송화기, 수화기, 유도선륜

- **신호회로** : 후크 스위치, 다이얼, 푸시버튼(Push Button)

- **출력회로** : 마그네틱 벨(Magnetic Bell), 전자 벨(Electronic Bell)

⑵ 전화기 종류와 부품

- **자석식** : 송화기, 수화기, 후크 스위치, 자석 벨, 자석발전기

- **공전식** : 송화기, 수화기, 후크 스위치, 자석 벨, 축전지

- **자동식** : 송화기, 수화기, 후크 스위치, 자석 벨, 축전지, 코일

⑶ 전화기의 구성

① 송화기

- 음성신호를 전기적 신호로 변환하는 장치

- 진동판과 탄소입자의 진동에 의하여 변하는 저항값에 의해 직류 전류를 얻는다.

- 송화기의 감도(S_T)

$$S_T = 20\log_{10}\frac{\sqrt{W}}{P_f} = \frac{V}{P\sqrt{R}}\ \text{[dB]}$$

W : 송화기 저항의 전력 P_f : 자유 음장의 음압 P : 음압

V : 송화기의 전압 R : 동저항

- 3[kHz]에서 송화기의 최대 감도를 얻을 수 있다.

- 동저항(R)은 50[mA], 300[Hz]에서 20~60[Ω] 정도로 평균 30[Ω] 정도이다.

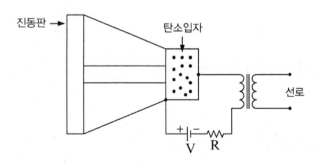

〈그림 3-2〉 송화기의 원리

② 수화기

- 음성의 전기적 신호를 음파로 재생하는 장치이다.

- 진동판, 영구자석, 유도코일로 구성되어 있다.

- 음성신호의 전기적신호는 진동판을 물리적으로 진동시킨다.

- 진동판은 온도 변화에 강하고 주파수 특성이 평탄한 재질을 사용하여야 한다.

- 수화기의 전기적 특성(S_R)

$$S_R = 20\log_{10}\frac{P}{\sqrt{W}} = 20\log_{10}\frac{V}{P\sqrt{Z}} \text{ [dB]}$$

W : 수화기의 피상전력 P : 수화기내 음압

V : 수화기의 전압 Z : 수화기의 내부 임피던스

- 1[kHz]에서 수화기의 최대 감도를 얻을 수 있다.

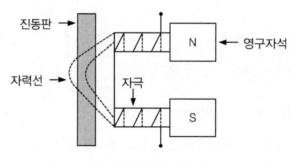

〈그림 3-3〉 수화기의 원리

③ 유도선륜

송화기와 수화기를 분리하여 효율 좋은 통화를 할 수 있도록 하는 역할을 한다.

- **자석식**

  - 송화기를 선로에서 분리하여 전저항을 작게 한다.

  - 송화기의 동저항을 크게하여 음성전류를 크게 한다.

  - 선로의 송출 전력을 크게 한다.

- **공전식**

  - 전류를 증폭시키는 역할을 한다.

  - 측음을 방지하는 역할을 한다.

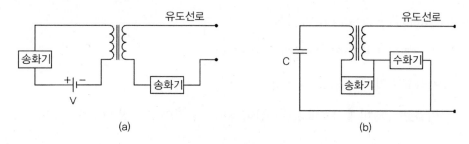

〈그림 3-4〉 유도선륜 (a) 자석식 (b) 공전식

④ 다이얼

- **개념** : 다이얼 루프 회로의 직류 임펄스를 송출하는 장치이다.

- **종류** : 회전다이얼 방식, 푸시버튼 방식, MFC 방식

- **다이얼 동작의 3요소**

  - **임펄스 속도** : 1초에 임펄스 속도가 20[impulse/sec]±1% 이여야 한다. 즉, 1초에 임펄스 숫자가 18개~22개이다.

  - **최소 단락 시간** : 한 사이클의 임펄스가 끝난후 다음 사이클의 임펄스가 시작되기까지 요구되는 최소 시간이다. 대개, 0.6초 정도 소요된다.

  - **단속비** : 전류가 흐르는 시간(Make Rate = 33.3%)과 흐르지 않는 시간(Break Rate = 66.6%)의 비로서 약 2 : 1 정도이다.

- **푸시버튼 다이얼(Push Button Dial)**

  - 고주파수와 저주파수의 조합으로 교류의 발진 주파수를 송출한다.

〈표 3-1〉 푸시버튼 방식

저주파수[Hz]	고주파수[Hz]			
	1209	1336	1477	1633
697	1	2	3	A
770	4	5	6	B
852	7	8	9	C
941	*	0	#	D

- MFC(Multi Frequency Code) 방식

  - 여러 주파수를 복합하는 다 주파수 방식이다.

  - 전자식 교환기의 접속에 사용한다.

  - 다이얼 방식에 비해 신호의 송출시간이 짧아 교환기의 고속 접속이 가능하다.

〈표 3-2〉 MFC 방식

	700[Hz]	900[Hz]	1,100[Hz]	1,300[Hz]	1,500[Hz]	1,700[Hz]
1	●	●				
2	●		●			
3		●	●			
4	●			●		
5		●		●		
6			●	●		
7	●				●	
8		●			●	
9			●		●	
0				●	●	
*			●			●
#		●				●

⑤ 후크 스위치

- 통화회로와 신호회로의 절환 스위치이다.

- 수신상태와 송신상태의 절환 스위치이다.

⑥ 축전지

- 공전식 및 자동식 전화기에 사용한다.

- 다이얼시 발생하는 불꽃(Spark)를 방지한다.

- 16~20[Hz]의 신호를 잘 통하게 한다.

⑦ 자석전령

16~20[Hz]의 신호전류를 흘려 초당 40회 정도의 벨을 울리도록 한다.

⑧ 자석발전기

자석식 전화기의 신호 송신장치이다.

(4) 디지털 전화기

① 디지털 전화기의 구성

- 신호의 입출력부
- 신호의 변환부
- 통신의 프로토콜 제어부

② 디지털 전화기의 특징

- 음질이 뛰어남
- 기능의 다양화
- 데이터 단말기의 접속이 용이함

(5) 무선 전화기

① 무선 전화기의 개념

- 1세대 무선 전화기(Cordless Telephon)를 CT-1이라 한다.
- 무선 전화기는 무선 이동통신(CT-2, CT-3)으로 발전하였다.
- CT-2 : 발신전용 이동 전화기, CT-3 : 착발신 전용 이동 전화기
- CT-1은 아날로그 방식이다. CT-2 와 CT-3는 디지털 방식이다.

② 무선 전화기의 특징

- 무선 방식이라 이동이 용이하다.
- 통신보안에 취약하다.

- 각종 잡음에 영향을 많이 받는다.

- 주파수 변조방식을 사용한다.

- 주파수 채널간격은 12.5kHz이다.

- 송신 전력은 100mW 이하이다.

- 송신 주파수는 380MHz, 900MHz이다.

- 서비스 영역은 반경 100m 정도이다.

3.3 교환기

(1) 교환기의 개념

- 복수의 입출력 단자간의 접속을 개시 또는 종료 시키는 장치이다.

- 통신을 위하여 상대방을 호출하여 접속하기 위한 장비이다.

(2) 전자 교환기의 특징

① 장점

- 통신속도가 빠르고 신뢰성이 높다.

- 소형이며 프로그램 변경으로 타기종과의 호완성이 좋아 경제적이다.

- 전력소비가 적고 수명이 길다.

- 자동 우회 기능이 있다.

- 통화량을 제어하기 쉽다.

- 다양한 서비스 기능을 제공한다.

② 단점

- 잡음에 영향을 받기 쉽다.

- 전자회로의 고장진단이 어렵다.

⑶ 교환기의 분류

① 교환기의 일반적인 분류

- **수동 교환방식** : 교환원에 의하여 수동으로 접속하는 방식이다.

  - **자석식 교환 방식** : 제어 = 수동제어, 통화선 = 공간분할형

  - **공전식 교환 방식** : 제어 = 수동제어, 통화선 = 공간분할형

- **기계식 교환방식** : 가입자의 발신신호를 자동으로 검출하고 제어하는 방식이다.

  - **단단식 교환 방식**

    ST형 교환 방식 : 제어 = 직접제어, 통화선 = 공간분할형

    EMD형 교환 방식 : 제어 = 간접제어, 통화선 = 공간분할형

  - **크로스바 교환 방식** : 공동제어 방식

  - **포선논리 제어 방식**

- **전자식 교환방식** : 가입자의 발신신호를 전자회로에 의하여 검출하고 제어하는 방식으로 축적 프로그램 제어 방식이라 고도 한다.

  - **반전자 교환방식** : 제어 = 디지털 신호, 통화선 = 아날로그 신호, 공간분할 방식이라 한다. (**예** M10 CN, No.1A ESS)

  - **전전자 교환방식** : 제어 = 디지털 신호, 통화선 = 디지털 신호, 시분할 방식이라 한다. (**예** No.4 ESS, No.5 ESS, AXE-10ESS, S1240 ESS, TDX-1A, TDX-1B, TDX-10)

② 접속제어 방식에 의한 분류

- **포선 논리 제어(Wired Logic Control) 방식**

  - 미리 설정해 놓은 배선 방법과 논리 제어 기능에 따라 교환하는 방식이다.

  - 크로스바 교환기라고도 한다.

  - 기계식 교환 방식이라 한다.

- **축적 프로그램 제어(Stored Program Control) 방식**

  - 반도체 메모리에 기억시킨 프로그램에 따라 교환기를 제어한다.

  - 전자식 교환 방식이라 한다.

③ 구성에 의한 분류

- **공간분할 방식(SD : Space Division)**

  - 1개의 통화선에 발신 가입자와 착신 가입자가 만이 점유하는 방식이다.

  - 반전자 교환 방식(디지털의 제어기, 아날로그의 통화선)이라 한다.

- **시분할 방식(TD : Time Division)**

  - 1개의 통화선에 다수의 가입자가 점유하는 방식이다.

  - 전전자 교환 방식(디지털의 제어기와 통화선)이라 한다.

- **주파수 분할 방식(FD : Frequency Division)**

  - 주파수 대역폭을 분할하여 다수의 가입자선을 연결시키는 방식

④ 용도에 의한 분류

- **가입자 교환기** : 구내교환기의 일종이다.
- **중계 교환기** : 교환기간 신호의 중계역할을 하는 교환기이다.

⑤ 신호처리에 의한 분류

- **신호 대기 방식** : 통신신호를 처리하는 단말기와 발신신호를 처리하는 단말기를 병용하는 방식이다. 한 대의 단말기가 고장나면 대기중인 다른 단말기가 신호를 처리하는 방식이다.
- **신호 동기 방식** : 두 대의 단말기가 통신신호와 발신신호를 동시에 처리하기 위하여 동기시키는 방식이다.
- **신호 분할 방식** : 통신신호와 발신신호의 처리를 두 대의 단말기가 1/2씩 분담하는 방식이다. 이때 한 대의 단말기가 고장나면 다른 단말기가 통신신호와 발신신호 처리를 모두 담당한다.

(4) 교환기의 동작

- **발신신호 검출** : 발신 가입자의 발신 신호를 검출한다.
- **발신신호 응답** : 발신신호가 검출되면 발신음을 송출하여 응답한다.

- **전화번호 수신** : 발신 가입자가 다이얼링한 전화번호를 수신한다.

- **출선번호 해독** : 수신한 전화번호를 출선번호로 해독한다.

- **출선선택** : 출선번호에 대응하는 출선군을 선택한다.

- **통화선 선택** : 발신 가입자와 착신 가입자가 통화할 통화선을 선택한다. 통화선이 없을 경우에는 화중음을 송출한다.

- **호출신호 송출** : 발신 가입자에게 호출음 송출, 착신 가입자에게 호출신호 송출

- **응답신호 검출** : 착신 가입자의 응답신호 검출

- **통화선 접속** : 발신 가입자와 착신 가입자의 통화선 접속

- **통화 종료** : 발신 가입자와 착신 가입자의 통화 종료 신호(종화신호)를 검출

- **통화선 복구** : 다른 가입자가 통화할 수 있는 상태로 통화선을 복구해 둔다.

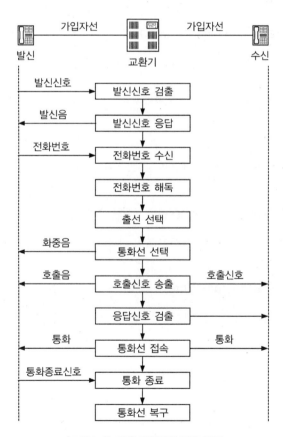

〈그림 3-5〉 전화 교환기의 동작 과정

(5) 전자 교환기의 구성

① 가입자선 및 중계선

- **가입자선**

  - **가입자선 정합회로** : 아날로그 가입자선을 정합하는 기능을 갖는다.

  - **가입자 발신신호 수신장치** : 가입자의 발신신호를 수신하는 기능을 갖는다.

  - **집선 스위치** : 다수의 가입자를 수용하여 통화선을 효율적으로 사용하는 기능을 갖는다.

- **중계선** : 다른 교환기에 신호를 전송하기 위한 매체(예 음성신호,제어신호,통화용 전류 등)

  - **디지털 중계선회로** : 디지털 교환기와 디지털 중계선을 연결하는 기능을 갖는다.

  - **아날로그 중계선회로** : 디지털 교환기와 아날로그 중계선을 연결하는 기능을 갖는다.

② 통화 스위치 회로망(Switching Network)

- 통화선의 접속 및 제어를 위해 준비된 스위치 장치이다.

- X-bar, Solid, Reed Relay, State Switch 등

③ 주사 장치(Scanner)

- 중앙 제어 회로에 가입자선 및 중계선에 흐르는 전류 상태를 시분할 주사하는 장치이다.

④ 중앙 제어 회로(Permanent Memory)

- 프로그램 기억장치나 호처리 기억 장치내의 각종 신호를 처리하는 회로이다.

⑤ 프로그램 기억 장치(Program Store)

- 교환기를 동작 시키기 위한 프로그램을 기억시키는 회로이다.

- 국부호, 가입자의 번호 등

⑥ 호처리 기억 장치(Call Store)

- 발신 신호, 가입자선 및 통화선에 관계되는 정보를 일시적으로 보관하는 장치이다.

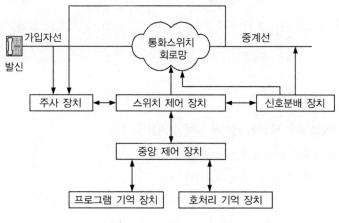

〈그림 3-6〉 전자 교환기의 구성

⑦ 스위치 제어 장치(Switch Control)

• 통화선의 접속, 절단, 중앙제어장치와의 동작속도의 정합을 위한 제어장치이다.

⑧ 신호분배 장치(Signal Distributor)

• 통화 스위치 회로망, 중앙 제어 회로, 중계선에 제어신호를 분배한다.

(6) 한국형 전자 교환기의 특성비교

〈표 3-3〉 한국형 전자 교환기의 특성비교

기종 구분	TDX-1A	TDX-1B	TDX-10
프로그램 언어	어셈블러	어셈블러, C	CHILL, SDL
가입자 회선수	512	1,024	8,192
가입자 수용능력	10,240	22,528	100,000
호처리 능력	100,000	220,000	1,200,000
트래픽 처리능력	1,600	3,600	26,000
중계선 수용능력	1,920	3,840	60,000
CPU	Z-80A(8bit)	Z-80B(8bit) MC68020(32bit)	MC68030(32bit)
메모리 용량(확장)	256[kbyte] 512[kbyte]	512[kbyte] 2[Mbyte]	16[Mbyte] 32[Mbyte]
타임 슬롯	4,096[pulse/sec]	8,192[pulse/sec]	65,536[pulse/sec]

1. 다음 중 음성신호의 특성에 관하여 잘못 설명한 것은?

㉮ 인간의 효과적인 의사전달 수단이다.

㉯ 인간의 가청 주파수는 20[kHz]이다.

㉰ 인간의 발성기관의 진동을 전기적인 신호로 변환한 것을 음성신호라 한다.

㉱ 음성신호의 주요 정보는 20[kHz] 이하의 주파수 대역에 존재한다.

> 해설 음성신호의 주요 정보는 5[kHz] 이하의 주파수 대역에 존재한다.

2. 다음 중 전화기의 다이얼 대한 설명으로 옳은 것은?

㉮ 미니멈 포즈는 0.45초 이상으로 하는 것이 보통이다.

㉯ 브레이크율은 66.6%이며, 단속비는 2 : 1이다.

㉰ 임펄스의 속도, 메이크율, 임펄스의 수를 다이얼의 3요소라 한다.

㉱ 임펄스의 속도는 20[impulse/sec]이다.

> 해설 전화기의 다이얼
> ① 단속비의 실제 사용 표준량 : 메이크율=33.3%
> ② 브레이크율=66.6%
> ③ 브레이크율 : 메이크율=2 : 1(단속비)

3. 음성신호의 무성음에 관하여 설명한 것 중 옳지 않은 것은?

㉮ 잡음과 같이 비주기적인 특성을 갖는다.

㉯ 3[kHz] 이상의 주파수 대역에 분포한다.

㉰ 백색잡음(White Noise)로 대체할 수 있다.

㉱ 5~20[ms] 구간마다 같은 모양의 음성 파형이 되풀이 되는 주기적인 특성을 갖는다.

4. 다음 중 전화기의 특성과 관계가 없는 것은?

㉮ 안전도
㉯ 충실도
㉰ 신뢰도
㉱ 명료도

정답 1. ㉱   2. ㉯   3. ㉱   4. ㉮

5. 음성신호의 유성음에 관하여 설명한 것 중 옳지 않은 것은?

㉠ 5~20[ms] 구간마다 같은 모양의 음성 파형이 되풀이 되는 주기적인 특성을 갖는다.

㉡ 2[kHz] 이하의 주파수 대역에 분포한다.

㉢ 백색잡음(White Noise)로 대체할 수 있다.

㉣ 기본 주파수(피치 주파수)와 포어먼트 주파수를 갖는다.

> 해설 (1) 유성음의 특징
>
> ① 5~20[ms] 구간마다 같은 모양의 음성 파형이 되풀이 되는 주기적인 특성을 갖는다.
>
> ② 2[kHz] 이하의 주파수 대역에 분포한다.
>
> ③ 기본 주파수(피치 주파수)와 포어먼트 주파수를 갖는다.
>
> (2) 무성음의 특징
>
> ① 잡음과 같이 비주기적인 특성을 갖는다.
>
> ② 3[kHz] 이상의 주파수 대역에 분포한다.
>
> ③ 백색잡음(White Noise)로 대체할 수 있다.

6. 다음 중 전화기의 유도 코일의 작용에 해당하지 않는 것은?

㉠ 평형 결선망을 내장   ㉡ 명료도 향상

㉢ 측음 방지 회로 구성   ㉣ 송화 전류 증대

7. 송화기에 공급하는 직류 전류를 제한하는 이유는?

㉠ 전류 공급의 손실 때문에   ㉡ 탄소 잡음 때문에

㉢ 전지 손실 때문에   ㉣ 가입자선의 길이 때문에

> 해설 탄소잡음 : 송화시에 음압이 강하면 탄소입자간의 강한 충돌 때문에 잡음이 발생하기 때문에 송화기에 공급하는 직류 전류를 제안한다.

정답 5. ㉢   6. ㉡   7. ㉡

8. 다음 중 자석식 전화기의 구성 부분이 아닌 것은?

㉮ 송수화기   ㉯ 자석 발전기

㉰ 유도 코일   ㉱ 콘덴서

해설 자석식 전화기의 구성 부분

① 송수화기, ② 자석 발전기, ③ 유도코일, ④ 송화 건전지, ⑤ 자석 전령

콘덴서는 자동식 및 공전식 전화기의 구성부분이다.

9. 다음 중 송화기의 제동자 역할을 옳게 설명한 것은?

㉮ 진동판의 자유진동을 억제   ㉯ 고조파 성분을 제거

㉰ 음파에 상응하는 교류를 발생   ㉱ 전류의 공급비를 감소

10. 다음 중 송화기에 대한 설명으로 잘못된 것은?

㉮ 전기신호를 음성신호로 변환한다.

㉯ 음성신호를 전기신호로 변환한다.

㉰ 진동판은 듀랄루민판을 사용한다.

㉱ 일반적으로 가변코일인 탄소입자를 사용한다.

11. 송화기 탄소실에 탄소입자를 몇% 채우는가?

㉮ 60%   ㉯ 70%

㉰ 95%   ㉱ 100%

12. 다음 중 송화기의 동저항 범위를 옳게 나타낸 것은?

㉮ 60~100[Ω]   ㉯ 10~50[Ω]

㉰ 150~190[Ω]   ㉱ 20~60[Ω]

해설 동저항(R)은 50[mA], 300[Hz]에서 20~60[Ω] 정도로 평균 30[Ω] 정도이다.

정답 8. ㉱   9. ㉮   10. ㉮   11. ㉰   12. ㉱

13. 수화기 진동판의 구비조건을 잘못 나타낸 것은?

㉮ 전압의 증폭도가 커야 한다.

㉯ 자유 진동은 적을수록 좋다.

㉰ 고저항, 고투자율인 재료를 사용한다.

㉱ 외력에 비해 가능한 큰 폭으로 진동하여야 한다.

14. 다음 중 전화기의 유도 코일의 작용으로 잘못된 것은?

㉮ 신호 전령의 역할을 한다.   ㉯ 선로에 흐르는 전류를 크게 한다.

㉰ 정합 변성기의 역할을 한다.   ㉱ 소화회로와 수화회로를 분리한다.

15. 전화 송화기에 흐르는 전류가 증가하면 발생하는 잡음은?

㉮ 산탄 잡음(shot noise)   ㉯ 열 잡음(thermal noise)

㉰ 플리커 잡음(flicker noise)   ㉱ 탄소 잡음(carbon noise)

16. 다음 중 음성신호의 심리적 3요소에 해당하지 않는 것은?

㉮ 음정   ㉯ 음질

㉰ 음량   ㉱ 음색

해설 음성신호의 심리적 3요소

① 음정 : 음성신호의 주파수가 높거나 낮게 변화하는 것을 말하며, 기본 주파수의 높낮이에 의하여 변한다.

② 음량 : 음성신호가 강하거나 약하게 변하는 것을 말하며, 음성신호의 진폭이 시간적으로 변화한다.

③ 음색 : 기본 주파수(피치 주파수)의 정수배에 해당하는 주파수 성분을 말한다.

정답 13. ㉰   14. ㉮   15. ㉱   16. ㉯

17. 다음 중 음성신호의 물리적 3요소에 해당하지 않는 것은?

㉮ 피치

㉯ 진폭

㉰ 스펙트럼

㉱ 파형구조

> 해설 음성신호의 물리적 3요소
>
> ① 피치 : 음성신호의 기본 주파수를 말하며 주파수 단위에서는 피치 주파수라 하며, 시간 단위에서는 피치간격이라 한다. 남녀의 기본 주파수는 80~340Hz에 있다.
>
> ② 진폭 : 음성신호가 전기적으로 음양의 값을 갖는 것을 말하며 음압의 강약에 따라 음성파형의 진폭이 변화한다.
>
> ③ 파형구조 : 음성파형의 구조는 성대진동과 성문(구강)의 모양에 따라 기본 주파수의 정수배에 해당하는 주파수가 변화하여 달라지게 된다.

18. 다음 중 송화기의 감도를 옳게 나타낸 것은? (단, W : 송화기 저항의 전력, P_f : 자유 음장의 음압, P : 음압, V : 송화기의 전압, R : 동저항)

㉮ $\dfrac{P}{R\sqrt{V}}$ [dB]

㉯ $\dfrac{R}{P\sqrt{V}}$ [dB]

㉰ $20\log_{10}\dfrac{\sqrt{P_f}}{W}$ [dB]

㉱ $20\log_{10}\dfrac{\sqrt{W}}{P_f}$ [dB]

> 해설 송화기 감도 : $S_T = 20\log_{10}\dfrac{\sqrt{W}}{P_f} = \dfrac{V}{P\sqrt{R}}$ [dB]

19. 음성통신을 할 때 송화기에 흐르는 전류는?

㉮ 직류

㉯ 교류

㉰ 맥류

㉱ 고주파

> 해설 송화기의 음성신호의 음압이 진동판에 의하여 동저항이 변하여 선로에 직류 전류를 흐르게 하고, 이 직류전류가 세게 또는 약하게 흐르는 맥류가 흐르게 된다.

정답 17. ㉰   18. ㉱   19. ㉰

20. 다음 중 수화기의 감도를 옳게 나타낸 것은?(단, W : 수화기의 파상전력, P : 수화기내 음압, V : 수화기의 전압, Z : 수화기의 내부 임피던스)

㉮ $20\log_{10}\dfrac{Z}{P\sqrt{V}}$ [dB]　　　　　　㉯ $20\log_{10}\dfrac{V}{P\sqrt{Z}}$ [dB]

㉰ $20\log_{10}\dfrac{W}{\sqrt{P}}$ [dB]　　　　　　㉱ $20\log_{10}\dfrac{\sqrt{W}}{P}$ [dB]

해설　수화기 감도 : $S_R = 20\log_{10}\dfrac{P}{\sqrt{W}} = 20\log_{10}\dfrac{V}{P\sqrt{Z}}$[dB]

21. 다음 중 수화기 진동판의 구비조건으로 고려되어야 할 사항이 아닌 것은?

㉮ 진동판의 자유 진동이 클 것　　　㉯ 진동판의 면적이 클 것
㉰ 진동판의 주파수 특성이 평탄할 것　　㉱ 외력에 비례한 큰 진폭을 가질 것

해설　수화기 진동판의 구비조건
① 진동판의 자유진동이 클 것　　④ 온도 특성이 안정할 것
② 진동판의 주파수 특성이 평탄할 것　　⑤ 외력이 비례하여 큰 진폭을 가질 것
③ 주파수 특성이 평탄 할 것　　⑥ 진동판의 면적이 클 것

22. 다음 중 전화기 내부의 직류저항을 옳게 나타낸 것은?

㉮ 10~30[Ω]　　　　　　㉯ 30~50[Ω]
㉰ 50~220[Ω]　　　　　　㉱ 220~350[Ω]

23. 다음 중 전화기의 유도 선륜의 작용으로 잘못된 것은?

㉮ 정합 변성기의 역할을 한다.
㉯ 신호 전령의 역할을 한다.
㉰ 송화기와 수화기를 분리시켜 통화할 수 있도록 한다.
㉱ 선로에 흐르는 전류를 크게 한다.

해설　마크네틱 벨 또는 전자벨로 상대에게 호가 도착함을 알려주는 것을 신호 전령이라 한다.

정답　20. ㉯　　21. ㉮　　22. ㉰　　23. ㉯

24. 전화기와 교환기간의 접속 제어 정보를 전달하는 수단은?

㉮ 신호 방식   ㉯ 중계 방식

㉰ 교환 방식   ㉱ 서비스 방식

> 해설   접속 제어 정보를 전달하는 신호 방식의 기능
> ① 가입자선 신호 방식
> ② 국간 신호방식 : 통화로 신호 방식, 공통선 신호 방식

25. 다음 중 자동식 전화기에서 사용하는 측음 방지 회로는?

㉮ 유도 선륜형   ㉯ 부우스터형

㉰ 하이브리드 코일형   ㉱ 브리지형

> 해설   측음 방지 회로
> ① 자동식, 공전식 : 부우스트형
> ② 자석식 : 브리지형

26. 공전식 전화기의 기본 부품에 해당하는 것은?

㉮ 후크 스위치, 유도 코일, 콘덴서, 전지, 송수화기

㉯ 송수화기, 후크 스위치, 유도 코일, 콘덴서, 발진기

㉰ 송수화기, 후크 스위치, 콘덴서, 유도코일, 전령

㉱ 송수화기, 유도 코일, 콘덴서, 자석 전령, 다이얼

정답   24. ㉮   25. ㉯   26. ㉰

27. 전화기 다이얼 동작의 3요소에 해당하지 않는 것은?

㉮ 임펄스 속도 ㉯ 최대 단락 시간

㉰ 최소 단락 시간 ㉱ 단속비

> 해설 전화기 다이얼 동작의 3요소
> ① 임펄스 속도 : 1초에 임펄스 속도가 20[impulse/sec]±1% 이여야 한다. 즉, 1초에 임펄스 숫자가 18개~22개이다.
> ② 최소 단락 시간 : 한 사이클의 임펄스가 끝난후 다음 사이클의 임펄스가 시작되기 까지 요구되는 최소 시간이다. 대개, 0.6초 정도 소요된다.
> ③ 단속비 : 전류가 흐르는 시간(Make Rate=33.3%)과 흐르지 않는 시간(Break Rate=66.7%)의 비로서 약 2 : 1 정도이다.

28. 다음 중 자동 전화기에서 콘덴서를 사용하는 이유를 설명한 것중 잘못된 것은?

㉮ 다이얼시 스파크를 제거한다.

㉯ 교환국에서 공급하는 직류 전류를 제어한다.

㉰ 평상시 신호 전류만을 통과시킨다.

㉱ 수화기에 대한 클릭을 방지한다.

29. 다음 중 수화기의 진동판은 어떤 것이 좋은가?

㉮ 저항이 작을수록 좋다. ㉯ 저항이 클수록 좋다.

㉰ 자유 진동이 작을수록 좋다. ㉱ 자유 진동이 클수록 좋다.

30. 전화기에서 측음은?

㉮ 적당히 있어야 한다. ㉯ 작을수록 좋다.

㉰ 클수록 좋다. ㉱ 통화에 무관하다.

> 해설 측음은 자신의 귀에 자신의 음성이 들리는 현상으로 측음이 크면 실내 소음까지 커져서 통화를 방해하고, 측음이 너무 없으면 발성음량을 조절할 수 없게 된다. 따라서, 통신에는 적당한 측음이 필요하다.

정답 27. ㉯ 28. ㉱ 29. ㉰ 30. ㉮

31. 자석식 전화기에 내장되어 있는 유도 코일의 2차측 권선비는 몇배로 감겨져 있는가?

    ㉮ 1배   ㉯ 10배

    ㉰ 50배   ㉱ 100배

> 해설 유도코일의 1차측과 2차측의 권선비는 1 : 10의 비율로 감겨져 있다.

32. 다음 중 통신에 적합한 음성신호의 레벨은?

    ㉮ 10~20[dB]   ㉯ 20~30[dB]

    ㉰ - 20~ - 30[dB]   ㉱ - 10~ - 20[dB]

33. 다음 중 전화기의 유도선륜에 관한 설명 중 잘못된 것은?

    ㉮ 송화 회로와 수화 회로를 분리하여 능률적인 통화를 하도록 한다.

    ㉯ 선로에 흐르는 전류를 크게 한다.

    ㉰ 신호 전령의 역할을 한다.

    ㉱ 정합 변성기의 역할을 크게 한다.

34. 전자식 전화기(푸시버튼 방식)의 특수 기능 버튼의 주파수에 대하여 맞는 것은?

    ㉮ # = 852[Hz] + 1633[Hz]   ㉯ * = 770[Hz] + 1477[Hz]

    ㉰ * = 697[Hz] + 1209[Hz]   ㉱ # = 941[Hz] + 1477[Hz]

> 해설 전자식 전화기(푸시버튼 방식)

저주파수[Hz]	고주파수[Hz]			
	1209	1336	1477	1633
697	1	2	3	A
770	4	5	6	B
852	7	8	9	C
941	*	0	#	D

35. 다음 중 통화품질의 평가요소 Q를 옳게 나타낸 식은? (단, S : 발성자가 발성한 음성의 정확도,
T : 음성신호 전송과정에서의 신호의 일그러짐, L : 수신자의 청각으로 발성자의 의사를 알아
듣는 정도)

㉮ $Q = S(T + L)$　　　　　　　　㉯ $Q = S + T + L$

㉰ $Q = S \cdot T \cdot L$　　　　　　　　㉱ $Q = S(T - L)$

36. 다음 중 푸시버튼 방식에서 고주파수군에 사용되는 주파수가 아닌 것은?

㉮ 852[Hz]　　　　　　　　㉯ 1209[Hz]

㉰ 1336[Hz]　　　　　　　　㉱ 1477[Hz]

> 해설　푸시버튼 방식의 전화기
>
> ① 저주파수군 : 697[Hz], 770[Hz], 852[Hz], 941[Hz]
>
> ② 고주파수군 : 1209[Hz], 1336[Hz], 1477[Hz], 1633[Hz]

37. 다음 중 푸시버튼 전화기에 대한 설명으로 옳지 않은 것은?

㉮ 2개의 LC 동조회로로 구성된 주파수 발진회로가 있다.

㉯ 저군 3주파수와 고군 3~4 주파수를 조합하여 선택신호를 구성한다.

㉰ 데이터 전송용 및 원격 제어용에도 사용할 수 있다.

㉱ 선택신호는 음성 주파수 대역내의 신호를 사용한다.

38. 디지털 전화기의 구성부에 해당하지 않는 것은?

㉮ 신호의 변복조부　　　　　　　　㉯ 신호의 입출력부

㉰ 신호의 변환부　　　　　　　　㉱ 통신의 프로토콜 제어부

> 해설　디지털 전화기의 구성
>
> ① 신호의 입출력부
>
> ② 신호의 변환부
>
> ③ 통신의 프로토콜 제어부

정답　35. ㉰　　　36. ㉮　　　37. ㉯　　　38. ㉮

39. 디지털 전화기의 특징을 잘못 설명한 것은?

㉮ 음질이 뛰어남　　　　　　　　㉯ 기능의 다양화

㉰ 변복조부가 필요함.　　　　　　㉱ 데이터 단말기의 접속이 용이함

40. 다음 중 전화기에 대한 설명으로 옳지 못한 것은?

㉮ 전화기에 사용되는 주파수는 국제적으로 300~3400[Hz]이다.

㉯ 자동식 전화기에는 브릿지형 측음방지회로가 있다.

㉰ 신호상태와 통화상태를 분하는 것은 후크(hook) 스위치이다.

㉱ 전화기는 통화회로, 신호회로, 출력회로로 구분된다.

해설 브릿지형 측음방지회로는 자석식 전화기에 사용된다.

41. 전자교환기의 하드웨어 구성부에 해당하지 않는 것은?

㉮ 중앙제어 장치　　　　　　　　㉯ 통화로망

㉰ 주변제어 장치　　　　　　　　㉱ 마킹 장치

42. 전자교환기의 주요 기능이 아닌 것은?

㉮ 통화우회 기능　　　　　　　　㉯ 펄스재생 방출기능

㉰ 통화우선 기능　　　　　　　　㉱ 통화량 조절 기능

43. 자동교환기의 오접속의 원인이 아닌 것은?

㉮ 통화선에 귀금속을 사용하지 않았을 경우

㉯ 최소 유지 시간이 다른 경우

㉰ 가입자 다이얼이 불량한 경우

㉱ 가입자 루프 저항이 많은 경우

정답　39. ㉰　　　40. ㉯　　　41. ㉱　　　42. ㉯　　　43. ㉮

44. 전자교환기의 제어 방식은?

㉮ 배선 논리 제어 방식   ㉯ 포선 논리 제어 방식

㉰ 직접 제어 방식   ㉱ 축적 프로그램 제어 방식

45. 전자교환기에서 축적 프로그램 제어 방식을 사용함으로서 얻을 수 있는 결과가 아닌 것은?

㉮ 다양한 기능의 변경 및 추가가 용이   ㉯ 공통 제어 장치수의 증가

㉰ 시설비의 저렴화   ㉱ 고도의 신뢰성 확보

46. 전자교환기의 단점에 해당하는 것은?

㉮ 통화로의 사용 효율이 높아진다.

㉯ 소비 전력이 작다.

㉰ 중요 부분 장애시 시스템 다운 현상이 일어난다.

㉱ 설치 면적이 작다.

> 해설   전자교환기내의 CPU에 장애가 발생하면 가입자간의 통화가 불가능하다.

47. 전자교환기의 통화로 장치에 해당하지 않는 것은?

㉮ 시험 회로망   ㉯ 가입자 회로망

㉰ 신호 회로망   ㉱ 음성 회로망

정답   44. ㉱   45. ㉯   46. ㉰   47. ㉮

48. 전자교환기의 기본 기능 중 제어 기능에 해당하지 않는 것은?

㉮ 신호음 송출   ㉯ 착발신 가입자간의 통화로 구성

㉰ 발신 가입자의 선택   ㉱ 통화 전류의 공급

> 해설   전자교환기의 기본 기능
>> (1) 제어기능
>>> ① 신호음 송출
>>> ② 착발신 가입자간의 통화로 구성
>>> ③ 발신 가입자의 선택
>>> ④ 빈 통화로 선택 및 접속
>>> ⑤ 통화로 유지 및 복구 등
>>> ⑥ 각종 서비스
>> (2) 통화 전류 공급 기능

49. 다음 중 전자교환기의 소프트웨어에 해당하는 것은?

㉮ 중앙제어 장치   ㉯ 통화로 주변 장치

㉰ 데이터   ㉱ 통화로 장치

> 해설   전자교환기의 하드웨어 및 소프트웨어
>> (1) 하드웨어 : ① 중앙제어 장치, ② 통화로 장치, ③ 주변 장치
>> (2) 소프트웨어 : ① 데이터, ② 프로그램

50. 전자교환기에서 축적 프로그램 방식을 사용함으로서 얻어지는 결과가 아닌 것은?

㉮ 공통 제어 장치의 증가   ㉯ 신뢰성 증가

㉰ 융통성이 증가   ㉱ 다양한 기능 증가

정답   48. ㉱   49. ㉰   50. ㉮

51. 다음 중 전자교환 방식의 제어부를 보호하기 위한 운용 방식이 아닌 것은?

㉮ 부하 부담 방식 ㉯ 대기 방식

㉰ 동기 방식 ㉱ 축적 제어 방식

해설 축적제어 방식 : 전자교환기의 제어장치이다.

① 동기 방식 : 2개의 중앙 처리 장치가 있음. 1개의 프로세서는 다른 것의 출력과 비교하면서 동기를 맞추고, 2개의 프로세서가 동시에 호를 처리하는 방식이다.

② 대기 방식 : 2개의 중앙처리 장치가 있음. 1개의 프로세서가 고장이 나면 즉시 대기중인 다른 프로세서가 호를 처리하는 방식이다.

③ 부하 부담 방식 : 교환기에 걸리는 부하를 여러 개의 프로세서가 분담하는 방식이다.

52. 다음 중 전자교환기에 필요한 입력 처리용 프로그램이 아닌 것은?

㉮ 중계선 상태 감시용 프로그램 ㉯ 과금 정보 기록용 프로그램

㉰ 호출 신호 정지 검출 프로그램 ㉱ 발신 레지스터 트렁크 주사용 프로그램

53. 현재 사용하고 있는 대용량 전자교환기에서 가장 많이 채택하고 있는 제어 방식은?

㉮ 전전자 교환 방식 ㉯ 반전자 교환 방식

㉰ 축적 프로그램 방식 ㉱ PCM 방식

54. 다음 중 전자교환 방식이 아닌 것은?

㉮ 진폭 분할 방식 ㉯ 시분할 방식

㉰ 주파수 분할 방식 ㉱ 공간 분할 방식

해설 전자교환기에서 사용하는 분할 방식

① 시분할 방식(TDS : time division system)

② 주파수 분할 방식(FDS : frequency division system)

③ 공간 분할 방식(SDS : space division system)

※ 전자교환기에는 진폭 분할 방식은 없다.

정답 51. ㉱ 52. ㉯ 53. ㉰ 54. ㉮

55. 다음 중 전자교환기가 기계식 교환기 보다 유리하지 못한 점은?

㉮ 수명이 길고 소비 전력이 작다.

㉯ 소형이고 점유 면적이 적다.

㉰ 고감도이며 데이터 처리 속도가 빠르다.

㉱ 장시간 사용할 때 시스템 다운 현상이 일어난다.

56. 다음 중 전자교환기의 통화로계의 구성 장치가 아닌 것은?

㉮ 통화로 장치   ㉯ 시스템 제어 장치

㉰ 주사 장치   ㉱ 통화로 제어 장치

해설   전자교환기의 통화로계의 구성

① 통화로 장치 : 통화로망, 트렁크

② 주사 장치 : 가입자 주사 장치, 트렁크 주사 장치

③ 통화로 제어 장치 : 정보 및 신호 분배 장치, 통화로 구동 장치, 계전기 구동 장치

57. 여러 개의 프로세서가 부하를 분담하여 하나의 호를 처리하는 방식은?

㉮ 시분할 방식   ㉯ 대기 방식

㉰ 동기 방식   ㉱ 부하 부담 방식

정답   55. ㉱   56. ㉯   57. ㉱

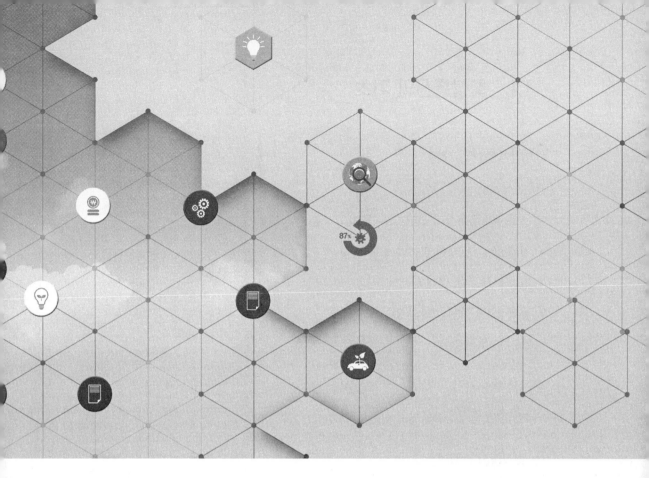

CHAPTER 4

화상통신기기

4.1 화상통신의 기초

(1) 화상통신의 개념

① 화상정보

정지화상과 동화상이 갖고 있는 물리적 또는 추상적인 정보

- **정지화상** : 동적인 변화가 없는 화상

  (예 사진, 그림, 문서 등)

- **동화상** : 동적인 변화가 있는 화상

  (예 TV, 영화 등)

② 화상통신기기

원격지간에 화상정보를 송수신하는 기기

③ 화상통신의 원리

샤논(Sharnnon)의 통신모델을 이용하여 원격지간에 화상정보를 송수신하는 원리

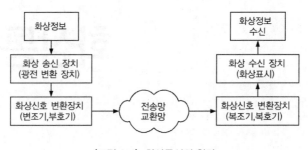

〈그림 4-1〉 화상통신의 원리

- **송신측**

  - **화상 송신 장치(광전 변환 장치)** : 광학적인(시각적인) 정보를 전기적인 신호로 변환하는 장치

  - **화상신호 변환장치(변조기, 부호기)** : 전기적인 화상정보를 통신망(전송망, 교환망)에 송신하기 위하여 변조 또는 부호화하는 장치

- **수신측**

    - **화상신호 변환장치(복조기, 복호기)** : 변조 또는 부호화된 화상정보를 복원하기 위한
      복조기 또는 복호기

    - **화상 수신 장치(화상표시)** : 전기적인 화상정보를 시각적인 화상으로 변환하여 수신
      하는 장치
      (**예** 모니터, CRT, TV, FAX, CATV, CCTV)

(2) 화상통신의 종류

- **하드 카피** : 종이 등의 지면(紙面)에 기록한 정보를 교환하는 방식
  (**예** FAX, 텔렉스 등)

- **소프트 카피** : CRT, 모니터 등에 일시적으로 표시하는 방식
  (**예** TV 등)

〈표 4-1〉 화상통신의 종류

방식	소프트 가피	하드 카피
TV	●	
TV 전화	●	
화상회의	●	
CATV, CCTV	●	
팩스		●
텔렉스		●

(3) 화상통신 시스템

- **시스템의 구성** : 단말기, 교환기, 전송선
- **시스템의 형태** : E-E형(End of End), 개별배선형, 분기배선형

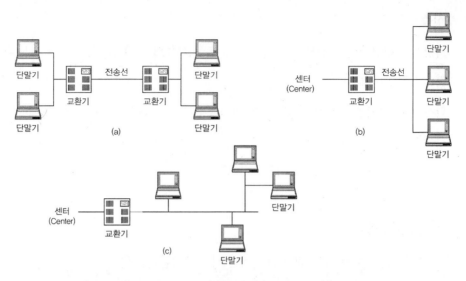

〈그림 4-2〉 화상통신 시스템 (a) E-E형 (b) 개별배선형 (c) 분기배선형

4.2 텔레비젼(TV)

(1) TV 송수신의 개념

- 방송국의 카메라를 통하여 영상신호를 얻는다. 마이크로폰을 통하여 음성신호를 얻는다.

- 영상신호와 음성신호를 전기적인 신호로 변환한다.

- 영상증폭기와 음성증폭기를 이용하여 신호를 증폭한다.

- 증폭된 영상신호와 음성신호를 합하여 송신장치로 전송한다.

- 송신장치는 영상/음성신호를 방송국 송신 안테나로 송출한다.

  - TV 주파수 대역폭 : 6[MHz]

  - 음성신호 반송파 : 5.75[MHz]

  - 영상신호 반송파 : 1.25[MHz]

- 수신안테나를 통하여 영상/음성신호를 수신한다.

- 수신된 영상/음성신호는 영상신호, 색상신호(RGB신호)와 음성신호로 각각 분리된다.

- 음성신호는 스피커를 통하여 출력된다.

- 영상신호와 색상신호를 TV 브라운관에 주사하여 영상물을 출력한다.

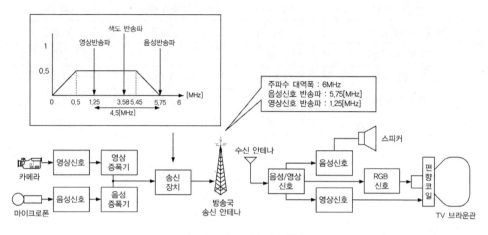

〈그림 4-3〉 TV의 기본 원리

🔆 **NOTE** RGB신호

① TV 색상의 3원색
② R(Red, 적색), G(Green, 녹색), B(Blue, 청색)
③ 카메라에서 얻은 영상물의 색상을 나타낸다.
④ TV 송신장치에서는 RGB신호(원색신호)를 휘도, 색도, 포화도에 해당하는 신호로 변환하여 TV 수신장치에 전송한다.

(2) TV 방식의 분류

특성 \ 방식	NTSC	PAL	SECAM
사용국가	한국, 일본, 미국	중국 및 서유럽	동유럽
채널 대역폭[MHz]	6	7	8
영상 주파수 대역폭[MHz]	4.2	5	6
음성 주파수 대역폭[MHz]	4.5	5.5	6.5
색도 부반송파[MHz]	3.58	4.43	4.25

특성 \ 방식	NTSC	PAL	SECAM
영상 변조 방식	진폭 변조	진폭 변조	진폭 변조
음성 변조 방식	주파수 변조	주파수 변조	진폭 변조
수평 주파수[kHz]	15.734	15.625	15.625
수직 주파수[Hz]	60	50	50
가로/세로 비율	4 : 3	4 : 3	4 : 3
비월주사 비율	2 : 1	2 : 1	2 : 1
프레임수[frame/sec]	30	25	25
주사선수	525	625	625
표준규격	FCC	ITU-R	

(3) TV 방식의 기능

① 주사 기능

영상신호를 화소단위의 미립자로 분해하거나 조립하는 기능이다.

- **비월주사** : 대각선 방향으로 왼쪽에서 오른쪽으로 16.667ms 동안 262.5줄의 주사선을 주사하고, 나머지 262.5 주사선을 16.667ms 동안 처음 주사한 주사선 사이를 주사하는 방식이다.

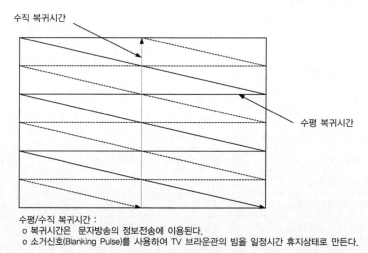

수평/수직 복귀시간 :
o 복귀시간은 문자방송의 정보전송에 이용된다.
o 소거신호(Blanking Pulse)를 사용하여 TV 브라운관의 빔을 일정시간 휴지상태로 만든다.

〈그림 4-4〉 비월주사

- **수평주사** : 좌우 수평하게 주사선을 주사하는 방식이다.

- **수직주사** : 상하 수직으로 주사선을 주사하는 방식이다.

- **순차주사** : 수평주사와 수직주사를 합한 방식이다.

② 편향 기능

전기장 또는 자기장에 의하여 전자빔의 방향을 바꾸는 기능

- **수평 편향** : 전기장 또는 자기장에 의하여 전자빔의 방향을 수평으로 바꾸는 기능을 갖는다.

- **수직 편향** : 전기장 또는 자기장에 의하여 전자빔의 방향을 수직으로 바꾸는 기능을 갖는다.

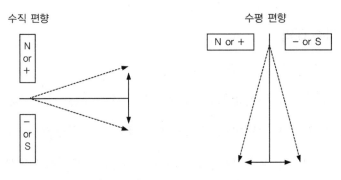

〈그림 4-5〉 수직 편향과 수평 편향

③ 동기 기능

색도 부반송파라고 한다. 일그러짐이 없는 영상신호를 복원하기 위해서는 송신측의 분해 주사와 수신측의 조립주사를 일치시켜야 하며, 이때 수평 동기신호와 수직 동기신호를 사용한다.

- **수직 동기신호** : 수직 동기신호는 주사선의 마지막 신호와 함께 송출한다.
- **수평 동기신호** : 수평 동기신호는 주사선의 각 필드마다 송출한다.

⑷ TV의 반송파

- **영상 반송파** : 1.25[MHz], 색상의 밝기를 나타내는 휘도정보를 전송하기 위한 반송파이다.

- **색도 부반송파** : 3.58[MHz], 색상의 정보를 나타내는 Chroma 정보를 전송하기 위한 반송파이다.

- **음성 반송파** : 5.75[MHz], 음성정보를 전송하기 위한 반송파이다.

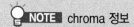 chroma 정보

색, 명암, 색조 같은 색의 속성을 나타내는 정보

⑸ TV의 주파수 대역

- TV 신호의 주파수 대역은 6[MHz]이다.

- 영상신호는 낮은 주파수 대역(하측파대)에 있으며 진폭 변조방식을 사용한다.

- 음성신호는 높은 주파수 대역(상측파대)에 있으며 주파수 변조방식을 사용한다.

- 정보의 양적 측면에서 볼 때 음성신호에 비해 영상신호에 많은 정보가 실려있다.

- 영상신호와 음성신호의 주파수 대역폭은 4.5[MHz]이며 양측파대(DSB)를 사용할 경우 주파수 대역폭이 9[MHz]가 되어 주파수 대역의 낭비가 생긴다.

- 주파수 대역의 낭비를 방지하기 위하여 잔류측파대(VSB : Vestigial Side Band) 방식을 사용한다.

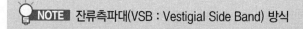 잔류측파대(VSB : Vestigial Side Band) 방식

DSB(Double Side Band)의 양쪽 측파대에 있어서 한쪽 측파대는 완전히 통과시키고 또다른 한쪽의 측파대는 일부만 전송하는 방식이다.

⑹ 컬러 TV 송수신기

① 송신기

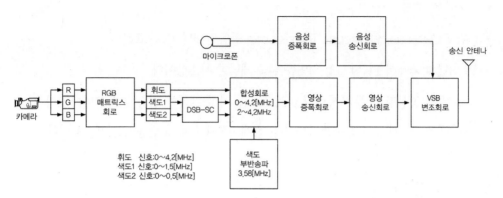

〈그림 4-6〉 컬러 TV 송신기

② 수신기

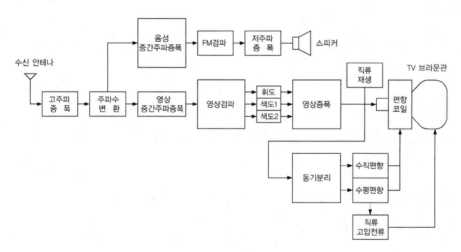

〈그림 4-7〉 컬러 TV 수신기

4.3 케이블 TV(CATV)

(1) CATV 개념

- CATV(Community Antenna Television)는 공동안테나 TV라고 한다.

- 1948년 미국에서 TV 난시청 지역을 위해 개발한 시스템이다.

- 음성정보, 영상정보, 문자정보, TV 프로그램, 자체 제작한 방송 프로그램, FM방송 등을 광대역 전송매체인 동축케이블 혹은 광케이블을 통하여 전송하는 시스템이다.

(2) CATV 발전 단계

- **1단계** : 공동수신 CATV

  - TV의 난시청 지역을 해결하기 위하여 공동 안테나를 설치하여 방송 프로그램을 수신하는 시스템이다.

- **2단계** : 방송 CATV

  - 지역 사회의 문화에 걸맞는 방송 프로그램을 제작하여 서비스하는 시스템이다.

- **3단계** : 쌍방향 CATV

  - 가입자의 조작에 의하여 음성정보, 영상정보, 문자정보 등을 받을 수 있는 형태의 진보된 시스템이다. (예 홈 뱅킹, 홈 쇼핑 등)

(3) CATV 특징

- 쌍방향 통신이 가능하다.

- 다양한 채널로 사용자의 만족도를 지향하는 서비스이다.

- 다양한 서비스를 제공한다.

  - **홈 뱅킹 서비스** : 은행의 입출금 서비스

  - **홈 쇼핑 서비스** : 백화점의 물건 구입 서비스

  - **FM 음악방송 서비스** : 88~108[MHz]의 FM 음악방송 서비스

- 감시 서비스 : 현금인출기의 감시, 화재감시, 출입문의 개폐 등의 감시 서비스

- Videotex 서비스 : CATV 센터로부터 필요한 정보를 PC로 다운 받을 수 있는 서비스

⑷ CATV 시스템 구성의 3요소

① 헤드엔드(Head-End)

- **수신 설비**

  - 기존의 TV방송이나 타 지역의 지역방송을 수신하기 위한 VHF/UHF 안테나

  - 위성 주파수를 CATV 시스템에 맞는 주파수로 변환하거나 신호레벨을 조정

- **방송 프로그램 제작** : 음성/영상 프로그램의 자체 제작과 편집을 수행한다.

- **감시제어** : CATV 시스템의 상태를 감시하거나 제어하는 기능을 갖는다.

- **정보처리** : 음성/영상신호,데이터를 처리하거나 가입자로부터의 주문 등의 쌍방향 정보처리를 담당하는 기능을 갖는다.

- **재송신** : 기존의 TV 방송, 지역방송 혹은 위성 방송 프로그램을 수신하여 재송신 한다.

- **음성/영상 증폭기** : 음성/영상신호를 증폭하는 기능을 수행한다.

- **변조기** : 음성/영상신호,데이터를 전송하기 위하여 변조하는 기능을 수행한다.

② 분배 전송장치

- **중계증폭기** : 전송거리가 원거리일 때 사용하는 음성/영상신호,데이터의 증폭장치이다.

- **전용단말기** : CATV를 수신하기 위한 단말기이다.

- **간선** : 변조기에서 중계증폭기 까지의 전송로이다.

- **분기선** : 간선에서 각 가입자에게 전송로를 나누기 위한 전송로

- **인입선** : 분기선에서 가정내의 CATV 전용단말기까지의 전송로이며 통상 10m정도이다.

③ 가입자 단말장치

- **전용 단말기** : 도청방지를 위한 스크램블 상태의 음성/영상정보를 디스크램블(해독)하는 기능

- **분배기** : TV, FM튜너를 분배하여 연결하는 장치이다.

- **TV 수신기** : 영상신호를 수신하기 위한 단말기

- **FM 수신기** : 음성신호를 수신하기 위한 단말기

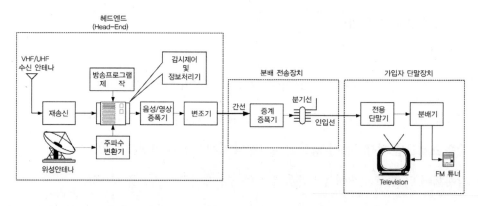

〈그림 4-8〉 CATV 시스템

(5) CATV 네트워크 형태

- 트리(Tree)형
- Tree & Branch형
- 링(Ring)형
- 버스(Bus)형

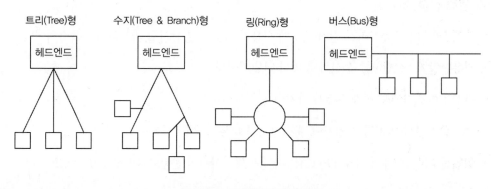

〈그림 4-9〉 CATV 네트워크 형태

4.4 폐회로 TV(CCTV)

(1) CCTV 개념

- CCTV는 Close Circuit Television 의 약자이다.
- CCTV를 폐회로 시스템이라 한다.
- 특정한 목적을 위하여 이용된다.
- 특정의 다수에게 화상정보를 제공하는 서비스이다.

> **NOTE** TV 방식
>
> ① TV 방식은 개회로(Open Circuit) 방식과 폐회로(Close Circuit) 방식으로 구분한다.
> ② 개회로 방식은 불특정 다수에게 서비스하는 일반 TV, HDTV이고, 폐회로 방식은 CCTV에 해당한다.

(2) CCTV의 특징

- 원격감시가 가능하다.
- 감시에 소용되는 비용을 절감할 수 있다.
- 24시간 감시가 가능하다.
- 최소의 인력으로 다수의 장소를 관찰할 수 있다.
- NTSC 방식을 사용한다.

〈표 4-2〉 CCTV와 CATV의 특징

항목 \ 방식	CATV	CCTV
응용 범위	일반 TV의 재송신, 자체방송	보안, 교육, 의학, 업무의 특정 목적
통신 방법	단방향 및 쌍방향	단방향
사용 형태	공중용	사설용
시스템 구성	복잡	단순

(3) CCTV 구성의 4요소

- **촬상장치** : 고체활성소자(CCD) 카메라에 의하여 얻은 영상 정보를 흑백 또는 컬러 RGB 신호로 변환하는 장치

- **전송장치** : 영상정보를 그대로 전송(베이스 벤드 방식)하거나 변조하여 전송하는 장치
  - **유선 전송** : 베이스 벤드(Base Band) 방식(가장 널리 사용된다), 디지털 광통신 방식
  - **무선 전송** : 마이크로파 전송방식

- **수신장치** : 전송된 영상정보를 수신하는 장치(예 모니터)

- **기록장치** : 영상정보를 기록하는 장치(예 VTR, 광디스크, PC 하드디스크)

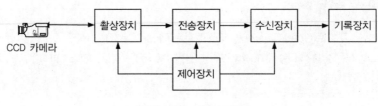

〈그림 4-10〉 CCTV 구성도

(4) CCTV 응용

- **보안용** : 은행, 교통상황, 서비스 관련업, 고가품 취급업의 보안 감시용으로 사용된다.

- **교육용** : 교육 방송을 목적으로 다수의 학교를 연결할 때 사용된다.

- **의학용** : 환자감시, 원격진료 등에 사용된다.

- **업무용** : 원격 회의 시스템 등에 사용된다.

4.5 고품위 TV(HDTV)

(1) HDTV 개념

- High Definition TV의 약자이다.
- 주사선수, 화면의 종횡비, 휘도신호, 색도신호을 늘려 영상의 질을 향상시킨 TV 시스템이다.
- HDTV 전용 카메라를 사용해야 한다.
- 아직 까지 보편화 되지 않은 TV 시스템이다.

(2) HDTV 특징

항목　　　　　　　　　　방식	HDTV	일반TV
주사선수	1,125	525
화면 종횡비	3 : 5	3 : 4
영상신호 변조방식	주파수 변조(FM변조)	진폭 변조(AM변조)
음성신호 변조방식	펄스부호화 변조(PCM변조)	주파수 변조(FM변조)
채널당 주파수 대역폭[MHz]	60	6
휘도신호 [MHz]	4.2	20
협대역 색도신호 [MHz]	1.5	7.0
광대역 색도신호 [MHz]	0.5	5.5
주사방식	비월주사	비월주사

* PCM : Pulse Code Modulation

(3) HDTV 송수신기

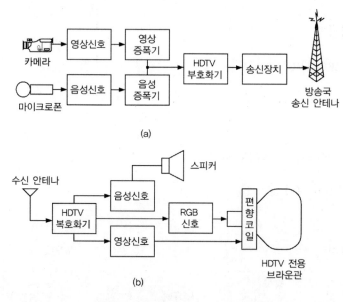

〈그림 4-11〉 HDTV (a) 송신기 (b) 수신기

4.6 화상(영상)회의 시스템

(1) 화상(영상)회의 시스템의 개념

• 먼 거리에 있는 다수의 회의실을 디지털 통신망으로 연결한 다음, 모니터 화면을 통하여 음성, 영상, 데이터 등을 주고 받으며 회의를 진행할 수 있는 시스템이다.

(2) 화상(영상)회의 시스템의 특징

• 공간을 같이하지 않고 회의를 진행할 수 있기 때문에 시간과 비용을 절감할 수 있다.

• 업무상 신속한 의사결정이 필요할 때 유용한 시스템이다.

• 다수의 의견 수렴이 가능하다.

⑶ 화상(영상)회의 시스템의 분류

- **TV회의** : TV 모니터를 통하여 실시간의 동적인 정보(음성, 영상, 데이터 정보)를 보면서 회의를 진행하는 시스템

- **정지화 통신회의** : 문서, 도면 등의 정적인(정지된) 화상정보를 보면서 회의를 진행하는 시스템

- **Computer 회의** : Computer 통신회선을 통하여 다자간에 회의를 진행하는 시스템

⑷ 화상(영상)회의 시스템의 구성

- **입출력 장치**

  - **입력장치** : 화상(영상) 정보의 입력장치로 카메라, 마이크로폰 등이 있다.

  - **출력장치** : 화상(영상) 정보의 출력장치로 모니터, 스피커 등이 있다.

- **음성 신호처리**

  - 음성신호의 검출 및 증폭, 음성신호의 A/D 변환, 에코방지 및 등화처리를 담당하는 기능을 갖는다.

  - 스피커를 통하여 음성신호를 전달할 수 있도록 음성신호의 D/A변환을 담당하는 기능을 갖는다.

- **화상(영상) 신호처리**

  - 카메라로부터의 화상(영상) 신호의 검출 및 증폭, 화상신호의 A/D변환을 담당하는 기능을 갖는다.

  - 화상신호를 모니터에 출력하는 기능을 갖는다.

- **제어 장치**

  - 화상(영상)회의 시스템의 제어 및 유지 보수를 위하여 제어장치와 다중 처리 장치(MPU : Multi-Processor Unit)로 구성되어 있다.

- **송수신 장치**

  - TV 프로세서라고 하며, 음성/화상(영상)/데이터를 압축 및 다중화하여 전송로에 전송한다.

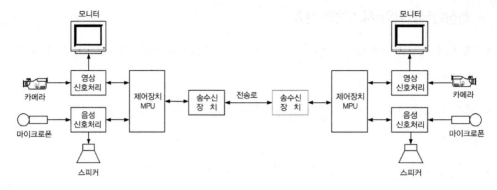

〈그림 4-12〉 화상(영상)회의 시스템

4.7 VRS(Video Response System)

(1) VRS 개념

- 화상 응답 시스템(VRS : Video Response System)은 원하는 시간에 TV 모니터를 통하여 정지화상 또는 동화상을 제공받는 시스템이다.
- 광대역 개별 배선형의 네트워크를 사용한다.
- 정보검색, 정보안내 등에 적합하다.

(2) VRS 특징

- VRS 전용 단말기가 필요하다.
- 쌍방향 통신 서비스이다.
- 원하는 시간에 원하는 영상을 음성과 함께 제공 받을 수 있다.
- 정지화상, 동화상, 음성 정보를 저장할 수 있는 광디스크 형태의 기억장치가 필요하다.
- 영상신호를 실시간에 전송해야 함으로 광대역 전송로가 필요하다.
- 고해상도를 필요로하는 곳에 적합하다.
- VRS의 시스템 형태는 개별배선형이다.
- 동일정보를 몇 개의 단말기에만 제공함으로 장비와 시설이 고가이다.

⑶ VRS 기본 구성 3요소

- VRS 시스템

- VRS 전용 단말기

- 광대역 전송로

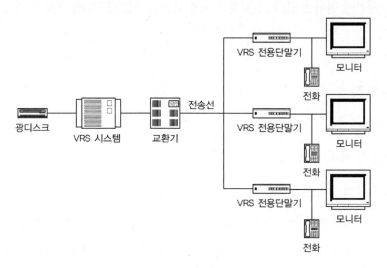

〈그림 4-13〉 VRS 시스템

⑷ VRS의 전송방식

- **시분할 다중방식** : 카메라를 통하여 얻은 정지화상 정보를 시분할 다중화하여 TV수상기/CRT에 나타나도록 하는 장치이다.

- **협대역 통신방식** : 통신 주파수 대역이 좁은 통신 케이블을 통하여 화상정보를 제공할 때 사용하는 방식으로 화상정보의 주파수 대역을 낮춰 전송하고 수신측에서 주파수 대역을 높여 화상신호를 복원하는 통신방식이다.

4.8 VOD(Video On Demand)

(1) VOD 개념

- 주문형 비디오(VOD : Video On Demand)는 가입자가 VOD 전용 단말기를 조작하여 원하는 시간에 원하는 영화 또는 게임 등을 공중전화망(PSTN)을 통하여 제공 받는 서비스이다.

(2) VOD 특징

- VOD 전용 단말기가 필요하다.

- 쌍방향 통신 서비스이다.

- 원하는 시간에 원하는 영화 또는 게임의 서비스를 제공 받을 수 있다.

- 대용량의 데이터 베이스가 필요하다.

- 영상신호의 압축기술을 도입하여 공중전화망(PSTN) 정도의 전송회선으로 충분하다.

(3) VOD 기본 구성 3요소

① VOD 시스템

- **인코더(Incoder)** : 아날로그 신호를 디지털 신호로 변환하여 영상압축기술(MPEG)을 이용하여 영상신호를 압축한다.

- **비디오 서버** : 영상정보를 저장한 데이터 베이스이다.

- **비디오 스위치** : 비디오 서버내에 저장된 영상정보를 검색하는 기능을 갖는다.

- **전송장치** : 압축된 영상정보를 공중전화망(PSTN)에 전송하기위한 장치이다.

② VOD 전용 단말기(Set-Top Box)

- **전송장치** : 가입자의 요구사항(키 조작 정보)을 공중전화망(PSTN)을 통하여 VOD 시스템에 전송하는 기능을 갖는다.

- **디코더(Decorder)**

  - 변조된 영상신호를 복조한다.

  - 압축된 영상신호를 해독한다(MPEG 신호를 풀어 낸다).

  - NTSC 방식의 신호로 변환하여 TV 모니터에 전송한다.

③ 공중전화망(PSTN)

- 공중전화망(PSTN)은 64[kbps]의 전송용량을 갖는다. 일반 전화망이라고도 한다.

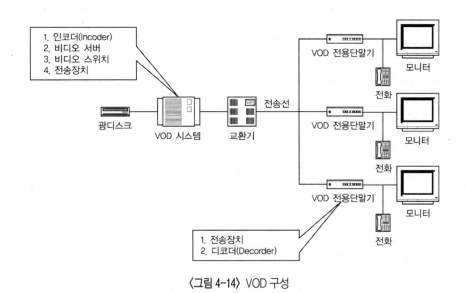

〈그림 4-14〉 VOD 구성

4.9 텔레라이팅(Telewriting)

(1) Telewriting 개념

- 공중전화망(PSTN)을 이용한다.

- 음성과 그래픽 정보(문자, 도형 등)를 동시에 전달할 수 있는 서비스이다.

- 전화 서비스와 FAX 서비스의 장점을 모두 갖추고 있다.

- 쌍방향 통신 시스템이다.

(2) Telewriting 특징

① Telewriting과 FAX의 비교

구분 항목	Telewriting	FAX
통신망	공중전화망(PSTN) 또는 전용망	공중 전화망(PSTN)
정보 전송	음성+그래픽 정보	그래픽 정보
동시 통화 기능	가능	불가능
응용분야	원격강의, 회의용 등	업무용
주파수대역	300~3.4[kHz]	300~3.4[kHz]
전송 속도	64[kbps]	64[kbps]

② Telewriting의 다중화 방식

- ITU-T에서 표준화 진행중

- 주파수 분할 다중화 방식(FDM : Frequency Division Multiplexing), 시분할 다중화 방식(TDM : Time Division Multiplexing)을 사용할 수 있다.

- ITU-T에서는 주파수 분할 다중화 방식을 권고하고 있다.

(3) Telewriting 구성

- **입력장치** : 타블렛(Tablet), 키패드 등

- **출력장치** : 모니터, 하드카피 장치 등

- **제어장치** : PC

- **통신망** : 공중전화망(PSTN)

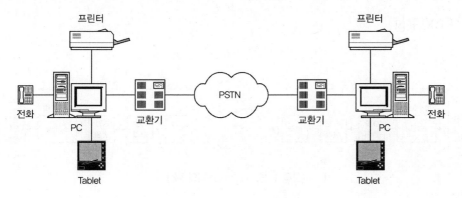

〈그림 4-15〉 Telewriting 시스템의 구성

4.10 팩시밀리(FAX)

(1) FAX 개념

- 문자, 그림 등의 그래픽 정보를 주사에 의하여 화소로 분해한 다음 광전(O/E)변환에 의하여 얻은 전기적 신호를 전송하고, 수신측에서는 전광(E/O) 변환하여 그래픽 정보를 복원하는 사무통신 기기이다.

(2) FAX 특징

- 그래픽 정보를 전달함으로 정보전달이 정확하고 신속하다.
- 한글, 영문, 그림, 기호 등 정보전달의 제약이 없다.
- 언제든지 수신이 가능하다.
- 타 기종과의 데이터 호환성이 우수하다.

(3) FAX 구성

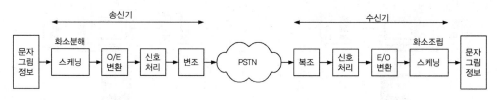

〈그림 4-16〉 FAX 시스템의 구성

(4) FAX의 ITU-TS 분류

항목 \ 분류	G1	G2	G3	G4
규격 연도	1968년	1976년	1980년	1984년
신호처리 방식	아날로그	아날로그	디지털	디지털
변조 방식	FM	AM, FM	AM(VSB), QPSK, QAM	통신망에 적합한 변조방식 선택
전송속도(A4)	5~6분	2~3분	1분이내	5초이내
신호압축	사용하지 않음	신호대역을 압축	MH, MR 부호화 방식으로 압축	MMR 부호화 방식으로 압축
통신망	PSTN	PSTN	PSTN	ISDN
주사선수	3.85개/mm		3.85, 7.7개/mm	200, 240, 300, 400 H/inch
화소수	–		1,728	1,728 2,074 2,592 3,456

① MH(Modified Huffman) 부호화 방식

- 1차원 부호화 방식이라 한다.

- 동일 주사선상의 화소 정보(흑, 백)과 화소길이를 부호화 한다.

② MR(Modified Read) 부호화 방식

- 2차원 부호화 방식이라 한다.

- 현재 주사선과 이전의 주사선과의 상관 관계를 부호화 한다.

- 화소정보를 P(Pass Mode), H(Horizontal Mode), V(Vertical Mode)로 분류한다.

③ MMR(Modified Modified Read) 부호화 방식

- MR 부호화 방식을 개량한 방식이다.

- 주사선의 변화점 까지의 거리를 부호화하는 방식이다.

- 높은 압축률을 갖는다.

- MR에 비하여 선명한 그래픽 정보를 얻을 수 있다.

(5) FAX의 상수

① 주사 밀도(D)

- [개/mm], mm당 주사선의 개수

- 밀도가 높을수록 그래픽 정보가 선명해 보인다.

> **NOTE** 주사의 종류
>
> ① 기계적 주사 : 원통 주사, 평면 주사
> ② 전자적 주사 : 고체 주사(정전기식, 감열식), 전자관 주사

② 주사 길이(L)

$L = \pi R$ [mm](R : 주사 원통의 지름)

③ 주사 속도(V)

- $V = \pi R N$

- N : 원통의 회전수[rpm]

④ 전송 시간(T)

- 1장의 그래픽 정보를 전송하는데 소요되는 시간

- $T = \dfrac{60 \cdot D L_S}{N}$ [sec](D : 주사밀도, L_S : 부주사선의 길이, N : 원통의 회전수)

⑤ 기본 주파수(f_P)

- 그래픽 정보의 기본 주파수

- $f_P = \dfrac{LDN}{2} = \dfrac{\pi RDN}{2} = \dfrac{\pi MN}{2}$[Hz]

- (협동계수)$M = DR$

1. TV의 영상과 음성 신호는 각각 어떤 변조를 하는가?

    ㉮ 영상신호 : 진폭변조(AM),   음성신호 : 진폭변조(AM)

    ㉯ 영상신호 : 진폭변조(AM),   음성신호 : 주파수변조(FM)

    ㉰ 영상신호 : 주파수변조(FM), 음성신호 : 주파수변조(FM)

    ㉱ 영상신호 : 주파수변조(FM), 음성신호 : 진폭변조(AM)

2. 다음 중 화상통신 시스템의 형태에 해당하지 않는 것은?

    ㉮ E-E형(End of End)   ㉯ 버스형

    ㉰ 개별배선형   ㉱ 분기배선형

    해설 화상통신 시스템의 구성과 형태

        ⑴ 시스템의 구성 : ① 단말기, ② 교환기, ③ 전송선

        ⑵ 시스템의 형태 : ① E-E형(End of End), ② 개별배선형, ③ 분기배선형

3. 화상통신 방식의 종류가 아닌 것은?

    ㉮ CATV   ㉯ 정지화상 통신

    ㉰ M/W   ㉱ 방송 TV

4. 일반적으로 TV에 가장 많이 사용하는 주사 방식은?

    ㉮ 비월 주사 방식   ㉯ 수평 주사 방식

    ㉰ 수직 주사 방식   ㉱ 순차 주사 방식

5. 비월 주사 방식을 사용하여 1장의 화상(1 frame)을 주사하는데 1/30초가 소요된다면 1 field를 주사하는데 몇 초가 소요되는가?

    ㉮ 1/15초   ㉯ 1/30초

    ㉰ 1/60초   ㉱ 1/120초

    해설 비월 주사 방식의 주사 시간 1 field=1/2 frame이다. 따라서 1/60초가 소요된다.

정답   1. ㉯   2. ㉯   3. ㉰   4. ㉮   5. ㉰

6. 비월 주사 방식에 대한 설명으로 잘못된 것은?

㉮ 주파수 대역을 반으로 줄일 수 있다.

㉯ 비월 주사 방식을 사용하면 해상도가 20~30[%] 향상된다.

㉰ 플리커(flicker)현상을 감소시킬 수 있다.

㉱ 2회의 수직 주사에 의하여 1장의 화상 주사가 완료된다.

해설 비월 주사 방식

(1) 정의 : 대각선 방향으로 왼쪽에서 오른쪽으로 16.667ms 동안 262.5줄의 주사선을 주사하고, 나머지 262.5 주사선을 16.667ms 동안 처음 주사한 주사선 사이를 주사하는 방식이다.

(2) 장점 : ① 플리커(flicker)현상을 감소시킬 수 있다.

② 주파수 대역을 반으로 줄일 수 있어 주파수 대역을 효율적으로 사용할 수 있다.

(3) 단점 : 해상도가 20~30[%] 정도 떨어진다.

7. 우리나라 TV 방송에 사용되는 표준 주사선수는?

㉮ 512

㉯ 525

㉰ 620

㉱ 1125

8. 현재 우리나라 TV 방송에서 사용하고 있는 주파수대는?

㉮ HF

㉯ VHF

㉰ SHF

㉱ MF

정답 6. ㉯   7. ㉯   8. ㉯

9. 다음 그림은 TV의 기본원리에 대한 블록도이다. 이 블록도에서 (a), (b), (c), (d)에 들어갈 용어로 적당한 것은?

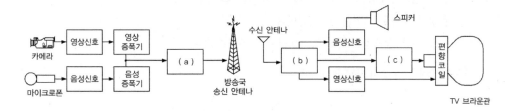

㉮ (a) 송신장치, (b) 음성/영상 신호, (c) RGB 신호

㉯ (a) 송신장치, (b) 제어장치, (c) RGB 신호

㉰ (a) 출력장치, (b) RGB 신호, (c) 제어장치

㉱ (a) 출력장치, (b) RGB 신호, (c) 음성/영상 신호

10. 다음 중 컬러 TV 신호를 변조하는 방식이 아닌 것은?

㉮ VSB ㉯ DSB

㉰ FM ㉱ PM

11. 화상통신 방식 중 영상 통신 방식의 구분을 옳게 나타낸 것은?

㉮ 등화용 TV 방식과 팩시밀리 방식

㉯ 정지 화상 TV 방식과 기록 통신 방식

㉰ 등화용 TV 방식과 정지 화상 TV 방식

㉱ 정지 화상 TV 방식과 팩시밀리방식

12. 다음 중 컬러 TV의 색신호를 변조하는 방식은?

㉮ PCM ㉯ SSB

㉰ DSB ㉱ VSB

정답 9. ㉮   10. ㉱   11. ㉰   12. ㉱

13. 컬러 TV에 관한 설명으로 옳지 않은 것은?

　㉮ 화면의 종횡비는 4 : 3이다.

　㉯ 음성 신호는 FM변조, 영상 신호는 AM변조를 사용한다.

　㉰ 음성의 주파수 대역은 6[MHz]이다.

　㉱ 비월 주사 방식을 사용하고, 주사선수는 525개이다.

　해설 컬러 TV 화면의 종횡비는 3 : 4이다.

14. 다음 그림은 컬러 TV의 반송파 주파수 대역을 나타낸 것이다. (a), (b), (c)에 들어갈 용어로 옳은 것은?

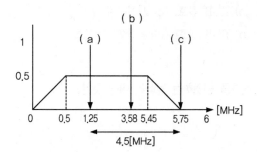

　㉮ (a) 음성 반송파, (b) 영상 반송파, (c) 색도 반송파

　㉯ (a) 영상 방송파, (b) 색도 반송파, (c) 음성 반송파

　㉰ (a) 음성 반송파, (b) 색도 반송파, (c) 영상 반송파

　㉱ (a) 색도 반송파, (b) 음성 반송파, (c) 영상 반송파

15. 우리나라 TV 방송국의 주파수 대역폭은?

　㉮ 1.25[MHz]　　　　　　　　　　　　㉯ 4.5[MHz]

　㉰ 5.75[MHz]　　　　　　　　　　　　㉱ 6[MHz]

정답　13. ㉮　　　　14. ㉯　　　　15. ㉱

16. 다음 중 컬러 TV에서 사용하는 RGB 신호에 관한 설명 중 잘못된 것은?

㉮ TV 색상의 3원색

㉯ 카메라에서 얻은 영상물의 색상을 나타낸다.

㉰ R(Red, 적색), G(Green, 녹색), B(Blue, 청색)를 나타낸다.

㉱ RGB신호(원색신호)를 휘도, 색도, 포화도에 해당하는 신호로 변환할 수 없다.

> 해설 TV 송신장치에서는 RGB신호(원색신호)를 휘도, 색도, 포화도에 해당하는 신호로 변환하여 TV 수신장치에 전송한다.

17. 우리나라 컬러 TV에서 사용하는 NTSC 방식에 관한 설명 중 잘못된 것은?

㉮ 영상 신호가 세밀하지 못하다.

㉯ 주로 난시청 지역에서 사용하는 방식이다.

㉰ 잡음이 많다.

㉱ 원색 구현이 어렵다.

> 해설 NTSC 방식의 특징
> ① 영상신호가 세밀하지 못하다.   ② 난시청 지역에서 사용하기 어렵다.
> ③ 원색 구현이 어렵다.   ④ 잡음이 많다.

18. 다음 중 TV 송신기와 수신기에서 사용하는 동기 기능과 관계가 먼 것은?

㉮ 전송 동기 방식   ㉯ 색도 부반송파

㉰ 수평 동기 신호   ㉱ 수평 편향

> 해설 TV의 동기 방식과 편향 기능
> ⑴ 편향 기능 : 전기장 또는 자기장에 의하여 전자빔의 방향을 바꾸는 기능
>   ① 수평 편향 : 전기장 또는 자기장에 의하여 전자빔의 방향을 수평으로 바꾸는 기능을 갖는다.
>   ② 수직 편향 : 전기장 또는 자기장에 의하여 전자빔의 방향을 수직으로 바꾸는 기능을 갖는다.
> ⑵ 동기 기능 : 색도 부반송파라고 한다. 일그러짐이 없는 영상신호를 복원하기 위해서는 송신측의 분해주사와 수신측의 조립주사를 일치시켜야 하며, 이때 수평 동기신호와 수직 동기신호를 사용한다.
>   ① 수평 동기신호 : 수직 동기신호는 주사선의 마지막 신호와 함께 송출한다.
>   ② 수직 동기신호 : 수평 동기신호는 주사선의 각 필드 마다 송출한다.

정답   16. ㉱   17. ㉯   18. ㉱

연습문제

19. 다음 중 컬러 TV에서 사용하는 색도 부반송파에 관한 설명으로 잘못된 것은?

㉮ 색도 부반송파를 스펙트럼상에서 흑백정보의 에너지가 많은 부분에 색도신호가 위치한다.

㉯ 수평주사 주파수는 3.58[MHz]를 사용한다.

㉰ 복합 영상 신호 파형에 color burst 형태로 포함시켜 전송한다.

㉱ 수신측에서는 PLL회로를 이용하여 색도 부반송파와 동기된 국부 색도 부반송파를 발생 기켜 색도신호를 복조하는데 사용한다.

> **해설** 색도 부반송파는 스펙트럼상에서 흑백정보의 에너지가 적은 부분에 색도신호가 위치하도록 변조를 실행한다.

20. 다음 중 TV에서 사용하고 있는 영상신호의 변조 방식은?

㉮ 잔류 측파대 방식(VSB) ㉯ 단측파대 방식(SSB)

㉰ 양측파대 방식(DSB) ㉱ 단측파대, 양측파대 방식을 모두 사용

> **해설** TV 방송에서 주파수 대역의 효율적 이용을 위하여 한쪽 측파대를 기술적으로 완전히 제거하기 어렵기 때문에 한쪽 측파대를 어느 정도 남긴 잔류측파대 방식을 사용한다.

21. TV에서 영상 신호의 변조 방식으로 잔류 측파대 방식(VSB)을 사용하는 이유는?

㉮ 색도 부 반송파를 포함시킬 수 있기 때문에

㉯ 음성 반송파와 4.5[MHz]의 간격을 유지시키기 위하여

㉰ 주파수 대역을 효과적으로 사용할 수 있기 때문에

㉱ 영상신호의 검파가 용이하기 때문에

> **해설** TV 주파수 대역은 4.5[MHz]이므로 DSB를 사용하면 소요 주파수 대역폭이 9[MHz]가 되나 VSB를 사용하면 소요 주파수 대여폭이 6[MHz]가 되어 주파수 대역폭을 효과적으로 사용할 수 있다.

정답 19. ㉮ 20. ㉮ 21. ㉰

22. 컬러 TV에서 주사선수 525개, 필드 주파수 50[Hz]일 때 수평주사 주파수는?

⑦ 1.640[kHz]   ⑪ 3.281[kHz]

⑭ 6.563[kHz]   ⑮ 13.125[kHz]

> **해설** 수평주사주파수$(f_h) = \dfrac{1}{2}Nf$(여기서, N : 주사선수, f_F : 필드 주파수)
>
> 수평주사주파수$(f_h) = \dfrac{1}{2} \times 525 \times 50 = 13.125[KHz]$
>
> ① 필드(field) : 각 1회의 주사로 구성되는 화면
> ② 프레임(frame) : (필드×2)로 구성되는 화면

23. 컬러 TV의 어느 채널의 반송파 주파수가 200~250[MHz]일 때 이 채널의 영상 반송파 주파수는?

⑦ 198.75[MHz]   ⑪ 201.25[MHz]

⑭ 248.75[MHz]   ⑮ 251.25[MHz]

> **해설** 영상 반송파 주파수는 낮은 쪽의 반송파 주파수에 1.25[MHz]를 더하면 얻을 수 있다.
>
> 즉, 200[MHz]+1.25[MHz]=201.25[MHz]

24. 컬러 TV에서 주사선수가 525개, 화면의 종횡비가 3 : 4일 때 최고 주파수는?(단, 프레임 수는 30초이다.)

⑦ 2.5[MHz]   ⑪ 3.5[MHz]

⑭ 4.5[MHz]   ⑮ 5.5[MHz]

> **해설** 최고주파수=주사선수×(주사선수×화면의종횡비)×프레임수×$\dfrac{1}{2}$
>
> $= 525 \times \left(525 \times \dfrac{4}{3}\right) \times 30 \times \dfrac{1}{2} = 5.5[MHz]$

정답 22. ⑮   23. ⑪   24. ⑮

25. 방송국에서 가입자에게 동축케이블이나 광케이블을 이용하여 각 가정에 TV 방송 프로그램을 전송하는 통신 시스템을 무엇이라 하는가?

㉮ CATV   ㉯ HDTV

㉰ CCTV   ㉱ 일반 TV

26. CATV 시스템 구성의 3요소에 해당하지 않는 것은?

㉮ 헤드엔드   ㉯ 분배 전송장치

㉰ 교환 장치   ㉱ 가입자 단말장치

해설 CATV 시스템 구성의 3요소
① 헤드엔드(Head-End), ② 분배 전송장치, ③ 가입자 단말장치

27. CATV의 발전 단계를 옳게 나타낸 것은?

㉮ 난시청 해소 → 자체 방송 → 쌍방향   ㉯ 자체 방송 → 난시청 해소 → 쌍방향

㉰ 단방향 → 쌍방향 → 난시청 해소   ㉱ 단방향 → 난시청 해소 → 쌍방향

28. CATV 시스템의 네트워크 구성 방법에 해당하지 않는 것은?

㉮ mesh형   ㉯ tree and branch형

㉰ ring형   ㉱ bus형

29. CATV시스템에 관한 설명으로 잘못된 것은?

㉮ CATV(Community Antenna Television)는 공동안테나 TV라고 한다.

㉯ TV 난시청 지역을 위해 개발한 시스템이다.

㉰ 음성, 영상, 문자정보, TV 프로그램, 자체 제작한 방송 프로그램, FM방송 등을 광대역 전송매체인 동축케이블 혹은 광케이블을 통하여 전송하는 시스템이다.

㉱ 보안 시스템을 위해 개발한 시스템이다.

정답 25. ㉮   26. ㉰   27. ㉯   28. ㉮   29. ㉱

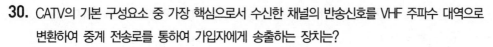

30. CATV의 기본 구성요소 중 가장 핵심으로서 수신한 채널의 반송신호를 VHF 주파수 대역으로 변환하여 중계 전송로를 통하여 가입자에게 송출하는 장치는?

㉮ 교환장치   ㉯ 분배 전송장치

㉰ 가입자 단말장치   ㉱ 헤드엔드

31. 다음 중 CATV 시스템의 헤드엔드의 구성요소에 해당하지 않는 것은?

㉮ 음성/영상 증폭기   ㉯ 교환 설비

㉰ 변조기   ㉱ 수신 설비

> **해설** CATV에서 헤드엔드의 구성
>
> ① 수신 설비
> - 기존의 TV방송이나 타 지역의 지역방송을 수신하기 위한 VHF/UHF 안테나
> - 위성 주파수를 CATV 시스템에 맞는 주파수로 변환하거나 신호레벨을 조정
>
> ② 방송 프로그램 제작 : 음성/영상 프로그램의 자체 제작과 편집을 수행한다.
>
> ③ 감시제어 : CATV 시스템의 상태를 감시하거나 제어하는 기능을 갖는다.
>
> ④ 정보처리 : 음성/영상신호, 데이터를 처리하거나 가입자로부터의 주문 등의 쌍방향 정보처리를 담당하는 기능을 갖는다.
>
> ⑤ 재송신 : 기존의 TV 방송, 지역방송 혹은 위성 방송 프로그램을 수신하여 재송신한다.
>
> ⑥ 음성/영상 증폭기 : 음성/영상신호를 증폭하는 기능을 수행한다.
>
> ⑦ 변조기 : 음성/영상신호, 데이터를 전송하기 위하여 변조하는 기능을 수행한다.

32. 다음 그림과 같은 CATV 네트워크 구성형태를 무엇이라 하는가?

㉮ 트리(tree)형

㉯ 수지(tree & branch)형

㉰ 링(ring)형

㉱ 버스(bus)형

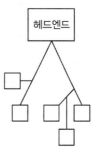

정답   30. ㉱   31. ㉯   32. ㉯

33. 다음 중 CATV 시스템의 분배 전송장치(중계 전송장치)의 구성요소에 해당하지 않는 것은?

㉮ 간선 제어기　　　　　　　　　　　㉯ 중계증폭기

㉰ 분배기　　　　　　　　　　　　　　㉱ 인입선

　해설　CATV에서 분배 전송장치(중계 전송장치)의 구성

　　　① 중계증폭기 : 전송거리가 원거리일 때 사용하는 음성/영상신호, 데이터의 증폭장치이다.

　　　② 전용단말기 : CATV를 수신하기위한 단말기이다.

　　　③ 분배기 : TV, FM튜를 분배하여 연결하는 장치이다.

　　　④ 간선 : 변조기에서 중계증폭기 까지의 전송로이다.

　　　⑤ 분기선 : 간선에서 각 가입자에게 전송로를 나누기 위한 전송로

　　　⑥ 인입선 : 분기선에서 가정내의 CATV 전용 단말기 까지의 전송로이며, 통상 10m 정도이다.

34. 다음 중 CATV 시스템의 분배 전송장치(중계 전송장치)의 전송로에 해당하지 않는 것은?

㉮ 간선　　　　　　　　　　　　　　㉯ 출선

㉰ 분기선　　　　　　　　　　　　　　㉱ 인입선

35. 다음 중 CATV 시스템의 가입자 단말장치의 구성요소에 해당하지 않는 것은?

㉮ TV 수신기　　　　　　　　　　　㉯ 전용 단말기

㉰ FM 수신기　　　　　　　　　　　㉱ 증폭기

　해설　CATV에서 가입자 단말장치의 구성

　　　① 전용 단말기 : 도청방지를 위한 스크램블 상태의 음성/영상정보를 디스크램블(해독)하는 기능

　　　② TV 수신기 : 영상신호를 수신하기 위한 단말기

　　　③ FM 수신기 : 음성신호를 수신하기 위한 단말기

36. 다음 중 쌍방향 CATV의 응용분야가 아닌 것은?

㉮ TV회의　　　　　　　　　　　　　㉯ 홈뱅킹

㉰ 자동검침　　　　　　　　　　　　　㉱ 문서의 전송

　정답　33. ㉮　　　　34. ㉮　　　　35. ㉱　　　　36. ㉱

37. CATV의 특징을 옳게 설명한 것은?

㉮ 송신과 수신은 유선으로만 가능하다.

㉯ 가입자가 데이터를 임의로 전송할 수 있다.

㉰ 특정한 목적이나 장소에서 사용된다.

㉱ 송신과 수신은 무선으로만 가능하다.

> 해설 CATV의 송신과 수신은 유무선이 가능하며 특정한 장소나 목적을 위하여 사용된다. 그러나, 가입자가 임의로 데이터를 전송할 수 없다.

38. 광 CATV 전송 방식 중 파장이 서로 다른 여러개의 광원을 해당 입력 정보에 따라 변조시킨 후 이들의 빛을 합쳐서 한 가닥의 광섬유를 통해 전달하면 수신측에서는 이를 분리하여 변조된 정보를 재생하는 방식은?

㉮ WDM 방식 　　　　　　㉯ TDM 방식

㉰ FDM 방식 　　　　　　㉱ SDM 방식

> 해설 광 다중화 방식
>
> ① TDM(Time Division Multiplexing : 시분할 다중화) : 일정한 시간 간격의 펄스(pulse)열을 서로 중복되지 않도록 시간축상에서 신호를 다중화하여 전송하는 방식이다.
> ② FDM(Frequency Division Multiplexing : 주파수 분할 다중화) : 주파수가 다른 반송파를 각 신호 파로 변조하여 이들의 측파대를 서로 중복되지 않도록 주파수축상에서 순서대로 배열하여 신호를 다중화하는 방식이다.
> ③ SDM(Space Division Multiplexing : 공간 분할 다중화) : 여러 가닥의 광섬유를 하나로 묶어 전송하는 방식이다.
> ④ WDM(Wavelength Division Muiplexing : 파장 분할 다중화)

39. CCTV의 기본 구성 요소에 해당하지 않는 것은?

   ⑦ 촬상장치   ④ 수신장치

   ④ 전송장치   ④ 분기장치

> 해설   CCTV의 기본 구성 4요소
> ① 촬상장치 : 고체활성소자(CCD) 카메라에 의하여 얻은 영상 정보를 흑백 또는 컬러 RGB 신호로
> 변환하는 장치
> ② 전송장치 : 영상정보를 그대로 전송(베이스 벤드 방식)하거나 변조하여 전송하는 장치
>   - 유선 전송 : 베이스 벤드(Base Band) 방식(가장 널리 사용된다), 디지털 광통신 방식
>   - 무선 전송 : 마이크로파 전송방식
> ③ 수신장치 : 전송된 영상정보를 수신하는 장치 (圖 모니터)
> ④ 기록장치 : 영상정보를 기록하는 장치 (圖 VTR, 광디스크, PC 하드디스크)

40. 다음 중 CCTV의 기본 구성요소가 아닌 것은?

   ⑦ 촬상장치   ④ 전송장치

   ④ 간선 측정기   ④ 기록장치

41. CCTV의 사용범위가 아닌 것은?

   ⑦ 의학용   ④ 난시청 해소

   ④ 교육용   ④ 보안용

42. 다음은 CCTV의 구성도이다. (a), (b)에 들어갈 장치는?

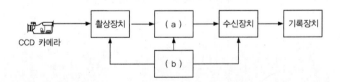

   ⑦ (a) 제어장치, (b) 전송장치   ④ (a) 전송장치, (b) 제어장치

   ④ (a) 제어장치, (b) 변복조기   ④ (a) 변복조기, (b) 교환기

정답   39. ④   40. ④   41. ④   42. ④

43. CATV와 CCTV를 비교 설명한 것 중 잘못된 것은?

㉮ CATV와 CCTV는 단방향 및 쌍방향 전송이 가능하다.

㉯ CCTV는 CATV보다 시스템 구성이 단순하다.

㉰ CATV는 공중용에 사용하나 CCTV는 사설용으로 사용한다.

㉱ CATV는 일반 TV의 재송신,자체방송에 사용하고 CCTV는 보안, 교육, 의학, 업무의 특정목적에 사용한다.

해설 CCTV와 CATV의 특징

방식\n항목	CATV	CCTV
응용 범위	일반 TV의 재송신, 자체방송	보안, 교육, 의학, 업무의 특정목적
통신 방법	단방향 및 쌍방향	단방향
사용 형태	공중용	사설용
시스템 구성	복잡	단순

44. 기존 TV 방식에서 사용하는 주사선수를 2배 이상 증가시켜 고품질의 화상을 제공하는 TV 서비스는?

㉮ CATV

㉯ CCTV

㉰ HDTV

㉱ ISDN

45. 고품위 TV의 주사선 수는?

㉮ 525개

㉯ 625개

㉰ 1125개

㉱ 2050개

해설 고품위 TV(HDTV)의 주사선 수는 1125개이다.

정답 43. ㉮　　　44. ㉰　　　45. ㉰

46. 고품위 TV(HDTV)의 화면 종횡비는?

    ㉮ 3 : 5   ㉯ 3 : 6

    ㉰ 4 : 5   ㉱ 4 : 6

> **해설** HDTV의 개념과 특징
>
>   ① 개념 : High Definition TV의 약자이다. 주사선수, 화면의 종횡비, 휘도 신호, 색도 신호를 늘려 영상의 질을 향상시킨 TV 시스템이다.
>   ② 주사선수 : 1125개
>   ③ 화면의 종횡비 : 3 : 5
>   ④ 송신 방식 : 영상＝FM방식, 음성＝PCM방식
>   ⑤ 프레임(frmae) 주파수 : 30[Hz]
>   ⑥ 필드(field) 주파수 : 50[Hz]

47. 다음 중 HDTV에 관한 설명으로 잘못된 것은?

    ㉮ 프레임 주파수는 30[Hz]이다.   ㉯ 필드 주파수는 50[Hz]이다.

    ㉰ 화면의 종횡비는 3 : 5이다.   ㉱ 주사선수는 1025개이다.

> **해설** HDTV의 특징
>
> | 항목 ＼ 방식 | HDTV | 일반 TV |
> |---|---|---|
> | 주사선수 | 1,125 | 525 |
> | 화면 종횡비 | 3 : 5 | 3 : 4 |
> | 영상신호 변조방식 | 주파수 변조(FM변조) | 진폭 변조(AM변조) |
> | 음성신호 변조방식 | 펄스부호화 변조(PCM변조) | 주파수 변조(FM변조) |
> | 채널당 주파수 대역폭[MHz] | 60 | 6 |
> | 휘도신호 [MHz] | 4.2 | 20 |
> | 협대역 색도신호 [MHz] | 1.5 | 7.0 |
> | 광대역 색도신호 [MHz] | 0.5 | 5.5 |
> | 주사방식 | 비월주사 | 비월주사 |

정답   46. ㉮   47. ㉱

48. 다음 중 화상회의 시스템의 종류가 아닌 것은?

　㉮ 컴퓨터 회의　　　　　　　　　㉯ 텔레텍스트

　㉰ TV회의　　　　　　　　　　　㉱ 정지화 통신회의

49. 화상(영상)회의 통신 서비스 중 E-E(end to end) 형은?

　㉮ CATV　　　　　　　　　　　㉯ CCTV

　㉰ Videotex　　　　　　　　　　㉱ TV회의

> **해설** 화상(영상)회의 시스템
> ① E-E(end to end)형 : TV회의, 팩시밀리 등
> ② C-E(center to end)형 : 화상 응답 시스템(VRS), CATV

50. 화상(영상)회의 통신 서비스 중 C-E(center to end) 형은?

　㉮ CCTV　　　　　　　　　　　㉯ 팩시밀리 통신

　㉰ 화상 응답 시스템(VRS)　　　　㉱ TV회의

51. 다음 중 화상(영상)회의 시스템의 구성에 해당하지 않는 장치는?

　㉮ 정보처리 장치　　　　　　　　㉯ 음성 신호처리 장치

　㉰ 화상(영상) 신호처리 장치　　　㉱ 제어장치

> **해설** 화상(영상)회 시스템의 구성
> ① 입출력 장치
>   – 입력장치 : 화상(영상) 정보의 입력장치로 카메라, 마이크로폰 등이 있다.
>   – 출력장치 : 화상(영상) 정보의 출력장치로 모니터,스피커 등이 있다.
> ② 음성 신호처리
>   – 음성신호의 검출 및 증폭, 음성신호의 A/D 변환, 에코방지 및 등화처리를 담당하는 기능을 갖는다.
>   – 스피커를 통하여 음성신호를 전달할 수 있도록 음성신호의 D/A변환을 담당하는 기능을 갖는다.

정답　48. ㉯　　　49. ㉱　　　50. ㉰　　　51. ㉮

③ 화상(영상) 신호처리
  - 카메라로부터의 화상(영상) 신호의 검출 및 증폭, 화상신호의 A/D변환을 담당하는 기능을 갖는다.
  - 화상신호를 모니터에 출력하는 기능을 갖는다.
④ 제어 장치
  - 화상(영상)회의 시스템의 제어 및 유지 보수를 위하여 제어장치와 다중 처리 장치(MPU : Multi-Processor Unit)로 구성되어 있다.
⑤ 송수신 장치
  - TV 프로세서로서 음성/화상(영상)/데이터를 압축 및 다중화하여 전송로에 전송한다.

52. 정지 화상 통신 회의에 대한 설명으로 잘못된 것은?

㉮ 음성, 문서, 삽화 등을 사용한 회의 시스템이다.

㉯ 전송 속도가 빠르다.

㉰ 사용하는 주파수 대역은 4kHz 또는 64kHz 정도의 협대역 전송로를 사용한다.

㉱ 회의 장치는 입출력 표시 장치와 통신장치로 구성되어 있다.

해설 정지 화상 통신 회의는 전송 속도가 비교적 느리다.

53. 다음 중 화상 응답 시스템(VRS)에 관한 설명으로 잘못된 것은?

㉮ 단방향 통신 시스템이다.

㉯ 화상 응답 시스템(VRS : Video Response System)은 원하는 시간에 TV 모니터를 통하여 정지화상 또는 동화상을 제공받는 시스템이다.

㉰ 광대역 개별 배선형의 네트워크를 사용한다.

㉱ 정보검색, 정보안내등에 적합하다.

해설 화상 응답 시스템(VRS)은 쌍방향 통신 시스템이다.

정답 52. ㉯   53. ㉮

54. 화상 응답 시스템(VRS)의 특징에 관한 설명으로 잘못된 것은?

㉮ 쌍방향 통신 서비스이다.

㉯ 영상신호를 실시간에 전송해야 함으로 협대역 전송로가 필요하다.

㉰ VRS의 시스템 형태는 개별배선형이다.

㉱ 고해상도를 필요로하는 곳에 적합하다.

> 해설 화상 응답 시스템(VRS)의 특징
> ① 쌍방향 통신 서비스이다.
> ② 원하는 시간에 원하는 영상을 음성과 함께 제공 받을 수 있다.
> ③ 정지화상, 동화상, 음성 정보를 저장할 수 있는 광디스크 형태의 기억장치가 필요하다.
> ④ 영상신호를 실시간에 전송해야 함으로 광대역 전송로가 필요하다.
> ⑤ 고해상도를 필요로하는 곳에 적합하다.
> ⑥ VRS의 시스템 형태는 개별배선형이다.
> ⑦ 동일정보를 몇 개의 단말기에만 제공함으로 장비와 시설이 고가이다.

55. 화상 응답 시스템(VRS)의 기본 구성 요소가 아닌 것은?

㉮ VRS 시스템   ㉯ VRS 전용 단말기

㉰ 다중화 장치   ㉱ 광대역 전송로

> 해설 화상 응답 시스템(VRS)의 기본 구성 요소
> ① VRS 시스템, ② VRS 전용 단말기, ③ 광대역 전송로

56. 화상 응답 시스템(VRS)에서 주로 사용하는 전송 방식은?

㉮ 코드 분할 방식(CDM)   ㉯ 공간 분할 방식(SDM)

㉰ 주파수 분할 방식(FDM)   ㉱ 시분할 방식(TDM)

> 해설 화상 응답 시스템(VRS)에서는 주로 시분할 다중방식(TDM)과 협대역 통신방식을 사용한다.
> ① 시분할 다중방식 : 카메라를 통하여 얻은 정지화상 정보를 시분할 다중화하여 TV수상기 또는 CRT에 나타나도록 하는 장치이다.

정답   54. ㉯   55. ㉰   56. ㉱

② 협대역 통신방식 : 통신 주파수 대역이 좁은 통신 케이블을 통하여 화상정보를 제공할 때 사용하는 방식으로 화상정보의 주파수 대역을 낮춰 전송하고 수신측에서 주파수 대역을 높여 화상신호를 복원하는 통신방식이다.

57. 다음 중 VOD(Video On Demand)의 특징을 잘못 설명한 것은?

㉠ VOD 전용 단말기가 필요하다.

㉡ 쌍방향 통신 서비스이다.

㉢ 소용량의 데이터 베이스로도 충분하다.

㉣ 영상신호의 압축기술을 도입하여 공중전화망(PSTN) 정도의 전송회선으로 충분하다.

해설 VOD는 영상정보를 기록해야 하기 때문에 대용량의 데이터 베이스가 필요하다.

58. 다음 중 VOD의 기본 구성 3요소가 아닌 것은?

㉠ 교환기 ㉡ VOD 시스템

㉢ VOD 전용 단말기(Set-Top Box) ㉣ 공중전화망(PSTN)

해설 VOD의 기본 구성 3요소
① VOD 시스템, ② VOD 전용 단말기(Set-Top Box), ③ 공중전화망(PSTN)

59. 다음 중 VOD 시스템의 구성에 해당하지 않는 장치는?

㉠ 인코더(Incoder) ㉡ 비디오 서버

㉢ 전송장치 ㉣ 디코더(Decorder)

해설 디코더(Decorder)는 VOD 전용 단말기 (Set-Top Box)내에 필요한 장치이다.
〈VOD 시스템의 구성〉
① 인코더(Incoder) : 아날로그 신호를 디지털 신호로 변환하여 영상압축기술(MPEG)을 이용하여 영상신호를 압축한다.
② 비디오 서버 : 영상정보를 저장한 데이터 베이스이다.
③ 비디오 스위치 : 비디오 서버내에 저장된 영상정보를 검색하는 기능을 갖는다.
④ 전송장치 : 압축된 영상정보를 공중전화망(PSTN)에 전송하기 위한 장치이다.

정답 57. ㉢ 58. ㉠ 59. ㉣

60. Telewriting의 다중화 방식에 대한 설명으로 옳지 않은 것은?

㉮ 주파수 분할 다중화 방식(FDM : Frequency Division Multiplexing)을 사용할 수 있다.

㉯ 시분할 다중화 방식(TDM : Time Division Multiplexing)을 사용할 수 있다.

㉰ ITU-T에서는 시분할 다중화 방식을 권고하고 있다.

㉱ ITU-T에서는 주파수 분할 다중화 방식을 권고하고 있다.

61. 다음 중 Telewriting의 구성에 해당하지 않는 것은?

㉮ 입출력 장치   ㉯ 정보처리 장치

㉰ 제어장치   ㉱ 통신망

62. 다음 중 팩시밀리의 구성요소가 아닌 것은?

㉮ 주파수 체배   ㉯ 광전 변환

㉰ 변조   ㉱ 스케닝

63. 다음 중 팩시밀리와 관계가 없는 것은?

㉮ 일반용지   ㉯ 주사

㉰ 동기   ㉱ 광전변환

64. 다음 중 팩시밀리 주사 방식은?

㉮ 원통주사, 기계주사   ㉯ 평면주사, 전자주사

㉰ 원통주사, 평면주사   ㉱ 평면주사, 반원통주사

정답   60. ㉰   61. ㉯   62. ㉮   63. ㉮   64. ㉰

연습문제

65. 다음 중 팩시밀리 장치와 관계가 없는 것은?

㉮ 주사 장치   ㉯ 음극선관 장치

㉰ 동기 장치   ㉱ 광전변환 장치

> **해설** ① 주사 장치 : 원통주사, 평면주사, 전자주사
> ② 동기 장치 : 회전동기, 위상동기, 전자주사에 의한 동기
> ③ 광전변환 장치 : O/E(광신호-전기신호), E/O(전기신호-광신호)
> ④ 기록장치 : 방전기록, 정전기록, 전해기록, 전자사전방식, 감열기록, 잉크젯트방식

66. 팩시밀리의 상수에 있어서 주사 원통의 지름이 R[mm], 원통의 회전수 N[rpm]일 때 주사 속도 V를 옳게 나타낸 식은? (단, 주사길이 $L = \pi R$[mm]이다.)

㉮ $V = \pi R N$ ㉯ $V = \pi / R N$

㉰ $V = R N / \pi$ ㉱ $V = R N$

67. 팩시밀리에서 1장의 그래픽 정보를 전송하는데 소요되는 시간 T는?

(단, D : 주사밀도, L_S : 부주사선의 길이, N : 원통의 회전수)

㉮ $T = \dfrac{N}{60 \cdot DL_S}$[sec]   ㉯ $T = 60 \cdot DL_S N$[sec]

㉰ $T = \dfrac{60 \cdot DL_S}{N}$[sec]   ㉱ $T = 60 \cdot (D + L_S + N)$[sec]

68. 팩시밀리에서 협동계수 M을 옳게 나타낸 것은?

(단, 원통직경 $d = 50$[mm], 유효원통길이 $D = 400$[mm], 주사선밀도 $F = 0.2$[초/mm])

㉮ 5   ㉯ 10

㉰ 15   ㉱ 20

> **해설** 협동계수$(M) = $ 원통직경$(d) \times$ 주사선밀도(F)

정답   65. ㉯   66. ㉮   67. ㉰   68. ㉯

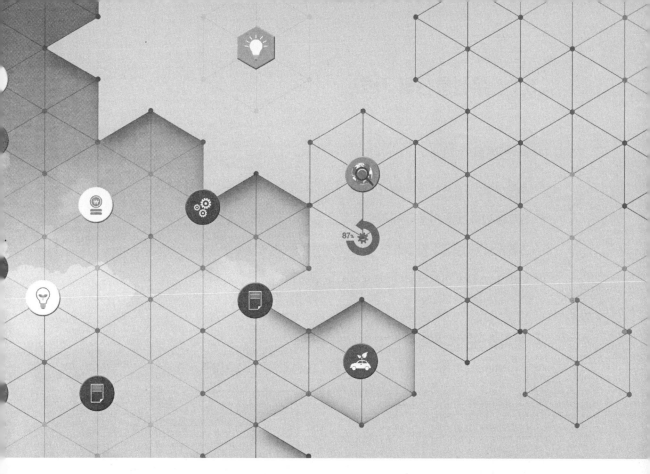

CHAPTER 5

무선통신기기

5.1 무선통신의 기초

(1) 무선통신의 개념

- 19세기말 마르코니에 의한 전파(전자파)의 검출이 무선통신의 시조이다.

- 전파의 반송파를 이용하여 정보를 송수신한다.

- 고주파의 반송파와 저주파의 정보원을 이용한다.

- 전파의 전송을 위하여 중간 중계국이 필요하다.

(2) 무선통신의 전파종류

〈표 5-1〉 전파 종류

전파 종류	파장	주파수	용도
초장파(VLF)	10km 이상	30kHz 이상	선박의 무선통신
장파(LF)	10km~1km	30kHz~300kHz	선박 및 비행기 항행의 비상용, 기상통보
중파(MF)	1km~100m	300kHz~3MHz	선박 및 비행기의 표준전파, 해상보안
단파(HF)	100m~10m	3MHz~30MHz	선박 및 비행기의 통신, 단파방송
초단파(VHF)	10m~1m	30MHz~300MHz	TV방송, FM방송, 무선호출기
극초단파(UHF)	1m~10cm	300MHz~3GHz	TV방송(교육용), 이동통신, 기상용 레이더
마이크로파(Microwave)	10cm~1cm	3GHz~30GHz	위성TV, 위성통신

VLF : Very Low Frequency   LF : Low Frequency

MF : Medium Frequency   HF : High Frequency

VHF : Very High Frequency   UHF : Ultra High Frequency

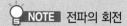 **NOTE** 전파의 회전

전파의 간섭을 억제히기 위하여 전파를 회전시켜 송출하는 회전편파 방법이 있다.
① 우회전 편파(Right-handed Circular Polarization) : 시계방향으로 회전
② 좌회전 편파(Left-Handed Circular Polarization) : 시계 반대 방향으로 회전

(3) 무선통신의 전파특성

① 전파현상

- **반사** : 전파가 반사 매질에 충돌하여 전파의 밀도가 변화하는 현상(■ 전리층)

- **회절** : 전파가 투과할 수 없는 매질에 충돌할 때 나타나는 현상(■ 산, 건물)

- **굴절** : 밀도가 다른 매질에 충돌하여 전파의 속도와 방향이 바뀌는 현상(■ 해상표면)

② 전파 손실

- **공간 손실** : 전자파가 전파되는 과정에서 전파의 흡수 및 산란 등에 의한 손실

$$L_S = 20\log d + 20\log f + 32.44\,[\text{dB}]$$

d : 거리[km], f : 주파수[MHz]

- **지표 손실** : 안테나에서 송출된 전파가 지표면 등의 반사에 의한 손실

$$L_G = 20\log\left(\frac{d^2}{h_t h_r}\right)\,[\text{dB}]$$

d : 거리[km], h_t : 송신 안테나의 높이, h_r : 수신 안테나의 높이

- **회절 손실** : 산, 건물 등에 의하여 발생하는 회절현상 때문에 전파의 에너지가 급격히 감소하는 손실

(4) 무선통신의 구성

① 송신기

- **고주파 증폭회로** : 반송파를 증폭하는 회로

- **저주파 증폭회로** : 정보원의 신호를 증폭하는 회로

- **전력 증폭회로** : 피변조파를 증폭하는 회로

- **발진회로** : 반송파(Carrier)를 발생시키는 회로

- **변조회로** : 반송파에 신호를 싣는 회로

- **안테나** : 전파를 송출하기 위한 기기

〈그림 5-1〉 무선 송신기

② 수신기

- **고주파 증폭회로** : 안테나로부터 유입된 전파중 특정 주파수를 선택하여 증폭한다.

- **중간주파 증폭회로** : 중간 주파수를 증폭하는 회로

- **저주파 증폭회로** : 신호 전파를 증폭하는 회로

- **주파수 변환회로** : 중간 주파로 변환시키기 위한 회로

- **국부 발진회로** : 특정 주파수를 발생 시키는 회로

- **복조회로** : 수신 전파에서 신호 전파를 검출하는 회로

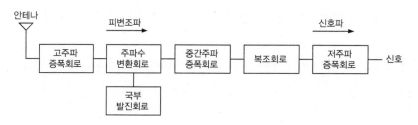

〈그림 5-2〉 무선 수신기

5.2 AM 송신기

(1) AM(Amplitude Modulation : 진폭변조)의 기초

① 변조의 필요성

- **다중화** : 통신회선 또는 통신 주파수를 다수의 가입자가 사용할 수 있도록 하기 위하여 사용한다.

- **잡음 억제** : 반사, 회절, 굴절 등에 의한 유해전파의 간섭 및 발생을 억제하기 위하여 사용한다.

② AM의 개념

- 정보원(신호)의 변화에 따라 반송파(Carrier)의 진폭이 변하는 방식을 AM이라 한다.

③ AM의 일반식

- **반송파** : $i_c = A_c \sin \omega_c t$

- **신호파** : $i_s = A_s \cos \omega_s t$

- **피변조파** : $i_m = (A_c + i_s) \cos \omega_c t = (A_c + A_s \cos \omega_s t) \cos \omega_c t$

$$= A_c (1 + \frac{A_s}{A_c} cos \omega_s t) \cos \omega_c t$$

$$= A_c (1 + m_a \cos \omega_s t) \cos \omega_c t \ (m_a \ : 변조도)$$

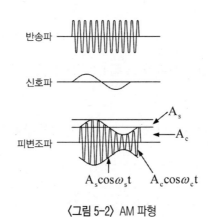

〈그림 5-2〉 AM 파형

④ AM의 주파수 스펙트럼

- **상측파대** : $-f_c - f_s, f_c + f_s$

- **하측파대** : $-f_c + f_s, f_c - f_s$

- **주파수 대역폭** : (상측파대) - (하측파대) $= (f_c + f_s) - (f_c - f_s) = 2f_s$

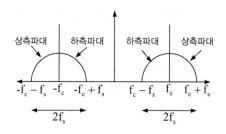

〈그림 5-3〉 주파수 스펙트럼

(2) AM 송신기의 특성

① 주파수의 불안정 3요소

- 부하, 전원 전압의 변동

- 온도 및 습도의 변화

- 송신기의 기계적 진동

② 변조 특성

- **변조도** : 변조도가 크면 신호의 전달특성은 좋아지나 신호가 일그러진다.

- **왜율** : 피변조파에 포함된 기본파와 고조파의 비율을 신호의 왜율(Distortion)일그러짐이라 한다.

- **주파수 특성** : 변조도에 따라 나타나는 주파수의 변화를 주파수 특성이라 한다.

③ Superious 특성

- 불필요한 기생전파 혹은 주파수를 Superious라 한다.

- 송신 전파의 점유 주파수 대역폭의 허용값을 벗어난 주파수

- 기본 주파수의 정수배에 해당하는 고조파

- 기본 주파수의 정수분의 1에 해당하는 저조파

(3) AM 송신기의 구성

① 발진회로

- 발진 주파수의 안정성이 뛰어난 수정 발진기를 사용한다.

- 고정 주파수의 발진에는 수정발진기를 사용한다.

- 가변 주파수의 발진에는 LC발진기를 사용한다.

② 완충 증폭회로

- 부하의 변동에 따른 주파수의 변화를 최소화 하기 위하여 사용한다.

③ 주파수 체배회로

- 10[MHz]이상의 높은 주파수를 발진하는데 사용한다.

- C급 증폭기를 사용한다.

④ 중간주파 증폭회로

- 피변조파를 안테나 회로에 전송하기위한 전력 증폭기이다.

⑤ 종단전력 증폭회로

- 안테나를 통하여 전파를 발사하기에 충분한 전력을 공급하는 회로이다.

- B급 또는 C급 전력 증폭기를 사용한다.

⑥ 변조회로

- 입력신호를 반송파에 신호를 실어 피변조파로 만들기 위한 회로이다.

- 저전력 변조방식과 고전력 변조방식이 있다.

〈표 5-2〉 저전력 및 고전력 변조방식의 비교

방식 항목	저전력 변조	고전력 변조
변조 특성	좋지 않다	좋다
주파수 안정도	좋지 않다	좋다
소비 전력	적다	크다
잡음	강하다	약하다
종단 증폭기	B급	C급

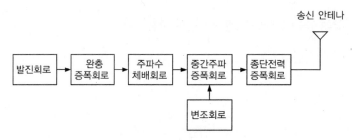

〈그림 5-4〉 저전력 AM 송신기

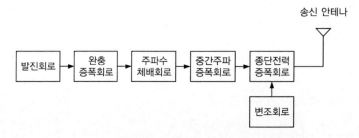

〈그림 5-5〉 고전력 AM 송신기

5.3 AM 수신기

(1) AM 수신기의 분류

① 스트레이트(Straight) 방식

- **오토다인 방식** : 안테나 → 고주파 증폭기 → (혼합기, 발진기) → 저주파 증폭기 → 스피커

- **리플렉스 방식** : 안테나 → 고주파 증폭기 → 검파기 → 저주파 증폭기 → 스피커

- **재생 방식** : 안테나 → 고주파 증폭기 → 재생 검파기 → 저주파 증폭기 → 스피커

② 헤테로다인(Heterodyne) 방식

- **헤테로다인 방식**

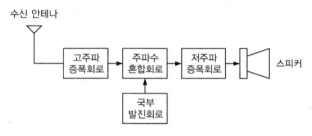

〈그림 5-6〉 헤테로다인 AM 수신기

- **슈퍼 헤테로다인 방식**

> **NOTE** AM 수신기로 슈퍼헤테로다인 방식을 주로 사용하는 5가지 이유
>
> ① 감도가 좋다. ② 선택도가 우수하다. ③ 충실도가 좋다.
> ④ 안정도가 우수하다. ⑤ 잡음이 적다.

⑵ AM 수신기의 성능

① 감도(Sensitibity)

어느 정도의 미약한 전파를 수신할 수 있는지를 나타내는 지수이다.

- 감도 개선 방법
  - 고주파 증폭회로의 이득을 크게한다.
  - 잡음이 작은 주파수 혼합회로를 사용한다.
  - 주파수 혼합회로의 콘덕턴스를 크게한다.

② 선택도(Selectivity)

수신한 주파수 대역에서 선택한 주파수만을 분리할 수 있는지를 나타내는 지수이다.

- 선택도 개선 방법
  - 동조회로의 이득을 크게 한다.
  - 중간주파 증폭회로의 이득을 크게 한다.
  - 중간주파 증폭회로의 대역폭을 작게 한다.

③ 충실도(Fidelity)

송신기에서 송출한 주파수를 수신기에서 어느 정도로 충실히 재현할 수 있는지를 나타내는 지수이다.

- 충실도 개선 방법
  - 안정된 중간주파 증폭회로를 사용한다.
  - 저주파 증폭회로에 주파수 보상회로를 사용한다.
  - 검파회로의 이득을 크게한다.

④ 안정도(Stability)

외부의 충격 또는 장시간 사용하였을 때 일정한 출력을 얻을 수 있는지를 나타내는 지수이다.

(3) AM 수신기의 구성(슈퍼헤테로다인 방식)

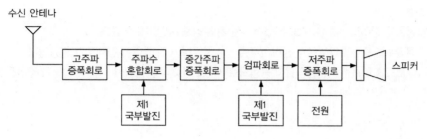

〈그림 5-7〉 슈퍼헤테로다인 AM 수신기

① 고주파 증폭회로

- 안테나에 유입된 미약한 피변조파를 증폭하며, 동조회로가 내장되어 있어 희망하는 주파수만을 선택할 수 있다.

② 주파수 혼합회로

- 주파수 혼합회로는 제1 국부발진회로의 주파수를 이용하여 수신된 주파수 보다 낮은 중간주파수(455[kHz])를 만드는 회로이다.

③ 중간주파 증폭회로

- 중간 주파수를 증폭하는 회로이며 선택도 향상에 중요한 역할을 한다.
- 중간 주파수가 낮을수록 선택도가 향상된다.
- 중간 주파수가 낮을수록 단일조정이 쉽다.
- 중간 주파수가 낮을수록 수신기의 감도와 안정도가 좋아진다.
- 중간 주파수가 낮을수록 수신기의 충실도가 좋아진다.

> 💡 **NOTE** 단일조정
>
> 중간 주파수를 일정하게 하기 위해 수신 주파수가 변화할때마다 국부발진 주파수를 변화시켜 일정한 중간 주파수를 만드는 동조회로의 주파수 조정을 단일조정이라 한다.

④ 검파회로

• 수신된 피변조파로 부터 원래의 신호 주파수를 검출하는 회로이다.

• 중간 주파수를 저주파수로 변환하는 회로이다.

• 복조회로라고도 한다.

⑤ 저주파 증폭회로

• 원래의 신호주파수인 저주파수를 증폭하는 회로이다.

5.4 FM 송신기

(1) FM(Frequency Modulation : 주파수 변조)의 기초

① FM의 개념

• 정보원(신호)의 변화에 따라 반송파(Carrier)의 주파수가 변하는 방식을 FM이라 한다.

② FM의 일반식

• **반송파** : $i_c = A_c \cos \omega_c t$

- **신호파** : $i_s = A_s \cos \omega_m t$

- **피변조파** : $i_m = A_c \cos 2\pi (f_c t + k \int_0^t F(\tau)d\tau)$

$$= A_c \cos 2\pi (f_c t + A_m k \int_0^t \cos 2\pi f_m \tau d\tau)$$

$$= A_c \cos 2\pi (f_c t + A_m k \frac{1}{2\pi f_m} \sin 2\pi f_m t)$$

$$= A_c \cos (2\pi f_c t + \frac{A_m k}{2\pi f_m} \sin 2\pi f_m t)$$

$$= A_c \cos (2\pi f_c t + \frac{A_m k}{2\pi f_m} \sin 2\pi f_m t)$$

$$= A_c \cos (2\pi f_c t + m_f \sin 2\pi f_m t)$$

$\omega_m = 2\pi f_m$, k : 주파수 감도 상수, m_f : 변조도

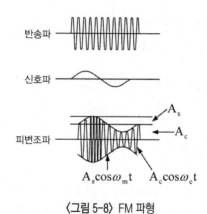

〈그림 5-8〉 FM 파형

③ FM의 주파수 스펙트럼

- **상측파대** : $-f_c - af_s$, $f_c + af_s$ (a = 1, 2, 3, .., N)

- **하측파대** : $-f_c + af_s$, $f_c - af_s$ (a = 1, 2, 3, .., N)

- **주파수 대역폭** : $2(f_m + A_m k)$

④ FM 송신기의 특성

- 잡음에 강하다.

- 소비전력이 AM에 비해 적다.

- 점유 주파수 대역폭이 넓다.

- 페이딩(Fading)의 영향이 적다. (신호의 레벨 변동에 강하다.)

- 송신기가 복잡하다.

⑤ FM 송신기의 분류

- **직접 FM 변조방식**

  - 인덕턴스 변조

  - 콘덕턴스 변조

  - LC 변조

  - 반사형 클라이스트론

- **간접 FM 변조방식**

  - 벡터 합성법(암스트롱 방식, AM-C 합성 방식)

  - 펄스 위치 변조(세라소이드 방식)

  - 이상법 (가변 저항, 가변 리액턴스)

⑥ FM 송신기의 구성

- **직접 FM 변조방식의 송신기**

  - AFC(Automatic Frequency Control) : 반송파를 안정화 시키고 반송파의 드리프트를 비교 교정하기 위하여 사용한다.

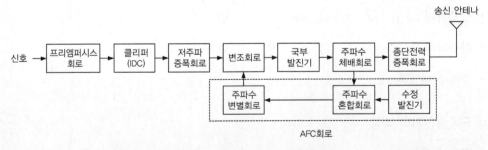

〈그림 5-9〉 직접 FM 변조방식의 송신기

- **간접 FM 변조방식의 송신기**

〈그림 5-10〉 간접 FM 변조방식의 송신기

- **프리엠파시스(Pre-Emphasis) 회로**

  - 5[kHz]이하의 음성신호의 주파수를 FM 변조하면 수신기에서 높은 주파수일 수록 잡음이 많아지는 것을 방지하기 위하여 사용한다.

  - 미분회로이다. (CR 병렬회로)

  - 높은 주파수의 특성을 강조하는 회로이다.

- **클리퍼(IDC : Instantaneous Deviation Control) 회로**

  - 순시 주파수 편이 제어회로라고 한다.

  - 입력 신호의 진폭레벨이 최대 주파수 편이의 한계값을 넘지않도록 하는 회로이다.

  - 주파수 혼선을 방지하는 효과를 얻는다.

- **변조회로**

  - 입력신호를 반송파에 신호를 실어 피변조파로 만들기 위한 회로이다.

  - 국부 발진기의 주파수가 허용값내에서 발진할 수 있도록 조절한다.

- **주파수 체배회로** : 입력 주파수의 2배 또는 3배의 주파수에 동조시키기 위하여 사용한다.

- **주파수 혼합회로** : 수정 발진기의 주파수와 주파수 체배회로의 주파수를 혼합한다.

- **주파수 변별회로**

  - 국부 발진기의 주파수가 허용값일 때의 주파수 변별회로의 출력값은 0이다.

  - 국부 발진기의 주파수가 허용값을 벗어났을 때의 출력 정보를 변조회로에 전달한다.

- **저주파 증폭회로** : 입력신호를 증폭한다.

- **발진회로** : 공급전력이 불안정하면 국부 발진 주파수가 변동함으로 안정된 송신 출력

을 유지하기 위하여 AFC 회로가 필요하다.

- **종단 전력 증폭회로**

  - 안테나를 통하여 전파를 발사하기에 충분한 전력을 공급하는 회로이다.

  - C급 전력 증폭기를 사용한다.

5.5 FM 수신기

(1) FM 수신기의 특성

- 리미터 회로를 사용한다.

- 주파수 변별회로를 사용한다.

- 디엠퍼시스 회로를 사용한다.

- 스켈치 회로를 사용한다.

(2) FM 수신기의 구성

- **리미터 회로** : 잡음등에 의하여 수신 신호의 진폭레벨이 변동하는 것을 방지하는 회로
  이다.

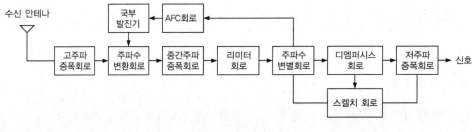

〈그림 5-11〉 FM 수신기

- **주파수 변별회로**

  - 국부 발진기의 주파수가 허용값일 때의 주파수 변별회로의 출력값은 0이다.

  - 국부 발진기의 주파수가 허용값을 벗어났을 때의 출력 정보를 AFC회로에 전달하여 국부 발진 주파수를 조정한다.

- **디엠파시스(De-Emphasis) 회로**

  - 적분회로이다. (RC 병렬회로)

  - 높은 주파수의 특성을 억제하는 회로이다.

- **스켈치 회로**

  - 전파가 수신되지 않을 경우에 회로를 차단한다.

  - 회로를 차단하여 잡음의 유입을 억제한다.

> **NOTE** AM 방식에 대한 FM 방식의 장단점
>
> ① 장점
> - 페이딩에 강하며, 잡음을 충분히 억제할 수 있다.(SNR이 좋다.)
> - 선택도가 우수하다.
> - 변조에 따른 파형의 일그러짐이 발생하지 않아 충실도가 우수하다.
> - 음질이 좋다.
> - 소비전력이 적다.
> - 전파의 진폭레벨 변동이 심한 이동 무선국에 적합하다.
>
> ② 단점
> - 회로가 복잡하다.
> - 여러단의 주파수 체배회로를 사용해야 한다.
> - 점유 주파수 대역폭이 넓다.

5.6 SSB 송수신기

(1) SSB(Single Side Band : 단측파대)의 개념

- 반송파를 포함하지 않는 진폭변조 방식이다.

- 상하측파대 또는 하측파대 중 어느 한쪽의 측파대만을 이용한다.

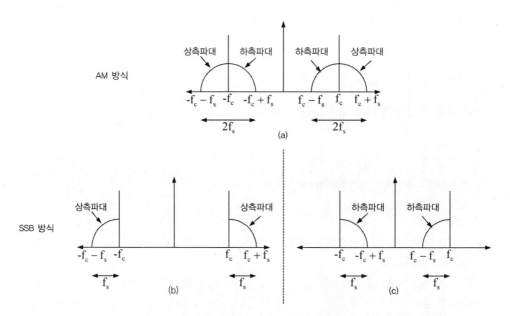

〈그림 5-12〉 (a) AM변조방식의 스펙트럼
(b) SSB 변조방식의 스펙트럼(상측파대 이용)
(c) SSB 변조방식의 스펙트럼(하측파대 이용)

(2) SSB 송신기의 분류

① 필터법 (Filter 법)

- 평형변조기를 이용하여 DSB-SC(Double Side Band Suppressed Carrier : 반송파 억제 양측파대)를 만든 다음 BPF(Band Pass Filter)에 의하여 상하측파대 중 어느 한쪽의 측파대만을 통과시킨다.

② 위상 천이법 (Phase Shift 법)

- 피변조파의 위상천이를 이용하여 한쪽 측파대를 얻는 방법이다.

- BPF를 사용하지 않는다.

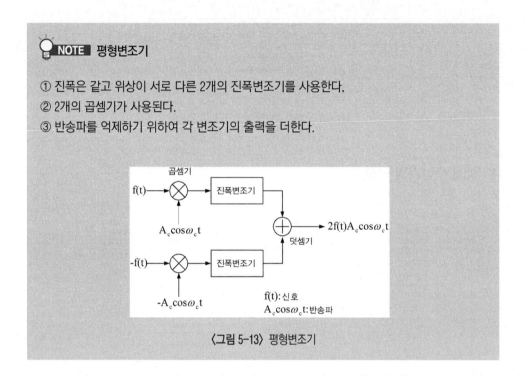

NOTE 평형변조기

① 진폭은 같고 위상이 서로 다른 2개의 진폭변조기를 사용한다.
② 2개의 곱셈기가 사용된다.
③ 반송파를 억제하기 위하여 각 변조기의 출력을 더한다.

〈그림 5-13〉 평형변조기

(3) SSB 송신기의 구성

① 필터법 (Filter 법)

〈그림 5-14〉 필터법에 의한 SSB 송신기

② 위상 천이법 (Phase Shift 법)

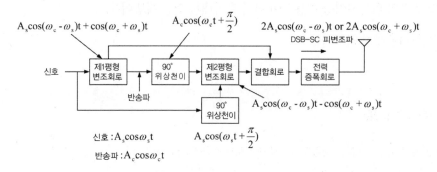

〈그림 5-15〉 위상 천이법에 의한 SSB 송신기

⑷ SSB 수신기의 구성

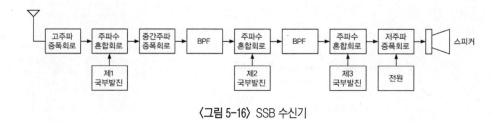

〈그림 5-16〉 SSB 수신기

⑸ SSB 송수신기의 장점(DSB(Double Side Band : 양측파대)에 비하여)

① 장점

• 잡음이 적어 SNR이 개선된다.

• 선택성 페이딩(Fading)의 영향이 적다.

• 점유 주파수 대역폭이 1/2로서 무선국의 수를 2배 많게 수용할 수 있다.

• 소비전력이 적다.

② 단점

• 송수신기의 구조가 복잡하다.

• 피변조파에 반송파가 없기 때문에 동기검파를 해야한다.

• 안정된 주파수를 사용하여야 한다.

5.7 마이크로파(Microwave) 송수신기

(1) 마이크로파 송수신기의 개념

- 1~30[GHz]의 반송파 주파수를 사용한다.
- 다중화 방식을 이용하여 1개의 무선채널을 수백~수천의 무선채널로 운용할 수 있다.
- 전화, 방송, 레이더에 이용된다.

(2) 마이크로파 송수신기의 장단점

① 장점

- 높은 반송파 주파수를 사용함으로서 광대역 전송에 적합하다.
- 높은 반송파 주파수를 사용함으로서 파장이 짧아 안테나 크기가 작아도 된다.
- 외부 잡음의 영향이 적어 신호대 잡음비(SNR)을 개선할 수 있다.
- 전파의 손실이 적어 안정된 전파특성을 갖는다.

② 단점

- 비화통신이 어렵다. (무선통신은 보안에 취약하다.)
- 주파수 혼선등 외부잡음 때문에 수신잡음이 증가한다.

(3) 마이크로파 중계방식의 분류

① 직접 중계방식

〈그림 5-17〉 직접 중계방식

- 수신된 마이크로파 주파수를 증폭한 다음 일정치의 주파수 편이만을 통하여 중계하는 방식이다.
- 저잡음 마이크로파 증폭기가 필요하다.
- 안정된 주파수 특성을 얻을 수 있다.
- 타 중계방식과의 접속이 어렵다.

② 무급전 중계방식

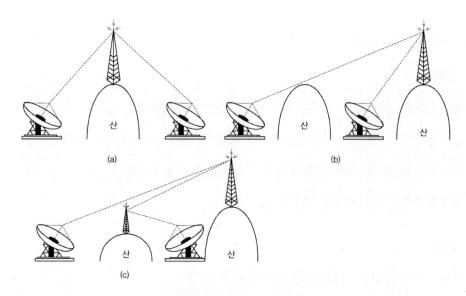

〈그림 5-18〉 무급전 중계방식
(a) 2개의 안테나를 이용한 방식
(b) 1개의 반사판을 이용한 방식
(c) 2개의 반사판을 이용한 방식

- 무선국간의 거리가 근거리인 경우에 금속 반사판을 이용하여 마이크로파의 방향을 바꾸어 중계하는 방식이다.
- 반사각이 직각일수록 또는 반사판의 직경이 클수록 전파의 손실이 적다.
- 근거리일수록 전력의 손실이 적다.

③ 베이스 밴드 중계방식

- 수신한 마이크로파 주파수를 중간 주파수로 변환하여 복조한후, 변조하여 송신하는 중

계방식이다.

- 근거리 중계방식에 적합하다.

- 변조와 복조의 되풀이로 주파수가 열화하여 잡음이 증가한다.

- 통화로의 삽입 또는 분기가 쉽다.

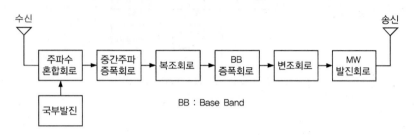

〈그림 5-19〉 베이스 밴드 중계방식

④ 헤테로다인 중계방식

- 수신한 마이크로파를 중간 주파수로 변환하여 증폭한후, 재차 마이크로파로 변환하여 송신하는 중계방식이다.

- 마이크로파 중계에 가장 널리 사용되고 있다.

- 장거리 중계방식에 적합하다.

- 변복조회로가 없어 주파수 열화가 적다.

- 통화로의 삽입 또는 분기가 어렵다.

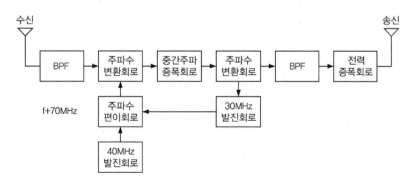

〈그림 5-20〉 헤테로다인 중계방식

⑷ 디지털 마이크로파 송수신기

① 헤테로다인형 마이크로파 송신기

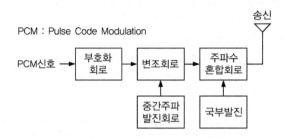

〈그림 5-21〉 헤테로다인형 마이크로파 송신기

② 헤테로다인형 마이크로파 수신기

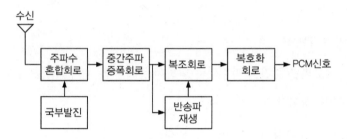

〈그림 5-22〉 헤테로다인형 마이크로파 수신기

⑸ 아날로그 마이크로파 송수신기

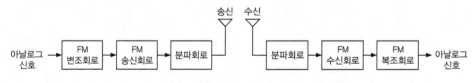

〈그림 5-23〉 아날로그 마이크로파 송수신기

(6) 아날로그/디지털 마이크로파 방식의 비교

방식 항목	아날로그 마이크로파 방식	디지털 마이크로파 방식
사용 주파수대	낮다	높다
다중화 방식	FDM	TDM
입출력 신호	SSB	PCM
변조 방식	FM	QPSK 또는 QAM
통신 보안	어렵다	쉽다
송신출력	크다	작다
외부잡음의 영향	크다	적다

연습문제

1. 다음 중 무선 송수신기가 구비해야할 조건이 아닌 것은?

㉮ 불필요한 스퓨리어스가 적을 것

㉯ 공중선 전력은 항상 안정적일 것

㉰ 외부의 온도나 습도의 변화에 영향이 적을 것

㉱ 점유 주파수 대역폭이 넓을 것

> **해설** 무선 송수신기가 구비해야할 조건
> ① 불필요한 스퓨리어스가 적을 것
> ② 공중선 전력은 항상 안정적일 것
> ③ 외부의 온도나 습도의 변화에 영향이 적을 것
> ④ 송신 주파수는 정확하고 안정적일 것
> ⑤ 주파수의 전환을 요하는 것은 신속하고 간단하게 할 수 있을 것
> ⑥ 취급이 용이하고 조정이 쉬울 것

2. 다음 중 무선 송신기의 구성과 관계가 없는 것은?

㉮ 발진 회로 ㉯ 증폭 회로

㉰ 변조 회로 ㉱ AVC 회로

> **해설** AVC 회로는 무선 수신기의 페딩 현상 등에 의한 수신감도를 안정시키는 회로이다.

3. 다음 중 무선 송신기의 내부에서 발생하는 잡음의 원인이 아닌 것은?

㉮ 공전 ㉯ 중화 불량

㉰ 기생 진동 ㉱ 과변조

> **해설** 공전은 대기잡음이라고도 하며 주로 번개, 강우, 눈보라 등에 동반되는 방전에 의한 잡음이다.

정답 1. ㉱　　2. ㉱　　3. ㉮

4. 무선 송신기의 기본적인 구성요소를 옳게 나타낸 것은?

㉮ 증폭회로, 발진회로, 복조회로, 안테나

㉯ 증폭회로, 발진회로, 변조회로, 안테나

㉰ 발진회로, 변조회로, 체배회로, 안테나

㉱ 발진회로, 복조회로, 체배회로, 안테나

> 해설 무선 송신기의 기본적인 구성요소
>
> ① 고주파 증폭회로, ② 저주파 증폭회로, ③ 전력 증폭회로, ④ 발진회로, ⑤ 변조회로, ⑥ 안테나

5. 다음의 무선 송신기에서 (a), (b), (c)를 옳게 설명한 것은?

㉮ (a) 저주파 증폭회로, (b) 고주파 증폭회로, (c) 전력 증폭회로

㉯ (a) 저주파 증폭회로, (b) 고주파 증폭회로, (c) 주파수 체배회로

㉰ (a) 고주파 증폭회로, (b) 저주파 증폭회로, (c) 전력 증폭회로

㉱ (a) 고주파 증폭회로, (b) 저주파 증폭회로, (c) 주파수 체배회로

6. 다음의 무선 송신기에서 (a), (b), (c)를 옳게 설명한 것은?

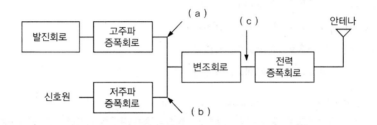

㉮ (a) 신호파, (b) 반송파, (c) 피변조파

㉯ (a) 반송파, (b) 신호파, (c) 피변조파

㉰ (a) 신호파, (b) 피변조파, (c) 반송파

㉱ (a) 반송파, (b) 피변조파, (c) 신호파

7. 무선 송신기가 필수적 갖추어야 할 회로가 아닌 것은?

㉮ 고주파 증폭회로   ㉯ 저주파 증폭회로

㉰ 혼합회로   ㉱ 변조회로

해설 무선 송신기의 구성

① 고주파 증폭회로 : 반송파를 증폭하는 회로

② 저주파 증폭회로 : 정보원의 신호를 증폭하는 회로

③ 전력 증폭회로 : 피변조파를 증폭하는 회로

④ 발진회로 : 반송파(Carrier)를 발생시키는 회로

⑤ 변조회로 : 반송파에 신호를 싣는 회로

⑥ 안테나 : 전파를 송출하기 위한 기기

정답 6. ㉯   7. ㉰

8. 다음의 무선 수신기에서 (a), (b), (c)를 옳게 설명한 것은?

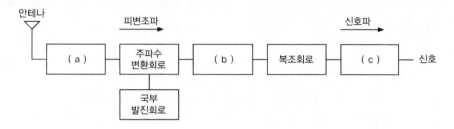

㉮ (a) 고주파 증폭회로, (b) 중간주파 증폭회로, (c) 저주파 증폭회로

㉯ (a) 저주파 증폭회로, (b) 혼합회로, (c) 저주파 증폭회로

㉰ (a) 저주파 증폭회로, (b) 고주파 증폭회로, (c) 중간주파 증폭회로

㉱ (a) 고주파 증폭회로, (b) 저주파 증폭회로, (c) 중간주파 증폭회로

9. 무선 수신기가 필수적으로 갖추어야 할 회로가 아닌 것은?

㉮ 고주파 증폭회로　　　　　　　　㉯ 주파수 변환회로

㉰ 변조회로　　　　　　　　　　　　㉱ 복조회로

해설　무선 수신기의 구성

　　① 고주파 증폭회로 : 안테나로부터 유입된 전파중 특정 주파수를 선택하여 증폭한다.

　　② 중간주파 증폭회로 : 중간 주파수를 증폭하는 회로

　　③ 저주파 증폭회로 : 신호 전파를 증폭하는 회로

　　④ 주파수 변환회로 : 중간 주파로 변환시키기 위한 회로

　　⑤ 국부 발진회로 : 특정 주파수를 발생 시키는 회로

　　⑥ 복조회로 : 수신 전파에서 신호 전파를 검출하는 회로

정답　8. ㉮　　　　9. ㉰

10. 무선 통신의 전파 특성에 해당하지 않는 것은?

    ㉮ 반사   ㉯ 회절

    ㉰ 입사   ㉱ 굴절

> 해설 무선통신의 전파특성
> ① 반사 : 전파가 반사 매질에 충돌하여 전파의 밀도가 변화하는 현상(예 전리층)
> ② 회절 : 전파가 투과할 수 없는 매질에 충돌할 때 나타나는 현상(예 산, 건물)
> ③ 굴절 : 밀도가 다른 매질에 충돌하여 전파의 속도와 방향이 바뀌는 현상(예 해상표면)

11. 무선 송신기의 내부에서 발생하는 잡음의 원인이 아닌 것은?

    ㉮ 기생 진동   ㉯ 공전

    ㉰ 과변조   ㉱ 중화 불량

12. 무선 통신의 전파 손실에 해당하지 않는 것은?

    ㉮ 공간 손실   ㉯ 지표 손실

    ㉰ 회절 손실   ㉱ 기생 진동

> 해설 무선 통신의 전파 손실
> ① 공간 손실 : 전자파가 전파되는 과정에서 전파의 흡수 및 산란 등에 의한 손실
> ② 지표 손실 : 안테나에서 송출된 전파가 지표면 등의 반사에 의한 손실
> ③ 회절 손실 : 산, 건물 등에 의하여 발생하는 회절현상 때문에 전파의 에너지가 급격히 감소하는 손실

13. 안테나간 거리 $d = 3[km]$이고 주파수 $f = 2[MHz]$인 무선 통신에서의 공간 손실은?

    ㉮ 24[dB]   ㉯ 48[dB]

    ㉰ 96[dB]   ㉱ 144[dB]

> 해설 무선 통신에서의 공간손실
> $$L_S = 20\log d + 20\log f + 32.44 = 48[dB]\ (d : 거리[km],\ f : 주파수[MHz])$$

정답 10. ㉰   11. ㉯   12. ㉱   13. ㉯

연습문제

14. 송신 안테나의 높이 $h_t = 15[m]$, 수신 안테나의 높이 $h_r = 20[m]$이고 송신 안테나와 수신 안테나간의 거리 $d = 10[km]$인 무선 통신에서의 지표 손실은?

㉮ 9.54[dB]

㉯ 19.08[dB]

㉰ -9.54[dB]

㉱ -19.08[dB]

> 해설 무선 통신에서의 지표손실
>
> $$L_G = 20\log\left(\frac{d^2}{h_t h_r}\right) = -9.54[dB]$$
>
> (d : 거리[km], h_t : 송신 안테나의 높이, h_r : 수신 안테나의 높이)

15. AM 송신기에 대한 설명으로 잘못된 것은?

㉮ 저전력 변조방식은 효율 및 주파수 안정도가 낮다.

㉯ 고전력 변조방식은 효율이 높고 왜율이 작아 중파 및 단파 방송에 주로 사용한다.

㉰ 저전력 변조방식은 여진전력 증폭부에서 변조를 한다.

㉱ 고전력 변조방식은 종단전력 증폭부에서 변조를 한다.

16. AM 변조에서 반송파 주파수 $f_c = 200[kHz]$, 신호주파수 $f_s = 10[kHz]$일 때 상측파대, 하측파대, 주파수 대역폭을 옳게 나타낸 것은?

㉮ 200[kHz], 190[kHz], 10[kHz]

㉯ 210[kHz], 190[kHz], 10[kHz]

㉰ 200[kHz], 190[kHz], 20[kHz]

㉱ 210[kHz], 190[kHz], 20[kHz]

> 해설 AM 변조에서 상측파대, 하측파대, 주파수대역폭
>
> ① 상측파대 : $f_c + f_s = 200 + 10 = 210[kHz]$
>
> ② 하측파대 : $f_c - f_s = 200 - 10 = 190[kHz]$
>
> ③ 주파수 대역폭 : $2f_s = 2 \times 10 = 20[kHz]$

정답 14. ㉰   15. ㉮   16. ㉱

17. AM 송신기에서 주파수의 불안정 3요소에 해당하지 않는 것은?

㉮ 낮은 주파수 ㉯ 부하, 전원 전압의 변동

㉰ 온도 및 습도의 변화 ㉱ 송신기의 기계적 진동

해설 주파수의 불안정 3요소
　　① 부하, 전원 전압의 변동　② 온도 및 습도의 변화　③ 송신기의 기계적 진동

18. AM 송신기에서 변조 특성을 결정 짓는 요소가 아닌 것은?

㉮ 변조도 ㉯ 잡음 특성

㉰ 왜율 ㉱ 주파수 특성

해설 AM 송신기에서 변조 특성을 결정 짓는 요소 : ① 변조도 ② 왜율 ③ 주파수 특성

19. AM 송신기에서 주파수 체배회로에서 사용하는 증폭방식은?

㉮ A급 ㉯ AB급

㉰ B급 ㉱ C급

20. AM 송신기에서 주로 사용하는 증폭방식은?

㉮ A급 ㉯ AB급

㉰ B급 ㉱ C급

정답　17. ㉮　　　18. ㉯　　　19. ㉱　　　20. ㉰

21. AM 송신기에서 스퓨리어스(Superious) 특성에 관하여 잘못 설명한 것은?

㉮ 본 주파수의 정수분의 2에 해당하는 저조파

㉯ 불필요한 기생전파 혹은 주파수를 Superious라 한다.

㉰ 송신 전파의 점유 주파수 대역폭의 허용값을 벗어난 주파수

㉱ 기본 주파수의 정수배에 해당하는 고조파

> 해설 AM 송신기에서 스퓨리어스(Superious) 특성
> ① 불필요한 기생전파 혹은 주파수를 Superious라 한다.
> ② 송신 전파의 점유 주파수 대역폭의 허용값을 벗어난 주파수
> ③ 기본 주파수의 정수배에 해당하는 고조파
> ④ 기본 주파수의 정수분의 1에 해당하는 저조파

22. 다음 중 무선 송신기의 변조특성에 해당하지 않는 것은?

㉮ 잡음 특성　　　　　　　　　㉯ 변조 특성

㉰ 주파수 특성　　　　　　　　㉱ 왜율 특성

23. 다음 중 AM 송신기의 구성에 해당하지 않는 것은?

㉮ 발진회로　　　　　　　　　㉯ 완충 증폭회로

㉰ 저주파 증폭회로　　　　　　㉱ 변조회로

> 해설 AM 송신기의 구성
> ① 발진회로 : 고정 주파수의 발진에는 수정발진기를 사용한다. 가변 주파수의 발진에는 LC발진기를 사용한다.
> ② 완충 증폭회로 : 부하의 변동에 따른 주파수의 변화를 최소화 하기 위하여 사용한다.
> ③ 주파수 체배회로 : 10[MHz]이상의 높은 주파수를 발진하는데 사용한다. C급 증폭기를 사용한다.
> ④ 중간주파 증폭회로 : 피변조파를 안테나 회로에 전송하기위한 전력 증폭기이다.
> ⑤ 종단전력 증폭회로 : 안테나를 통하여 전파를 발사하기에 충분한 전력을 공급하는 회로이다. B급 또는 C급 전력 증폭기를 사용한다.
> ⑥ 변조회로 : 입력신호를 반송파에 신호를 실어 피변조파로 만들기 위한 회로이다. 저전력 변조방식 과 고전력 변조방식이 있다.

정답　21. ㉮　　　22. ㉮　　　23. ㉰

24. 무선 송신기의 송신 전파에 불요 전파의 복사되는 것을 무엇이라 하는가?

    ㉠ 기생진동   ㉡ 스퓨리어스

    ㉢ 변조특성   ㉣ 상호변조

25. 다음 중 수정 발진기의 특징을 잘못 설명한 것은?

    ㉠ 가변 주파수의 발진에 적합하다.   ㉡ 안정된 주파수를 얻을 수 있다.

    ㉢ 공진 주파수가 높다.   ㉣ 외부의 충격에 강하다.

> **해설** 수정 발진기는 공진 주파수가 높고, 외부 충격에 강하며 안정된 주파수를 얻을 수 있으나 가변적인 주파수 발진에는 적합하지 않다.

26. AM 송신기에서 사용하는 전력 증폭회로의 요구조건에 해당하지 않는 것은?

    ㉠ 동조회로의 Q가 높아야 한다.   ㉡ 증폭효율이 좋아야 한다.

    ㉢ 고조파, 저조파가 많아야 한다.   ㉣ 기생발진이 적어야 한다.

> **해설** 전력 증폭회로의 요구조건
> ① 동조회로의 Q가 높아야 한다.
> ② 증폭효율이 좋아야 한다.
> ③ 기생발진, 고조파, 저조파가 적어야 한다.

27. 무선 송신기의 전력 증폭회로에서 발생하는 기생진동을 방지하기 위하여 삽입하는 회로는?

    ㉠ 필터회로   ㉡ LC 직렬회로

    ㉢ LC 병렬회로   ㉣ RL 병렬회로

28. 다음 중 AM 송신기에서 사용하지 않는 회로는?

    ㉠ 자동이득제어회로(AGC) 회로   ㉡ 주파수 체배회로

    ㉢ 완충 증폭회로   ㉣ 중간주파 증폭회로

정답 24. ㉡   25. ㉠   26. ㉢   27. ㉣   28. ㉠

29. AM 방식의 최대 변조 효율은?

  ㉮ 20[%]　　　　　　　　　　　　　　㉯ 33.3[%]

  ㉰ 50[%]　　　　　　　　　　　　　　㉱ 85[%]

30. AM 반송파, 상측파대, 하측파대의 전력비를 옳게 나타낸 것은? (단, m : 변조도)

  ㉮ $1 : m^2 : m^2$　　　　　　　　　　㉯ $1 : \dfrac{m^2}{2} : \dfrac{m^2}{2}$

  ㉰ $1 : \dfrac{m^2}{3} : \dfrac{m^2}{3}$　　　　　　　　　　㉱ $1 : \dfrac{m^2}{4} : \dfrac{m^2}{4}$

31. 반송파가 $i_c = 100\sin\omega_c t$, 변조신호(신호파)가 $i_s = 50\cos\omega_s t$ 일 때 변조도 m은?

  ㉮ 20[%]　　　　　　　　　　　　　　㉯ 50[%]

  ㉰ 80[%]　　　　　　　　　　　　　　㉱ 100[%]

  해설 변조도 $m = \dfrac{A_s}{A_c} = \dfrac{50}{100} = 0.5$ 따라서 변조도는 50[%]이다.

32. 다음의 저전력 AM 송신기에서 (a), (b), (c)에 들어갈 장치는?

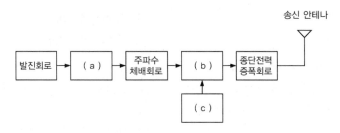

  ㉮ (a) 중간주파 증폭회로, (b) 완충 증폭회로, (c) 변조회로

  ㉯ (a) 변조회로, (b) 중간주파 증폭회로, (c) 완충 증폭회로

  ㉰ (a) 완충 증폭회로, (b) 중간주파 증폭회로, (c) 변조회로

  ㉱ (a) 완충 증폭회로, (b) 변조회로, (c) 중간주파 증폭회로

정답　29. ㉯　　　30. ㉱　　　31. ㉯　　　32. ㉰

33. 다음의 고전력 AM 송신기에서 (a), (b), (c)에 들어갈 장치는?

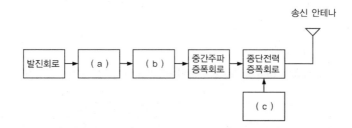

㉮ (a) 완충 증폭회로, (b) 주파수 체배회로, (c) 변조회로

㉯ (a) 주파수 체배회로, (b) 완충 증폭회로, (c) 변조회로

㉰ (a) 변조회로, (b) 완충 증폭회로, (c) 주파수 체배회로

㉱ (a) 변조회로, (b) 주파수 체배회로, (c) 완충 증폭회로

34. 대전력의 무선 송신기에 사용하는 증폭 방식은?

㉮ A급 ㉯ AB급

㉰ B급 ㉱ C급

35. 다음 중 AM 수신기의 구성에 해당하지 않는 것은?

㉮ 완충 증폭회로 ㉯ 고주파 증폭회로

㉰ 중간주파 증폭회로 ㉱ 저주파 증폭회로

해설 AM 수신기의 구성

① 고주파 증폭회로 : 안테나에 유입된 미약한 피변조파를 증폭하며, 동조회로가 내장되어 있어 희망하는 주파수만을 선택할 수 있다.

② 주파수 혼합회로 : 주파수 혼합회로는 제1 국부발진회로의 주파수를 이용하여 수신된 주파수 보다 낮은 중간주파수(455[kHz])를 만드는 회로이다.

③ 중간주파 증폭회로 : 중간 주파수를 증폭하는 회로이며 선택도 향상에 중요한 역할을 한다.

④ 검파회로 : 수신된 피변조파로 부터 원래의 신호 주파수를 검출하는 회로이다.

⑤ 저주파 증폭회로 : 원래의 신호주파수인 저주파수를 증폭하는 회로이다.

정답 33. ㉮ 34. ㉱ 35. ㉮

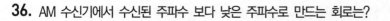

36. AM 수신기에서 수신된 주파수 보다 낮은 주파수로 만드는 회로는?

    ㉮ 고주파 증폭회로   ㉯ 중간주파 증폭회로

    ㉰ 주파수 혼합회로   ㉱ 검파회로

37. 헤테로다인 AM 수신기에 대한 설명으로 잘못된 것은?

    ㉮ 영산 신호 혼신이 일어나지 않는다.   ㉯ 큰 이득을 얻을 수 있다.

    ㉰ 양호한 선택도를 얻을 수 있다.   ㉱ 양호한 충실도를 얻을 수 있다.

38. 다음 그림의 헤테로다인 AM 수신기에서 (a), (b), (c)에 들어갈 장치는?

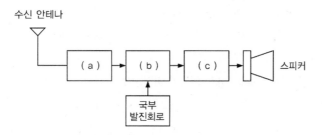

    ㉮ (a) 저주파 증폭회로, (b) 주파수 혼합회로, (c) 고주파 증폭회로

    ㉯ (a) 고주파 증폭회로, (b) 주파수 혼합회로, (c) 저주파 증폭회로

    ㉰ (a) 변조회로, (b) 주파수 혼합회로, (c) 저주파 증폭회로

    ㉱ (a) 변조회로, (b) 주파수 혼합회로, (c) 고주파 증폭회로

39. AM 수신기에서 AGC 회로의 주된 목적은?

    ㉮ 잡음 억제   ㉯ 이득 조정

    ㉰ 주파수 선택   ㉱ 왜율 제어

정답 36. ㉯   37. ㉮   38. ㉯   39. ㉯

40. 슈퍼헤테로다인 수신기에서 중간주파 증폭기를 사용하는 목적은?

㉮ 잡음을 줄이기 위하여

㉯ 선택도를 좋게 하기 위하여

㉰ 비직선 일그러짐을 적게 하기 위하여

㉱ 기생 진동을 방지하기 위하여

41. AM 수신기로 슈퍼헤테로다인 방식을 주로 사용하는 이유가 아닌 것은?

㉮ 선택도가 우수하다.   ㉯ 충실도가 좋다.

㉰ 안정도가 우수하다.   ㉱ 이득제어가 쉽다.

> 해설   AM 수신기로 슈퍼헤테로다인 방식을 주로 사용하는 5가지 이유
> ① 감도가 좋다.   ② 선택도가 우수하다.
> ③ 충실도가 좋다.   ④ 안정도가 우수하다.   ⑤ 잡음이 적다.

42. 다음 중 무선 수신기의 성능 평가 대상이 아닌 것은?

㉮ 대역폭   ㉯ 선택도

㉰ 충실도   ㉱ 안정도

> 해설   무선 수신기의 성능 평가 대상
> ① 감도(sensitivity)   ② 선택도(selectivity)
> ③ 충실도(fidelity)   ④ 안정도(stability)

43. 무선 수신기의 감도(sensitivity)를 개선하기 위한 방법이 아닌 것은?

㉮ 고주파 증폭회로의 이득을 크게한다.

㉯ 잡음이 작은 주파수 혼합회로를 사용한다.

㉰ 중간주파 증폭회로의 대역폭을 작게 한다.

㉱ 주파수 혼합회로의 콘덕턴스를 크게한다.

> 해설   중간주파 증폭회로의 대역폭을 작게 하는 것은 수신기의 선택도를 개선하기 위한 방법이다.

정답   40. ㉯   41. ㉱   42. ㉮   43. ㉰

44. 무선 수신기의 선택도(selectivity)를 개선하기 위한 방법이 아닌 것은?

㉮ 동조회로의 이득을 크게 한다.

㉯ 중간주파 증폭회로의 이득을 크게 한다.

㉰ 중간주파 증폭회로의 대역폭을 작게 한다.

㉱ 검파회로의 이득을 크게한다.

해설 검파회로의 이득을 크게 하는 것은 수신기의 충실도를 개선하기 위한 방법이다.

45. 무선 수신기의 충실도(fidelity)를 개선하기 위한 방법이 아닌 것은?

㉮ 안정된 중간주파 증폭회로를 사용한다.

㉯ 저주파 증폭회로에 주파수 보상회로를 사용한다.

㉰ 고주파 증폭회로의 이득을 크게한다.

㉱ 검파회로의 이득을 크게한다.

해설 고주파 증폭회로의 이득을 크게 하는 것은 수신기의 감도를 개선하기 위한 방법이다.

46. 무선 수신기에서 충실도를 옳게 설명한 것은?

㉮ 어느 정도의 미약한 전파를 수신할 수 있는지를 나타내는 지수

㉯ 송신기에서 송출한 주파수를 수신기에서 충실히 재현하는 지수

㉰ 외부의 충격 또는 장시간 사용하였을 때 일정한 출력을 얻을 수 있는지를 나타내는 지수

㉱ 수신한 주파수 대역에서 선택한 주파수만을 분리할 수 있는지를 나타내는 지수

해설 가) 감도, 다) 안정도, 라) 선택도를 설명한 것이다.

47. 무선 수신기의 성능을 측정하는 변수가 아닌 것은?

㉮ 선택도   ㉯ 변조도

㉰ 충실도   ㉱ 안정도

정답 44. ㉱   45. ㉰   46. ㉯   47. ㉯

48. 슈퍼헤테로다인 수신기에서 중간주파 증폭회로에 대한 설명으로 잘못된 것은?

⑦ 중간 주파수가 낮을수록 선택도가 향상된다.

⑭ 중간 주파수가 낮을수록 단일조정이 쉽다.

⑮ 중간 주파수가 높을수록 수신기의 감도와 안정도가 좋아진다.

⑯ 중간 주파수가 높을수록 수신기의 충실도가 떨어진다.

해설 중간 주파수가 낮을수록 수신기의 감도와 안정도가 좋아진다.

49. 다음의 슈퍼헤테로다인 AM 수신기에서 (a), (b), (c)에 들어갈 장치를 옳게 나타낸 것은?

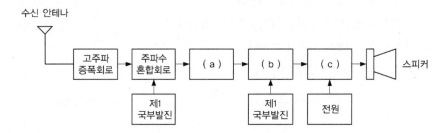

⑦ (a) 중간주파 증폭회로, (b) 검파회로, (c) 저주파 증폭회로

⑭ (a) 검파회로, (b) 중간주파 증폭회로, (c) 저주파 증폭회로

⑮ (a) 저주파 증폭회로, (b) 검파회로, (c) 중간주파 증폭회로

⑯ (a) 저주파 증폭회로, (b) 중간주파 증폭회로, (c) 검파회로

정답 48. ⑮   49. ⑦

50. 슈퍼헤테로다인 수신기가 다른 수신기 보다 우수한 점은?

㉮ 감도 및 선택도가 우수하다. 　　　　㉯ 검파 효율이 좋다.

㉰ 회로가 간단하다. 　　　　　　　　　㉱ 주파수 특성이 좋다.

해설 슈퍼헤테로다인 수신기의 장단점

(1) 장점

① 일정한 중간주파수를 유지할 수 있어 수신기의 감도와 안정도가 좋다.

② 고주파수를 중간주파수로 변환하여 저주파수를 검출하기 좋아져 선택도가 향상된다.

③ 다이오드를 이용한 직선검파를 이용함으로서 신호의 왜곡을 줄일 수 있어 충실도가 좋아진다.

(2) 단점

① 주파수 변환 잡음이 발생한다.

② 영상 주파수의 혼신이 발생한다.

③ 국부발진 주파수가 안정하지 못하면 전파복사가 발생한다.

④ 회로가 복잡하다.

51. FM 송신기의 특성에 대한 설명으로 잘못된 것은?

㉮ 소비전력이 AM에 비해 많다. 　　　㉯ 잡음에 강하다.

㉰ 점유 주파수 대역폭이 넓다. 　　　　㉱ 페이딩(Fading)의 영향이 적다.

해설 FM은 AM 보다 소비전력이 적다.

52. 다음 중 직접 FM 변조 방식에 속하지 않는 것은?

㉮ 펄스 위치 변조 　　　　　　　　　　㉯ 인덕턴스 변조

㉰ 콘덕턴스 변조 　　　　　　　　　　　㉱ LC 변조

해설 직접 FM 변조 방식

① 인덕턴스 변조 　　　　② 콘덕턴스 변조

③ LC 변조 　　　　　　　④ 반사형 클라이스트론

정답　50. ㉮ 　　　　51. ㉮ 　　　　52. ㉮

53. 다음 중 간접 FM 변조 방식에 속하지 않는 것은?

㉮ 벡터 합성법 　　　　　　　　㉯ 펄스 위치 변조

㉰ 이상법 　　　　　　　　　　　㉱ 반사형 클라이스트론

해설 간접 FM 변조 방식

① 벡터 합성법 (암스트롱 방식, AM-C 합성 방식)

② 펄스 위치 변조 (세라소이드 방식)

③ 이상법 (가변 저항, 가변 리액턴스)

54. FM 전파를 복조하기 위해 주파수 변화를 진폭변화로 바꾸어 복조하는 방식을 무엇이라 하는가?

㉮ 동기 검파기를 이용한 복조 　　㉯ 주파수 변별기를 이용한 복조

㉰ 비동기 검파기를 이용한 복조 　　㉱ PLL을 이용한 복조

55. 다음 중 주파수 변별기를 이용한 FM 복조방식에 해당하지 않는 것은?

㉮ Foster-Seely 　　　　　　　㉯ 비(ratio)검파기

㉰ 경사 검파기 　　　　　　　　　㉱ PLL

56. 다음 중 프리엠파시스(Pre-Emphasis)에 대한 설명으로 잘못된 것은?

㉮ 주파수 혼선을 방지하는 효과를 얻는다.

㉯ 높은 주파수에서 발생하는 잡음을 방지하기 위한 회로이다.

㉰ 미분회로이다. (CR 병렬회로)

㉱ 높은 주파수의 특성을 강조하는 회로이다.

해설 주파수 혼선을 방지하기 위해 클리퍼(IDC : Instantaneous Deviation Control)회로를 사용한다.

정답 53. ㉱　　　54. ㉯　　　55. ㉱　　　56. ㉮

57. 다음 직접 FM 변조방식의 송신기에서 (a), (b), (c)에 들어갈 장치는?

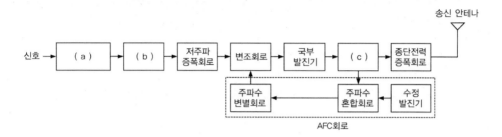

㉮ (a) 클리퍼, (b) 프리앰퍼시스, (c) 주파수 배회로

㉯ (a) 프리앰퍼시스, (b) 클리퍼, (c) 주파수 체배회로

㉰ (a) 클리퍼, (b) 주파수 체배회로, (c) 프리앰퍼시스

㉱ (a) 프리앰퍼시스, (b) 주파수 체배회로, (c) 클리퍼

58. 다음 중 클리퍼(IDC : Instantaneous Deviation Control)회로에 대한 설명으로 잘못된 것은?

㉮ 순시 주파수 편이 제어회로라고 한다.

㉯ 입력 신호의 진폭레벨이 최대 주파수 편이의 한계값을 넘지 않도록 하는 회로이다.

㉰ 높은 주파수의 특성을 강조하는 회로이다.

㉱ 주파수 혼선을 방지하는 효과를 얻는다.

59. 다음 중 FM 송신기에서 입력 주파수의 2배 또는 3배의 주파수에 동조시키기 위한 회로는?

㉮ 주파수 혼합회로   ㉯ 주파수 체배회로

㉰ 주파수 변별회로   ㉱ 발진회로

60. 다음 중 FM 송신기에서 국부 발진기의 주파수가 허용값을 벗어났을 때의 출력 정보를 변조회로에 전달하는 장치는?

㉮ 주파수 변별회로   ㉯ 주파수 혼합회로

㉰ 주파수 체배회로   ㉱ 발진회로

정답   57. ㉯   58. ㉰   59. ㉯   60. ㉮

61. 다음 중 FM 송신기에서 안정된 송신 출력을 유지하기 위하여 사용하는 회로는?

    ㉮ 클리퍼 회로　　　　　　　　　　㉯ 주파수 혼합회로

    ㉰ 변조회로　　　　　　　　　　　　㉱ AFC 회로

> 해설　AFC(Automatic Frequency Control)
> ① 안정된 송신 출력을 유지하기 위하여 사용한다.
> ② 반송파를 안정화 시키고 반송파의 드리프트를 비교 교정하기 위하여 사용한다.

62. 다음 중 FM 수신기가 AM 수신기와 다른점을 잘못 설명한 것은?

    ㉮ 스켈치 회로를 사용한다.　　　　㉯ 클라리파이어(clarifier)가 사용된다.

    ㉰ 디엠퍼시스 회로를 사용한다.　　㉱ 리미터 회로를 사용한다.

> 해설　클라리파이어(clarifier)는 SSB 수신기에서 사용한다.

63. 다음 간접 FM 변조방식의 송신기에서 (a), (b), (c)에 들어갈 장치는?

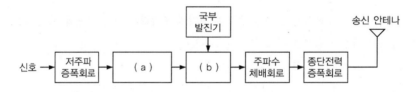

    ㉮ (a) 프리엠퍼시스, (b) 클리퍼

    ㉯ (a) 주파수 변별회로, (b) 주파수 혼합회로

    ㉰ (a) 프리엠퍼시스, (b) 위상 변조회로

    ㉱ (a) 주파수 변별회로, (b) 클리퍼

64. 다음 중 FM 수신기에서 잡음등에 의하여 수신 신호의 진폭레벨이 변동하는 것을 방지하는 회로는?

    ㉮ 리미터 회로　　　　　　　　　　㉯ 디엠파시스(De-Emphasis) 회로

    ㉰ 스켈치 회로　　　　　　　　　　㉱ 주파수 변별회로

정답　　61. ㉱　　　　62. ㉯　　　　63. ㉰　　　　64. ㉮

65. 다음 중 FM 수신기에서 높은 주파수의 특성을 억제하는 회로는?

㉮ 리미터 회로

㉯ 디엠파시스(De-Emphasis) 회로

㉰ 스켈치 회로

㉱ 주파수 변별회로

66. 다음 중 FM 수신기에서 전파가 수신되지 않을 경우에 회로를 차단하는 회로는?

㉮ 리미터 회로

㉯ 디엠파시스(De-Emphasis) 회로

㉰ 스켈치 회로

㉱ 주파수 변별회로

67. FM 수신기에서 신호를 정상적으로 수신하기 위해서는 C/N 비가 몇[dB]이상 되어야 하는가?

㉮ 9[dB]

㉯ 13[dB]

㉰ 18[dB]

㉱ 30[dB]

해설 FM 수신기가 신호를 정상적으로 수신하기 위해서는 C/N비가 9[dB]이상 되어야 한다.

68. 다음 중 프리엠퍼시스 회로에 대한 설명 중 틀린 것은?

㉮ 높은 주파수 신호의 진폭을 강조하는 역할을 한다.

㉯ 적분회로를 사용한다.

㉰ 높은 주파수 신호의 S/N 비를 향상시키기 위해 사용한다.

㉱ FM 송신기에 사용한다.

해설 ① 프리엠퍼시스 : 미분회로를 사용

② 디엠퍼시스 : 적분회로를 사용

정답 65. ㉯   66. ㉰   67. ㉮   68. ㉯

69. 다음 중 SSB 송수신기의 특징으로 틀린 것은?

㉮ 잡음이 적어 SNR이 개선된다.

㉯ 선택성 페이딩(Fading)의 영향이 적다.

㉰ 점유 주파수 대역폭이 1/2로서 무선국의 수를 2배 많게 수용할 수 있다.

㉱ 소비전력이 많다.

> 해설 SSB 송수신기의 장점
> ① 잡음이 적어 SNR이 개선된다.
> ② 선택성 페이딩(Fading)의 영향이 적다.
> ③ 점유 주파수 대역폭이 1/2로서 무선국의 수를 2배 많게 수용할 수 있다.
> ④ 소비전력이 적다.

70. 필터법에 의한 SSB 송신기에서 주로 사용하는 필터는?

㉮ BRF

㉯ LPF

㉰ HPF

㉱ BPF

> 해설 SSB는 상, 하측파대 중 어느 한쪽의 측파대만을 사용하기 때문에 BPF가 필요하다.

71. 다음 중 SSB 송수신기의 특징으로 틀린 것은?

㉮ 송수신기의 구조가 복잡하다.

㉯ 피변조파에 반송파가 없기 때문에 동기검파를 해야한다.

㉰ 선택성 페이딩(Fading)의 영향이 많다.

㉱ 안정된 주파수를 사용하여야 한다.

> 해설 SSB 송수신기의 단점
> ① 송수신기의 구조가 복잡하다.
> ② 피변조파에 반송파가 없기 때문에 동기검파를 해야한다.
> ③ 안정된 주파수를 사용하여야 한다.

정답 69. ㉱　　　 70. ㉱　　　 71. ㉰

72. 필터법의 SSB 송신기에서 다단변조를 수행하는 이유는?

㉮ 상측파대만 통과시키기 위하여　　　㉯ 하측파대만 통과시키기 위하여

㉰ 변조가 용이하도록 하기 위하여　　　㉱ 측파대 분리가 용이하도록 하기 위하여

73. SSB 통신에서 사용하는 증폭기를 옳게 설명한 것은?

㉮ 송신기의 종단 증폭기는 A급을 사용, 기타는 B급을 사용한다.

㉯ 송신기의 종단 증폭기는 B급을 사용, 기타는 A급을 사용한다.

㉰ 송신기의 종단 증폭기는 B급을 사용, 기타는 C급을 사용한다.

㉱ 송신기의 종단 증폭기는 C급을 사용, 기타는 B급을 사용한다.

74. SSB 통신 방식은 어느 페이딩에 효과적이라고 할 수 있는가?

㉮ 선택성 페이딩　　　　　　㉯ 간섭성 페이딩

㉰ 편파성 페이딩　　　　　　㉱ 도약성 페이딩

75. SSB 수신기에서 클라리파이어(clarifier)를 사용하는 목적은?

㉮ 수신전파의 명료도가 좋아지도록 하기 위하여

㉯ 수신전파의 감도를 조정하기 쉽도록 하기 위하여

㉰ 수신전파의 선택도를 조정하기 쉽도록 하기 위하여

㉱ 수신전파의 안정도를 저정하기 쉽도록 하기 위하여

해설 SSB 수신기에서 클라리파이어(clarifier)를 사용하면 주파수 편차를 줄일 수 있을 뿐 아니라 수신 전파의 명료도를 좋게 할 수 있다.

정답 72. ㉱　　　　73. ㉯　　　　74. ㉮　　　　75. ㉮

76. 다음 중 마이크로파 송수신기의 특징을 잘못 설명한 것은?

㉮ 높은 반송파 주파수를 사용함으로 협대역 전송에 적합하다.

㉯ 외부 잡음의 영향이 적어 신호대 잡음비(SNR)을 개선할 수 있다.

㉰ 전파의 손실이 적어 안정된 전파특성을 갖는다.

㉱ 비화통신이 어렵다.

해설 ·마이크로파 송수신기의 장점

① 높은 반송파 주파수를 사용함으로 광대역 전송에 적합하다.

② 높은 반송파 주파수를 사용함으로 파장이 짧아 안테나 크기가 작아도 된다.

③ 외부 잡음의 영향이 적어 신호대 잡음비(SNR)을 개선할 수 있다.

④ 전파의 손실이 적어 안정된 전파특성을 갖는다.

·마이크로 송수신기의 단점

① 비화통신이 어렵다. (무선통신은 보안에 취약하다.)

② 주파수 혼선등 외부잡음 때문에 수신잡음이 증가한다.

77. 마이크로파 통신의 중계 방식이 아닌 것은?

㉮ 베이스 밴드 중계방식   ㉯ 직접 중계방식

㉰ 간접 중계방식   ㉱ 헤테로다인 중계방식

해설 마이크로파 송수신기의 중계 방식

① 직접 중계방식

② 무급전 중계방식

③ 베이스 밴드 중계방식

④ 헤테로다인 중계방식

78. 마이크로파 통신에서 수신한 마이크로파를 중간 주파수로 변환하여 증폭한후, 재차 마이크로파로 변환하여 송신하는 중계방식은?

㉮ 베이스 밴드 중계방식   ㉯ 무급전 중계방식

㉰ 간접 중계방식   ㉱ 헤테로다인 중계방식

정답   76. ㉮   77. ㉰   78. ㉱

79. 마이크로파 통신에서 헤테로다인 중계방식의 특징으로 옳지 않은 것은?

㉮ 마이크로파 중계에 가장 널리 사용되고 있다.

㉯ 장거리 중계방식에 적합하다.

㉰ 변복조회로가 없어 주파수 열화가 많다.

㉱ 통화로의 삽입 또는 분기가 어렵다.

해설 헤테로다인 중계방식에서는 변복조회로가 없어 주파수 열화가 적은 것이 특징이다.

80. 마이크로파 통신에서 베이스 밴드 중계방식(검파 중계방식)의 특징으로 옳지 않은 것은?

㉮ 수신한 마이크로파 주파수를 중간 주파수로 변환하여 복조한후, 변조하여 송신하는 중계방식이다.

㉯ 장거리 중계방식에 적합하다.

㉰ 변조와 복조의 되풀이로 주파수가 열화하여 잡음이 증가한다.

㉱ 통화로의 삽입 또는 분기가 쉽다.

해설 마이크로파 통신에서 베이스 밴드 중계방식(검파 중계방식)은 근거리 중계방식이며, 장거리 중계방식에는 헤테로다인 중계방식이 적합하다.

81. 마이크로파 통신에서 무급전 중계방식의 특징으로 옳지 않은 것은?

㉮ 무선국간의 거리가 근거리인 경우에 금속 반사판을 이용하여 마이크로파의 방향을 바꾸어 중계하는 방식이다.

㉯ 반사각이 직각일수록 전파의 손실이 적다.

㉰ 근거리일수록 전력의 손실이 적다.

㉱ 반사판의 직경이 클수록 전파의 손실이 많다.

해설 마이크로파 통신의 무급전 중계방식은 반사각이 직각일수록 또는 반사판의 직경이 클수록 전파의 손실이 적다.

정답 79. ㉰   80. ㉯   81. ㉱

82. 마이크로파 통신에서 직접 중계방식의 특징으로 옳지 않은 것은?

㉮ 타 중계방식과의 접속이 쉽다.

㉯ 수신된 마이크로파 주파수를 증폭한 다음 일정치의 주파수 편이만을 통하여 중계하는 방식이다.

㉰ 저잡음 마이크로파 증폭기가 필요하다.

㉱ 안정된 주파수 특성을 얻을 수 있다.

해설 마이크로파 통신의 직접 중계방식은 타 중계방식과의 접속이 어려운 것이 특징이다.

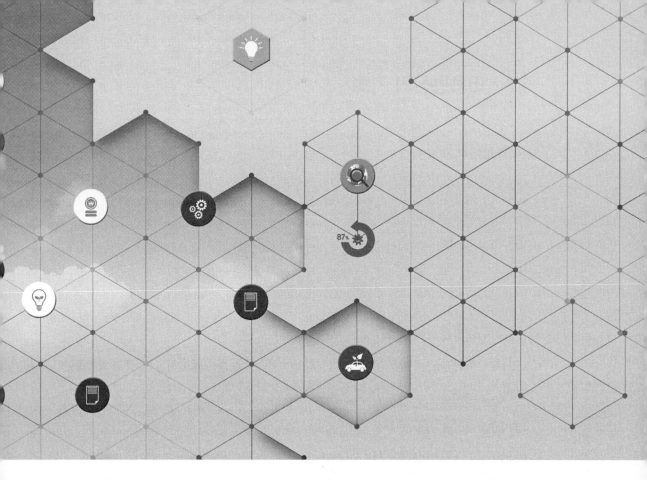

CHAPTER 6

이동통신기기

6.1 이동통신의 기초

(1) 이동통신의 개념

- 사람, 자동차, 항공기 등의 이동체 상호간에 통신을 할 수 있도록 통신 서비스를 제공하는 시스템을 이동통신이라 한다.
- 셀을 기본 단위로 주파수를 할당하여 사용하기 때문에 셀룰러(Cellular) 이동통신이라 한다.

(2) 미국의 이동통신의 발전

- 1921년 : 미국 디트로이트 경찰국의 차량용 이동 무선장치(최초의 이동전화 시스템, AM방식, 2MHz)
- 1940년 : 경찰용 이동 무선장치에 FM방식을 채용(FM방식, 3~40MHz)
- 1946년 : 최초의 차량전화 서비스(150MHz)
- 1947년 : 뉴욕~보스턴간의 도로 이동통신 서비스 개시(35~44MHz)
- 1955년 : 채널 용량이 11개인 이동통신 서비스(150MHz)
- 1956년 : 채널 용량이 12개인 이동통신 서비스(450MHz)
- 1962년 : UHF 셀룰러 이동통신 시스템 시범운용
- 1970년 : 차량전화의 주파수 대역으로 UHF TV 주파수대를 이용
- 1975년 : 셀개념의 셀룰러 이동통신 시스템 시범운용
- 1981년 : 셀룰러 이동통신의 시범 서비스 개시
- 1983년 : 셀룰러 이동통신의 사용 서비스 개시

(3) 한국의 이동통신 발전

- 1960년 : 서울 및 수도권의 정부기관에 수동 교환방식의 이동전화 공급
- 1973년 : 기계식 IMTS(Improved Mobile Telephone Service)교환방식을 사용

- **1975년** : 기계식 NMRS(New Mobile Radio System)을 도입

- **1976년** : 반전자식 IMTS 도입

- **1984년** : AMPS(American Radio Telephone Service)) 방식의 셀룰러 이동전화 시스템 도입(8000회선, 96개 무선채널, 10개 기지국)

- **1988년** : SK텔레콤이 공중 이동통신 사업자로 선정됨

- **1989년~현재** : 이동통신 가입자가 급속히 증가하는 추세

⑷ 무선계/유선계 통신방식의 통합 및 발전방향

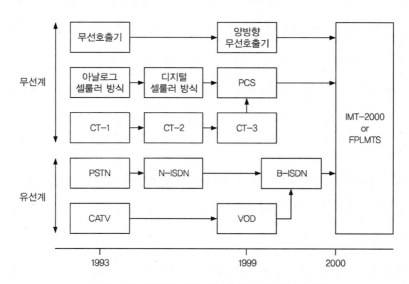

〈그림 6-1〉 무선계/유선계 통신방식의 통합 및 발전방향

⑸ 이동통신의 특성

- 주파수를 동적으로 할당한다.(통신 채널의 제어에 의하여 통신 단말기에 적절한 주파수를 할당한다.)

- 동적인 주파수 할당 때문에 발생하는 통신 단절 현상을 방지하기 위하여 통신 가능한 주파수 채널로 자동절환 시키는 기능이 필요하다.

- 셀을 제어하여 주파수를 재사용 한다. (대용량의 가입자를 수용할 수 있다.)

- 아날로그 및 디지털 셀룰러 방식은 800~900MHz 주파수대를 사용한다.

- 개인 휴대 통신(PCS : Personal Communication Services)은 1.7~1.8GHzs의 주파수대를 사용한다.

- IMT-2000은 1.8~2.2GHz의 주파수대를 사용한다.

(6) 이동통신 시스템의 기본구성

① 이동통신 단말기

- 셀룰러폰(Cellular Phone), 무선 호출기(Pager), 주파수 공용통신(TRS), 코드레스폰(Cordless Phone) 등 가입자의 무선 송수신 장치를 이동통신 단말기라 한다.

- 셀룰러폰은 반경 2~20km의 통화권을 가진 셀(Cell)로 구성된 소규모의 통신서비스 지역에 무선 기지국을 설치하여 통신서비스를 제공하는 이동통신 단말기이다.

- 무선 호출기는 148~174MHz와 450~468MHz의 주파수 대역을 사용하며 국제 무선 호출 암호로 POCSAG(Post Office Code Standardization Advisory Group)코드를 사용한다.

- 주파수 공용통신은 디지털 방식으로서 1개의 통화채널을 다수의 가입자가 사용할 수 있도록 시분할 다중화(TDMA)한 통신 방식이다.(아날로그 방식은 1개의 주파수 대역에 1개의 통화채널을 할당한다.)

- 코드레스폰은 가정용 무선전화기를 CT-1, 발신전용 무선전화기를 CT-2, 착발신 무선전화기를 CT-3로 구분한다. 최근에 코드레스폰의 출력을 대폭향상하여 셀의 반경이 200m에서 500m내외로 커졌다. 코드레스폰은 보행자 중심의 무선 휴대전화의 개념을 갖는 통신 서비스로서 요금이 저렴한 것이 특징이다.

② 기지국(BS : Base Station)

- 이동통신 단말기와 교환국간을 연결하는 무선 송수신기를 기지국이라 한다.

- 기지국의 주요기능

  - 이동통신 단말기와 교환국간의 발신·착신 신호 송출 기능

  - 통화채널 지정, 전환, 감시 기능

- 자기 진단 기능

- 이동통신 단말기의 위치확인 기능

- 이동통신 단말기로부터의 수신신호 세기 측정

③ 교환국(MSC : Mobile Switching Center)

- 이동통신 단말기와 일반 공중전화망(PSTN)간을 연결하거나 이동통신 단말기간의 호(Call)를 설정하기위한 제어의 모든 기능을 수행한다.

- **교환국의 주요기능**

    - 통화의 절체(Hand-off) 및 통화로 관리 기능

    - 통화료의 과금 및 호(Call)의 접속 교환 기능

    - 이동통신 단말기의 위치검출 및 등록 기능

    - 시스템의 운용을 위한 데이터 관리 및 제어 기능

(7) 트래픽(Traffic)

- 가입자가 통화를 위하여 발신한 호(Call)의 집합체를 트래픽이라 한다.

- 트래픽양 = 전화의 호수×평균 보류시간

- 단위시간내의 트래픽양을 트래픽 밀도라 한다.

- 가입자의 트래픽양은 계절, 월, 일, 시간마다 다르게 나타난다.

- 1일중 호가 가장 많이 발생한 1시간을 최번시라 한다.

- 최번시 집중율 = (최번시의 호수 / 1일당 총 호수)×100%

- 통화 성공율 = (통화 성공한 호수 / 발생한 총 호수)×100%

(8) 다중화 방식

① 주파수 분할 다중화(FDMA : Frequency Division Multiple Access)

- 아날로그 셀룰러 폰에 적용한 다중화 방식이다.

- 통신채널에 할당된 대역을 여러개로 분할하고, 분할한 주파수 대역사이에 25~30[kHz]의 가드밴드(Guard Band) 주파수를 설정하여 통신하는 방식이다.

- 통신에 사용하는 주파수 대역폭이 좁아 높은 다중화를 실현할 수 있다.

- 동기가 필요하지 않다.

- 통신채널간 간섭이 많다.

- 상호변조가 있어 왜곡에 약하다.

② 시분할 다중화(TDMA : Time Division Multiple Access)

- 일반공중통신망(PSTN)에 적용한 다중화 방식이다.

- 통신채널에 타임슬롯(Time Slot)을 적용하여 다중화하는 방식이다.

- FDMA는 하나의 반송파에 하나의 채널을 할당하는 반면, TDMA는 하나의 반송파에 여러 채널을 할당하는 통신방식이다.

- 동기가 필요하다.

- 통신채널간 간섭이 적다.

- 상호변조가 거의 없어 왜곡에 강하다.

③ 코드분할 다중화(CDMA : Code Division Multiple Access)

- 통신채널에 할당된 주파수에 FDMA를 적용하여 주파수 분할한후, 분할한 주파수 대역의 통신채널에 TDMA를 적용하는 FDMA + TDMA 혼합한 방식이다.

- 주파수 확산 스펙트럼 방식이라 한다.

- 각 가입자마다 PN(Pseudo Noise) 코드를 사용하기 때문에 비밀통신(비화통신)이 가능하다.

- 가입자를 수용할 수 있는 통신용량을 극대화 할 수 있다.

- 통신채널간 간섭이 거의 없어 통신품질이 좋다.

- 상호 간섭, 혼신, 왜곡 등이 거의 없다.

④ 다중화 방식의 비교

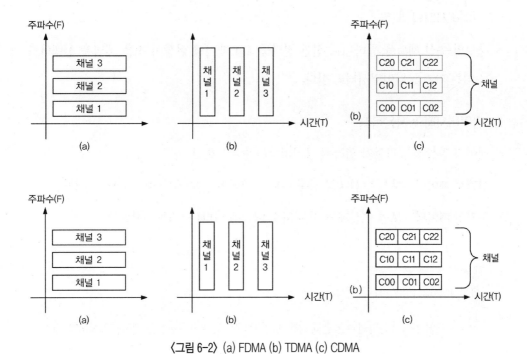

〈그림 6-2〉 (a) FDMA (b) TDMA (c) CDMA

〈표 6-1〉 TDMA, FDMA, CDMA의 장단점

항목/종류	장 점	단 점
TDMA	·통화 품질이 좋다. ·송수신기의 상호변조가 전혀 없다. ·가입자의 수용 용량이 비교적 크다. ·비화 통신에 적합하다.	·동기 기술이 필요하다. ·높은 송신전력을 필요로 한다. ·등화기가 사용됨으로 수신기 구조가 복잡하다.
FDMA	·동기 기술이 필요 없다. ·등화기가 필요 없어 수신기 구조가 간단하다. ·Access의 순서가 간단하다.	·통화 품질이 비교적 나쁘다. ·보호대역 설정으로 대역폭의 낭비가 있다. ·가입자의 수용 용량이 비교적 적다. ·기지국의 전력 소모가 크다. ·비화 통신이 어렵다.
CDMA	·통화 품질이 가장 좋다. ·가입자의 수용 용량이 가장 크다. ·채널간 간섭현상이 거의 없다. ·다경로 Fading은 다이버시티에 의하여 해결할 수 있다.	·광대역 주파수를 사용함으로 주파수 대역의 이용 효율이 좋지 않다. ·장치가 복잡하다. ·전력제어 및 동기 기술이 필요하다.

⑼ 다이버시티 및 등화기

① 다이버시티의 개념

- 다수의 수신 채널을 통하여 수신한 전파중에서 페이딩 현상이 적은 채널을 선택하도록 하는 기기를 다이버시티라 한다.

② 다이버시티의 사용목적

- 페이딩 현상을 방지하기 위하여 다이버시티를 사용한다.
- **선택성 페이딩** : 무선 수신계의 전송 주파수 대역의 일부에 나타나는 페이딩 현상
- **동기성 페이딩** : 무선 수신계의 전 주파수 대역에 나타나는 페이딩 현상

> **NOTE** 페이딩(Fading) 현상
>
> 무선 수신계에 있어서 전파의 수신 전계 강도가 시간적으로 변동하는 현상을 페이딩 현상이라 한다.

③ 다이버시티의 종류

- **공간 다이버시티** : 독립된 다수의 수신 안테나를 공간적으로 분리시켜 수신한 전파를 합성하여 사용한다.
- **주파수 다이버시티** : 사용하는 주파수에 따라 페이딩 현상이 달라지는 것을 이용한 방식으로 송수신기에서 사용하는 주파수 대역폭이 넓어지는 단점이 있다.
- **편파 다이버시티** : 수신 안테나의 편파각이 $90°$ 인 안테나를 이용한 방식이다.

④ 등화기의 개념

- 무선 송수신계에 있어서 전송 주파수에 발생하는 왜곡 및 간섭의 영향을 감쇄시켜주는 기기를 등화기라 한다.
- 시스템의 전달함수가 $H(f)$이고 등화기의 전달함수가 $H_{eq}(f)$이면 전체 전달함수는 $H_T(f)$는 다음과 같다.

$$H_T(f) = H(f)H_{eq}(f) = Ke^{-je\pi f}$$

$$H_{eq}(f) = \frac{Ke^{-je\pi f}}{H(f)} \quad (\text{k는 상수})$$

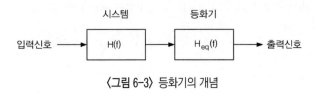

〈그림 6-3〉 등화기의 개념

⑩ 음성부호화 방식

① 파형부호화 방식(Waveform Coders)

- 유성음 혹은 무성음의 구분없이 음성파형을 부호화하여 음성신호를 복원하는 방식이다.

- SNR과 같은 객관적 평가에 유리하다.

- 높은 정보 전송율(16kbps이상)에서 양호한 음성신호를 복원할 수 있다.

- 파형부호화 방식에는 PCM(Pulse Code Modulation), DM(Delta Modulatin), DPCM(Differencial PCM), ADPCM(Adaptive PCM) 등이 있다.

② 보코더 방식(Vocoders)

- 유성음 혹은 무성음을 구분하여 각각의 특성에 맞는 특성 파라미터를 추출하고 특성 파라메터를 이용하여 음성신호를 재생하는 방식이다.

- 청각적인 음질평가 방법인 MOS(Mean Opinion Score)의 주관적 평가에 유리하다.

- 낮은 정보 전송율(8kbps이하)에서도 양호한 음성신호를 복원할 수 있다.

- LPC(Linear Predictive Coding), Channel 보코더, Format 보코더, Phase 보코더 등이 있다.

③ 혼성 부호화 방식

- 파형 부호화 방식과 보토더 방식을 혼합한 형태로서 보코더 방식으로 음성신호를 분석하여 음성의 특성을 제거하여 생성된 오차신호를 파형부호화 방식에 의하여 부호화하는 방식이다.

- RELP(Residual Exicted Linear Prediction), MPLPC(Multi-pulse LPC), CELP (Code Exicitied Linear Prediction), SELP(Sum Excited Linear Prediction), VSELP (Vector Sum Excited Linear Predictivon), RPE-LTP(Regular Pulse Excited Long Term Prediction), IMBE(Improved Multi-Band Excitation) 등이 있다.

6.2 셀룰러 이동통신

(1) 셀룰러 이동통신의 개념

- 통신 서비스 지역을 셀(Cell)로 분할한다.
- 전이중 통신방식(Full Duplex) 방식으로 2개 이상의 송수신 주파수를 사용한다.
- 셀간에 공간적으로 주파수를 재사용하여 한정된 주파수를 효율적으로 이용히기 때문에 가입자의 수용 용량을 극대화 할 수 있다.
- 아날로그 변조방식(진폭변조방식 : DSB 또는 SSB, 략변조방식 : FM 또는 PM)을 사용한다.
- 다중화방식으로 FDMA를 사용한다.
- 800~900[MHZ]대의 주파수를 사용한다.
- 미국의 AMPS(Advanced Mobile Phone System)방식이 셀룰러 이동통신의 모체이다.

> **NOTE** 셀(Cell)
>
> - 무선 기지국에서 통신 서비스를 제공하기 위한 단위지역을 셀(Cell)이라 한다.
> - 셀간의 이동중인 가입자의 통화상태를 지속적으로 유지 시키기 위하여 단말기의 이동에 따라 교환기가 통신채널을 제어하여 단말기를 적절한 주파수로 자동 전환시켜 주어야 한다.
> - 셀의 크기는 반경 수백[m]~1[km]이다.

(2) 셀룰러 이동통신의 발전

① 국외

- 1921년 : 디트로이트 경찰국의 Mobile Radio Service

- 1940년 : 경찰 무선 통신용에 FM방식 적용

- 1947년 : 셀룰러 이동통신 방식의 기본 개념을 정립(Bell Lab)

- 1964년 : UHF 셀룰러 시스템의 시범운용

- 1964년 : MTS(Mobile Telephone Service)개발

- 1975년 : AMPS(Advanced Mobile Phone Service)의 시범운용

- 1983년 : 셀룰러 이동통신의 상용 서비스 개시

② 국내

- 1984년 : 셀룰러 방식 도입(서울 : EMX-250, 제주 : IMTS)

- 1988년 : 휴대 전화 서비스 개시 (서울, 부산)

- 1989년 : 휴대 전화 확대 서비스(19개 도시)

- 1990년 : 전국 서비스망 확대(55개 도시)

- 1991년 : 전국 73개 시로 서비스망 확대

(3) 아날로그 셀룰러 이동통신 시스템

① 표준규격

- 세계 각국에서 사용되고 있는 아날로그 셀룰러 이동통신 시스템의 표준규격

〈표 6-2〉 아날로그 셀룰러 이동통신 시스템

사용지역	표준규격	이동국/기지국(MHz)	채널간격
한국, 북미	AMPS	824~849 / 869~894	30
일본	NTT JTACS / NTACS	925~940 / 870~885 915~925 / 860~870	25 / 6.25 25 / 12.5

사용지역	표준규격	이동국/기지국(MHz)	채널간격
유럽	TACS	890~915 / 935~960	25
	MNT450	453~457.5 / 463~467.5	25
	MNT900	890~915 / 935~960	12.5
영국	ETACS	872~905 / 917~950	25

AMPS : Advanced Mobile Phone System

TACS : Total Access Communication System

NMT : Nordic Mobile Telephone

② 아날로그 셀룰러 이동통신 시스템의 구성도

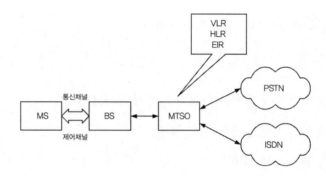

〈그림 6-4〉 아날로그 셀룰러 이동통신 시스템

- **MS(Mobile Station)** : 통신제어 채널을 통하여 BS에 채널할당을 요구하면 BS는 MTSO로부터 채널을 할당받아 통화가 가능하도록 한다.

- **BS(Base Station)** : MS와 MTSO의 통화접속, 단말기의 위치확인, 신호레벨 감시 등을 행한다.

- **MTSO(Mobile Telephone Switching Office)** : 이동통신 교환기로서 통화채널 할당, 통화채널 전환, 로밍, 인증기능, 과금처리 등의 역할을 수행한다. MTSO내부에는 VLR, HLR, EIR의 데이터 베이스가 포함되어 있다.

  - **VLR(Vistor Location Register)** : MTSO에 등록된 이동 단말기의 고유번호를 저장한 데이터 베이스

  - **HLR(Home Location Register)** : 이동 단말기에 부가기능 정보를 제공하기 위한 데이터 베이스

- EIR(Equipment Identification Register) : MTSO에 등록된 이동 단말기인지를 확인하는 데이터 베이스

(4) 디지털 셀룰러 이동통신 시스템

① 표준규격

- 세계 각국에서 사용되고 있는 디지털 셀룰러 이동통신 시스템의 표준규격

〈표 6-3〉 디지털 셀룰러 이동통신 시스템

사용지역	표준규격	전송률	대역폭	음성코딩	Duplexing	변조
미국	IS-54	48.6kb/s	30kHz	7.95kb/s VSELP	FDD	$\pi/4$ DQPSK
유럽	GSM	270.8kb/s	200kHz	13kb/s RPE-LTP	FDD	GMSK
	DECT	1.152Mb/s	1.728MHz	32kb/s ADPCM	TDD	GMSK
일본	PDC	42kb/s	30kHz	7.95kb/s VSELP	FDD	$\pi/4$ DQPSK
	PHS	384kb/s	300kHz	32kb/s ADPCM	TDD	$\pi/4$ DQPSK

PDC : Personal Digital Celluar

PHS : Personal Handyphone System

DECT : Digital European Cordless Telecommunications

② 디지털 셀룰러 이동통신 시스템의 구성도

- MS(Mobile Station) : 통신제어 채널을 통하여 BS에 채널할당을 요구하면 BS는 MSC로부터 채널을 할당받아 통화가 가능하도록 한다.
- BS(Base Station) : MS와 MSC의 통화접속, 단말기의 위치확인, 신호레벨 감시 등을 행한다.

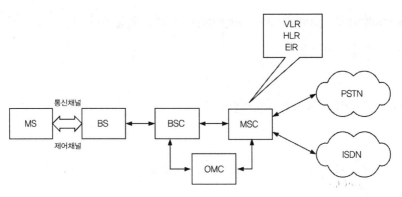

〈그림 6-5〉 디지털 셀룰러 이동통신 시스템

- MSC(Mobile Te Switching Center) : 디지털 이동통신 교환기로서 통화채널할당,통화채널전환, 로밍, 인증기능, 과금처리 등의 역할을 수행한다. MSC내부에 있는 VLR, HLR, EIR은 아날로그 셀룰러 시스템의 VLR, HLR, EIR과 같은 기능을 수행한다.

- OMC(Operation Management Center) : 이동통신망의 유지 및 보수, 부가기능의 서비스를 제공한다.

- BSC(Base Station Center) : 기지국의 관리 및 제어, 셀간의 Soft hand off를 수행한다.

6.3 개인 휴대 통신(PCS)

(1) 개인 휴대 통신(PCS : Personal Communication System)의 개념

- 1.7~1.8GHZ의 UHF대역 주파수를 사용한다.

- PCS 기지국의 셀 반경은 1km 정도이다.

- 13kbps의 음성부호화 방식을 사용한다.

- 데이터의 전송속도는 14.4kbps 이다.

- PCS의 형태로서 유럽은 PCN(Personal Communication Network), 일본은 PDC (Personal Digital Cellular)와 PHS(Personal Handy-phone System), 미국은 PCS-1900이 있다.

(2) 기존의 휴대폰과 PCS의 비교

〈표 6-4〉 기존의 휴대폰과 PCS의 비교

구분	PCS	기존의 휴대폰
사용 주파수	1.7~1.8GHZ	800~900MHz
셀 반경	1~2km	1~2km
음성부호화	13kbps QCELP	8kbps QCELP
데이터 전송속도	14.4kbps	9.6kbps
다중화 방식	CDMA	CDMA

(3) PCS의 동향

- 미국은 사용주파수를 1.8~1.9GHz로 제한하였을뿐 무선접속방식을 표준화하지 않아 GSM방식의 PCS-1900과 TDMA, CDMA방식을 혼용하여 사용하고 있다.

- 유럽에서는 GSM방식의 DCS-1800을 적용한 PCN방식을 사용하고 있다.

- 일본에서는 일본이 독자적으로 개발한 TDMA방식의 PHS를 사용하고 있으며, 현재 일본 DDI, IDO등 일부 업체에서 CDMA방식의 PCS를 채택하기로 결정하여 향후 TDMA와 CDMA PCS 시장의 경쟁이 치열해질 전망이다.

6.4 주파수 공용통신(TRS)

(1) 주파수 공용통신(TRS : Trunked Radio System)의 개념

- 무선 중계국에서 할당한 채널을 다수의 가입가가 공동으로 이용하는 이동통신 방식이다.

- 채널당 가입자수를 극대화 하기 위하여 통화시간은 1~3분으로 제한하고 있다.

- 시스템당 통신채널은 5~20채널 정도이며, 800MHz의 주파수 대역을 사용한다.

- 무선 중계국의 서비스 반경은 약20km이다.

- PTT(Press-To-Talk) 통신방식을 사용하고 있다.

- 이동국 상호간의 통화그룹 전체를 일시에 호출하거나, 통화그룹을 소그룹으로 분류하여 호출하거나 개별통신, 긴급통신 등의 서비스로 활용된다.

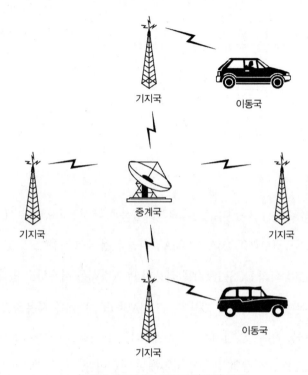

〈그림 6-6〉 주파수 공용통신(TRS) 방식

(2) TRS 통신채널 접속방법

- TRS 통신채널 접속방법에는 분산제어채널 방식과 전용제어채널 방식이 있다.
- **분산제어채널** : 각 단말기당 하나의 채널을 지정하여 음성과 데이터를 동시에 처리할 수 있다.
- **전용제어채널** : 제어채널과 통화채널로 구성되어 있다. 기지국당 한 개의 제어채널이 지정되어 있으며 나머지 채널은 모두 통화채널로 사용된다.
- **기지국과 단말기간의 통신절차**
  - 제어채널을 통하여 단말기는 기지국의 제어신호를 항시 감시한다.
  - 통화를 위하여 단말기의 PTT를 누른다. 단말기의 제어채널을 통하여 기지국에 통화

에 필요한 통화채널을 요구한다.

- 기지국은 제어채널을 통하여 사용할 수 있는 통화채널을 지정한다.

- 단말기의 송수신 주파수를 지정된 통화채널의 주파수에 맞춘다.

- 통화채널을 통하여 통화를 한다.

6.5 IMT-2000

(1) IMT-2000(International Mobile Telecommunication-2000)의 개념

- IMT-2000은 FPLMTS(Future Public Land Mobile Telecommunication System)의 약칭으로서 유무선 통신의 통합된 형태를 갖춘 미래형 개인 휴대통신 서비스이다.

- 음성, 영상, 데이터, 팩스 등의 서비스를 제공한다.

- PCS에 이은 차세대 이동 통신 시스템으로서 2000년초에 상용화 될 예정이다.

- 세계적으로 1885~2025MHz 및 2110~2200MHz의 통일된 주파수를 사용한다.

〈그림 6-6〉 이동통신 시스템의 발전단계

(2) IMT-2000의 목표

- 동일 단말기에 의한 국제 로밍 서비스를 제공한다.

- 음성, 영상, 데이터를 고품질로 서비스 한다.

- 지능망, PSTN, ISDN, 인터넷, 이동통신망과 접속을 가능하게 한다.

1. 다음 중 이동 통신의 특성이 잘못 기술된 것은?

  ⑦ 이동체의 이동에 의한 페이딩(fading)현상이 발생한다.

  ⑭ 다원 접속이 가능하다.

  ⑮ 통화량의 정도에 따라 주파수를 동적으로 할당하여 채널을 가변시킬 수 있다.

  ㉑ 주파수 대역이 넓어 무선 회선의 이용을 극대화하기 어렵다.

> 해설 이동 통신의 특징
> ① 무선회선의 이용을 극대화시킬 수 있다.
> ② 다원 접속이 가능하다.
> ③ 한정된 주파수 자원을 재활용할 수 있다.
> ④ 주파수 자동 전환(핸드 오프)하는 기능이 있다.
> ⑤ 이동체의 이동에 의한 페이딩(fading)현상이 발생한다.

2. 이동 통신 시스템의 기본 구성 요소에 대한 설명이 잘못된 것은?

  ⑦ cell site는 제어 및 신호기능 등을 수행함은 물론 이동 단말기와 교환 기지국(MTSO)간의 접속을 내장된 프로그램에 의해 지연 처리한다.

  ⑭ 이동전화 교환국은 각 기지국에서 발착신 되는 호를 처리하고 중앙통제 기능과 PSTN 교환기와 연결할 수 있는 기능 및 통화에 대한 과금 기능도 있다.

  ⑮ 가입자 단말기는 선택 신호의 다이얼링 전송과 제어 신호등을 시스템 명령에 의해 선택된 송신 레벨에 의해서 지정된 채널로 선택한다.

  ㉑ 기지국과 이동전화 교환국간의 음성신호 전송을 위해서는 고정된 통화회선과 data link를 사용한다.

3. 이동 통신에서 사용되는 무선 전화 단말기에 해당되지 않는 것은?

  ⑦ 차량 전화   ⑭ 무선 호출기

  ⑮ 휴대전화   ㉑ 이동 전화 기지국

정답 1. ㉑   2. ⑦   3. ㉑

4. 다음 중 이동 통신의 특징을 잘못 설명한 것은?

㉮ 주파수를 동적으로 할당한다.

㉯ 셀을 제어하여 주파수를 재사용 한다.

㉰ 통신 가능한 주파수 채널로 자동절환 시키는 기능이 필요 없다.

㉱ 아날로그 및 디지털 셀룰러 방식은 800~900MHz 주파수대를 사용한다.

> 해설 이동 통신 시스템에서는 동적인 주파수 할당 때문에 발생하는 통신 단절 현상을 방지하기 위하여 통신 가능한 주파수 채널로 자동절환 시키는 기능이 필요하다.

5. 셀룰러 이동전화 시스템의 기본 구성요소에 해당되지 않는 것은?

㉮ MTSO   ㉯ 망 제어장치

㉰ 이동전화 단말기   ㉱ 무선 기지국

> 해설 셀룰러 이동전화 시스템의 기본 구성요소
>
> ① 이동전화 교환국(MTSO : Mobile Telephone Switching Office) : 각 기지국에서 착발신되는 호를 처리하고, 모든 기지국이 효율적으로 운용될 수 있도록 하는 중앙 통제기능과 공중전화망의 교환기와 연결할 수 있는 기능을 갖는다.
> ② 무선기지국 : 단말기와 이동전화 교환국을 연결하는 기능을 갖고 있으며, 전원장치, 제어장치, 데이터 터미널, 기지국 무선송수신기, 안테나 등으로 구성되어 있다.
> ③ 이동 전화 단말기 : 무선송수신기, 제어장치, 안테나로 구성되어 있다.

6. 다음 중 이동 통신 시스템에서 무선 교환국의 주요 기능이 아닌 것은?

㉮ 핸드 오프(hand off)기능   ㉯ 발착신 신호 송출 기능

㉰ 위치 검출 및 등록기능   ㉱ 과금 및 통계 데이터의 저장기능

정답   4. ㉰   5. ㉯   ㅋ6. ㉯

7. 이동 통신 시스템에서 전환기능(hand off)을 옳게 설명한 것은?

㉮ 통화중 이동 가입자가 인접 기지국으로 이동시에 채널을 자동으로 전환하는 기능

㉯ 한 서비스 지역 내에서 다수의 이동 가입자가 동시에 통화할 수 있는 기능

㉰ 자동 우회 기능 및 통화량의 자동 차단 기능

㉱ 등록된 지역 이외의 가입 구역에서 통화를 가능하게 하는 기능

해설 통화중 이동 가입자가 인접 기지국으로 이동시에 이동 단말기의 주파수가 자동으로 새로운 기지국의 주파수로 변경되어 통화가 단절되는 것을 방지하는 기능이다.

8. 이동 통신 시스템의 기본구성에 해당하지 않는 것은?

㉮ 이동 통신 단말기   ㉯ 기지국

㉰ 교환국   ㉱ PSTN

해설 이동 통신 시스템의 기본구성 : ① 이동 통신 단말기, ② 기지국, ③ 교환국

9. 이동 통신 시스템에서 서비스 지역 내의 통화 용량을 증가시키는 방법이 아닌 것은?

㉮ 동적 주파수를 할당한다.   ㉯ 소규모 셀(cell)을 구성한다.

㉰ 기지국의 채널을 감소시킨다.   ㉱ 추가 주파수 스펙트럼을 사용한다.

해설 이동 통신 시스템에서 통화 용량을 증가시키는 방법

    ① 소규모 셀(cell)을 구성한다.   ② 동적 주파수를 할당한다.

    ③ 기지국의 채널을 증가시킨다.   ④ 추가 주파수 스펙트럼을 사용한다.

10. 다음 중 이동 통신 단말기에 대한 설명으로 잘못된 것은?

㉮ 셀룰러폰은 반경 2~20km의 통화권을 가진 셀(Cell)로 구성된 소규모의 통신서비스 지역에 무선 기지국을 설치하여 통신서비스를 제공하는 이동통신 단말기이다.

㉯ 무선 호출기는 148~174MHz와 450~468MHz의 주파수 대역을 사용한다.

정답 7. ㉮   8. ㉱   9. ㉰   10. ㉯

ⓒ 주파수 공용통신은 디지털 방식으로서 2개의 통화채널을 다수의 가입자가 사용할 수 있도록 시분할 다중화(TDMA)한 통신 방식이다.

ⓓ 코드레스폰은 가정용 무선전화기를 CT-1, 발신전용 무선전화기를 CT-2, 착발신 무선전화기를 CT-3로 구분한다.

> 해설 주파수 공용통신은 디지털 방식으로서 1개의 통화채널을 다수의 가입자가 사용할 수 있도록 시분할 다중화(TDMA)한 통신 방식이다.

11. 이동 통신 시스템에서 로밍(roaming)서비스를 옳게 설명한 것은?

ⓐ 서비스 지역 내에 편파 다이버시티를 설치한다.

ⓑ 등록된 지역 이외의 구역에서 통화를 가능하게 하는 서비스이다.

ⓒ 주파수 재사용 지역을 증가시켜 동시에 많은 가입자가 통화할 수 있게 하는 서비스이다.

ⓓ 작은 신호도 수신할 수 있도록 하는 서비스이다.

> 해설 상호 동일한 방식의 시스템을 사용할 경우, 가입 서비스 지역 이외의 지역에서 통화 서비스를 받을 수 있는 서비스를 말한다.

12. 다음 중 이동 통신 시스템에서 기지국의 기능에 해당하지 않는 것은?

ⓐ 이동 통신 단말기와 교환국간의 발신·착신 신호 송출 기능

ⓑ 통화채널 지정, 전환, 감시 기능

ⓒ 통화료의 과금 및 호(Call)의 접속 교환 기능

ⓓ 이동통신 단말기의 위치확인 기능

> 해설 이동 통신 시스템에서 기지국의 기능
>
> ① 이동통신 단말기와 교환국간의 발신·착신 신호 송출 기능
>
> ② 통화채널 지정, 전환, 감시 기능
>
> ③ 자기 진단 기능
>
> ④ 이동통신 단말기의 위치확인 기능
>
> ⑤ 이동통신 단말기로부터의 수신신호 세기 측정

정답 11. ⓑ   12. ⓒ

13. 다음 중 이동 통신 시스템에서 교환국의 기능에 해당하지 않는 것은?

㉮ 통화채널 지정, 전환, 감시 기능

㉯ 통화의 절체(Hand-off) 및 통화로 관리 기능

㉰ 통화료의 과금 및 호(Call)의 접속 교환 기능

㉱ 시스템의 운용을 위한 데이터 관리 및 제어 기능

> 해설 이동 통신 시스템에서 교환국의 기능
> ① 통화의 절체(Hand-off) 및 통화로 관리 기능
> ② 통화료의 과금 및 호(Call)의 접속 교환 기능
> ③ 이동통신 단말기의 위치검출 및 등록 기능
> ④ 시스템의 운용을 위한 데이터 관리 및 제어 기능

14. 우리 나라의 셀룰러 이동 통신과 관계가 없는 것은?

㉮ 채널간 주파수 간격은 30[kHz]이다. ㉯ 데이터 전송속도는 10[kbps]이다.

㉰ AMPS 방식 ㉱ AM 변조 방식

> 해설 우리 나라에서 사용하고 있는 아날로그 셀룰러 이동 통신은 미국의 AMPS방식을 사용하고 있으며 다음과 같은 특징을 갖고 있다.
> ① 사용 주파수대 : 이동 단말기 : 825~845[MHz], 기지국 : 870~890[MHz]
> ② 무선채널 : 송수신 간격 : 45[MHz], 채널 간격 : 30[kHz]
> ③ 변조방식(음성) : 협대역 FM
> ④ 제어 신호 : 변조 방식=FSK, 전송 속도=10[kbps]
> ⑤ 기지국의 서비스 반경 : 2~15[km]

15. 다음 중 이동 통신 시스템에서 트래픽(traffic)에 대한 설명으로 잘못된 것은?

㉮ 가입자가 통화를 위하여 발신한 호(Call)의 집합체를 트래픽이라 한다.

㉯ 트래픽양 = 전화의 호수 × 평균 보류시간

㉰ 단위시간내의 트래픽양을 트래픽 밀도라 한다.

㉱ 1일중 호가 가장 많이 발생한 3시간을 최번시라 한다.

정답 13. ㉮　　　14. ㉱　　　15. ㉱

해설 이동 통신 시스템의 트래픽(traffic)

① 가입자가 통화를 위하여 발신한 호(Call)의 집합체를 트래픽이라 한다.

② 트래픽양=전화의 호수×평균 보류시간

③ 단위시간 내의 트래픽양을 트래픽 밀도라 한다.

④ 1일중 호가 가장 많이 발생한 1시간을 최번시라 한다.

⑤ 최번시 집중율=(최번시의 호수 / 1일당 총 호수) × 100%

⑥ 통화 성공율=(통화 성공한 호수 / 발생한 총 호수) × 100%

16. 이동 통신 시스템에서 트래픽양을 옳게 나타낸 것은?

㉮ 트래픽양 = 전화의 호수+평균 보류시간

㉯ 트래픽양 = 전화의 호수 - 평균 보류시간

㉰ 트래픽양 = 전화의 호수×평균 보류시간

㉱ 트래픽양 = 전화의 호수/평균 보류시간

17. 이동 통신 시스템에서 통화 성공률을 옳게 나타낸 식은?

㉮ 통화 성공율=(통화 성공한 호수 + 발생한 총 호수) × 100%

㉯ 통화 성공율=(통화 성공한 호수 - 발생한 총 호수) × 100%

㉰ 통화 성공율=(통화 성공한 호수 ×발생한 총 호수) × 100%

㉱ 통화 성공율=(통화 성공한 호수 / 발생한 총 호수) × 100%

18. 육상 이동 통신에서 사용하는 MCA(multi channel access)시스템의 설명으로 잘못된 것은?

㉮ 통신 방식은 단신 방식이다.   ㉯ 160[MHz]대의 주파수를 사용한다.

㉰ 서비스 반경이 20~30[km]로 넓다.   ㉱ 전파 채널을 공동으로 이용한다.

해설 MCA 시스템은 800[MHz]대의 주파수를 사용한다.

정답 16. ㉰   17. ㉱   18. ㉯

19. 육상 이동 통신에 사용되는 MCA 방식의 설명으로 잘못된 것은?

㉮ 160[MHz]대의 주파수를 사용한다.

㉯ 통신 방식은 단신 방식이다.

㉰ 서비스 반경이 20~30[km]로 넓다.

㉱ 통화 시간을 제한하는 시스템이다.

> 해설 MCA(Multi Channel Access) 시스템의 특성
> ① 채널 간격을 보다 협대역으로 할 수 있다.
> ② 통화 시간을 제한하게 되는 시스템이다.
> ③ 서비스 지역이 반경 20~30[km]로 넓다.
> ④ 통화 폭주시 예약 등록이 가능하다.
> ⑤ 각종 데이터 전송이나 화상 등의 전송도 가능하다.
> ⑥ 다수의 가입자가 일정 주파수 채널을 공동으로 사용하는 방식
> ⑦ 셀룰러 이동 통신 시스템에 비해 설비도 간단하고 사용 요금도 저렴하다.

20. 이동 통신 시스템의 다중화 장치인 주파수 분할 다중화(FDMA)에 대한 설명으로 잘못된 것은?

㉮ 아날로그 셀룰러 폰에 적용한 다중화 방식이다.

㉯ 동기가 필요하지 않다.

㉰ 통신채널간 간섭이 적다.

㉱ 상호변조가 있어 왜곡에 약하다.

21. 이동 통신 시스템의 다중화 장치인 시분할 다중화(TDMA)에 대한 설명으로 잘못된 것은?

㉮ 일반공중통신망(PSTN)에 적용한 다중화 방식이다.

㉯ 통신채널에 타임슬롯(Time Slot)을 적용하여 다중화하는 방식이다.

㉰ 하나의 반송파에 하나의 채널을 할당한다.

㉱ 동기가 필요하다.

> 해설 FDMA는 하나의 반송파에 하나의 채널을 할당하는 반면, TDMA는 하나의 반송파에 여러 채널을 할
> 당하는 통신방식이다.

정답	19. ㉮	20. ㉰	21. ㉯

22. 우리 나라의 이동 통신 중 MCA 호출 방식에 할당된 주파수는?

    ㉮ 300[MHz]   ㉯ 450[MHz]

    ㉰ 800[MHz]   ㉱ 1.6[GHz]

23. 이동 통신 시스템의 다중화 장치인 코드분할 다중화(CDMA)에 대한 설명으로 잘못된 것은?

    ㉮ 통신채널에 할당된 주파수에 FDMA를 적용하여 주파수 분할한 후, 분할한 주파수 대역
의 통신채널에 TDMA를 적용하는 FDMA + TDMA 혼합한 방식이다.

    ㉯ 상호 간섭, 혼신, 왜곡 등의 있다.

    ㉰ 각 가입자마다 PN(Pseudo Noise) 코드를 사용하기 때문에 비밀통신(비화통신)이 가능
하다.

    ㉱ 가입자를 수용할 수 있는 통신용량을 극대화 할 수 있다.

> **해설** 코드분할 다중화(CDMA)은 통신 채널간의 상호 간섭, 혼신, 왜곡 등이 거의 없다.

항목/종류	장점	단점
TDMA	• 통화 품질이 좋다. • 송수신기의 상호변조가 전혀 없다. • 가입자의 수용 용량이 비교적 크다. • 비화 통신에 적합하다.	• 동기 기술이 필요하다. • 높은 송신전력을 필요로 한다. • 등화기가 사용됨으로 수신기 구조가 복잡하다.
FDMA	• 동기 기술이 필요 없다. • 등화기가 필요 없어 수신기 구조가 간단하다. • Access의 순서가 간단하다.	• 통화 품질이 비교적 나쁘다. • 보호대역 설정으로 대역폭의 낭비가 있다. • 가입자의 수용 용량이 비교적 적다. • 기지국의 전력 소모가 크다. • 비화 통신이 어렵다.
CDMA	• 통화 품질이 가장 좋다. • 가입자의 수용 용량이 가장 크다. • 채널간 간섭현상이 거의 없다. • 다경로 Fading은 다이버시티에 의하여 해결할 수 있다.	• 광대역 주파수를 사용함으로 주파수 대역의 이용 효율이 좋지 않다. • 장치가 복잡하다. • 전력제어 및 동기 기술이 필요하다.

정답   22. ㉮   23. ㉯

연습문제

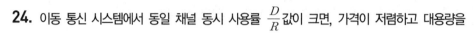

24. 이동 통신 시스템에서 동일 채널 동시 사용률 $\dfrac{D}{R}$ 값이 크면, 가격이 저렴하고 대용량을 갖는다. 이 특성을 옳게 나타낸 식은?

(단, D : cell site간의 거리, R : cell의 반경, N : cell수)

㉮ $\dfrac{D}{R} = \sqrt{2N}$　　　　　　　　　　㉯ $\dfrac{D}{R} = \sqrt{3N}$

㉰ $\dfrac{D}{R} = \sqrt{4N}$　　　　　　　　　　㉱ $\dfrac{D}{R} = \sqrt{5N}$

25. 이동 통신 시스템에서 다이버시티를 사용하는 이유를 옳게 설명한 것은?

㉮ 수신 감도를 높이기 위하여　　　　㉯ 전원 전압의 변동을 방지 하기 위하여

㉰ 페이딩 현상을 방지하기 위하여　　㉱ 송신 전력을 높이기 위하여

26. 페이딩(fading) 현상을 옳게 설명한 것은?

㉮ 전원 전압이 시각적으로 변동하는 현상

㉯ 전파의 전 주파수 대역에서 왜곡이 발생하는 현상

㉰ 인접 채널간에 상호 간섭이 일어나는 현상

㉱ 전파의 수신 전계 강도가 시간적으로 변동하는 현상

27. 무선 수신계의 전송 주파수 대역의 일부에 나타나는 페이딩 현상을 무엇이라 하는가?

㉮ 독립성 페이딩　　　　　　　　　　㉯ 선택성 페이딩

㉰ 물리적 페이딩　　　　　　　　　　㉱ 동기성 페이딩

> **해설** 페이딩의 종류
>
> ① 선택성 페이딩 : 무선 수신계의 전송 주파수 대역의 일부에 나타나는 페이딩 현상
>
> ② 동기성 페이딩 : 무선 수신계의 전 주파수 대역에 나타나는 페이딩 현상

정답 24. ㉯　　　　25. ㉰　　　　26. ㉱　　　　27. ㉯

28. 다이버시티의 종류에 해당하지 않는 것은?

    ㉮ 코드 다이버시티   ㉯ 공간 다이버시티

    ㉰ 주파수 다이버시티   ㉱ 편파 다이버시티

> **해설** 다이버시티의 종류
> ① 공간 다이버시티 : 독립된 다수의 수신 안테나를 공간적으로 분리시켜 수신한 전파를 합성하여 사용한다.
> ② 주파수 다이버시티 : 사용하는 주파수에 따라 페이딩 현상이 달라지는 것을 이용한 방식으로 송수신기에서 사용하는 주파수 대역폭이 넓어지는 단점이 있다.
> ③ 편파 다이버시티 : 수신 안테나의 편파각이 $90°$ 인 안테나를 이용한 방식이다.

29. 이동 통신 시스템에서 등화기를 사용하는 이유를 옳게 설명한 것은?

    ㉮ 인접 채널간에 상호 간섭이 줄이기 위하여

    ㉯ 전파의 수신 전계 강도가 시간적으로 변동하는 것을 방지하기 위하여

    ㉰ 전송 주파수에 발생하는 왜곡 및 간섭의 영향을 감쇄시키기 위하여

    ㉱ 전원 전압의 변동을 줄이기 위하여

30. 셀룰러 이동통신 시스템에서 사용하는 방식은?

    ㉮ half-duplex   ㉯ full-duplex

    ㉰ simplex   ㉱ multi-carrier

정답   28. ㉮   29. ㉰   30. ㉯

연습문제

31. 아날로그 셀룰러 이동 통신 시스템에서 블록(a)에 들어갈 장치는?

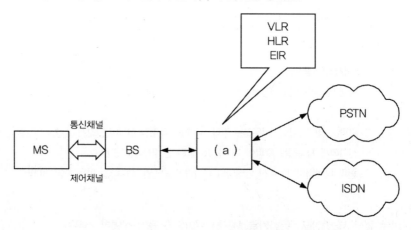

㉮ MUX   ㉯ SMSC

㉰ MTSO   ㉱ 채널 제어기

> **해설** 아날로그 셀룰러 이동 통신 시스템의 구성
>
> ① MS(Mobile Station) : 통신제어 채널을 통하여 BS에 채널할당을 요구하면 BS는 MTSO로부터 채널을 할당받아 통화가 가능하도록 한다.
>
> ② BS(Base Station) : MS와 MTSO의 통화접속, 단말기의 위치확인, 신호레벨 감시등을 행한다.
>
> ③ MTSO(Mobile Telephone Switching Office) : 이동통신 교환기로서 통화채널 할당, 통화채널 전환, 로밍, 인증기능, 과금처리 등의 역할을 수행한다. MTSO내부에는 VLR, HLR, EIR의 데이터 베이스가 포함되어 있다.

32. 아날로그 셀룰러 이동 통신 시스템의 교환국을 무엇이라 하는가?

㉮ MTSO   ㉯ BS

㉰ MS   ㉱ MSC

정답 31. ㉰   32. ㉮

33. 아날로그 셀룰러 이동 통신 시스템에서 MTSO에 등록된 이동 단말기의 고유번호를 저장한 데이터 베이스를 무엇이라 하는가?

㉮ MS   ㉯ VLR

㉰ HLR   ㉱ EIR

> **해설** MTSO내부의 데이터 베이스
> ① VLR(Vistor Location Register) : MTSO에 등록된 이동 단말기의 고유번호를 저장한 데이터 베이스
> ② HLR(Home Location Register) : 이동 단말기에 부가기능 정보를 제공하기 위한 데이터 베이스
> ③ EIR(Equipment Identification Register) : MTSO에 등록된 이동 단말기인지를 확인하는 데이터 베이스

34. 이동 통신 시스템에서 기지국(CS)에 대한 설명으로 틀린 것은?

㉮ 신호 레벨 감시 장치와 set-up 무선 장치로 구성되어 제어 및 신호 기능 등을 수행한다.

㉯ 송수신기, 안테나, 제어 부분으로 구성되어 있다.

㉰ 공중 전화망(PSTN)과 이동 통신망을 접속하여 주는 업무를 수행한다.

㉱ 무선 교환국과 이동국간을 연결시켜주는 업무를 수행한다.

35. 다음의 이동 통신 시스템의 구성에서 존(zone)을 옳게 설명한 것은?

㉮ 하나의 무선 교환국이 담당하는 트래픽 범위

㉯ 이동 통신 시스템이 제공할 수 있는 서비스 범위

㉰ 일반 전화망과의 로밍 서비스 지역

㉱ 하나의 무선 기지국이 담당하는 무선 구역

정답   33. ㉯   34. ㉰   35. ㉱

연습문제

36. 디지털 셀룰러 이동 통신 시스템에서 블록 (a), (b), (c)에 들어갈 장치는?

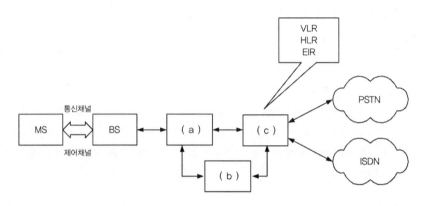

㉮ (a) BSC, (b) OMC, (c) MSC ㉯ (a) OMC, (b) BSC, (c) MSC
㉰ (a) OMC, (b) MSC, (c) BSC ㉱ (a) MSC, (b) OMC, (c) BSC

> **해설** ① MS(Mobile Station) : 통신제어 채널을 통하여 BS에 채널할당을 요구하면 BS는 MSC로부터 채널을 할당받아 통화가 가능하도록 한다.
>
> ② BS(Base Station) : MS와 MSC의 통화접속, 단말기의 위치확인, 신호레벨 감시등을 행한다.
>
> ③ MSC(Mobile Te Switching Center) : 디지털 이동 통신 교환기로서 통화채널 할당, 통화채널 전환, 로밍, 인증기능, 과금처리 등의 역할을 수행한다. MSC내부에 있는 VLR, HLR, EIR은 아날로 그 셀룰러 시스템의 VLR, HLR, EIR과 같은 기능을 수행한다.
>
> ④ OMC(Operation Management Center) : 이동통신망의 유지 및 보수, 부가기능의 서비스를 제공한다.
>
> ⑤ BSC(Base Station Center) : 기지국의 관리 및 제어, 셀간의 Soft hand off를 수행한다.

37. 셀룰러 이동 통신 시스템에서 핸드오프(hand-off)를 옳게 설명한 것은?

㉮ 통화 도중에 다른 지역으로 이동시 통화가 끊어지는 것을 말한다.

㉯ 가입자가 인접 기지국으로 이동할 때 인접 기지국의 주파수 채널을 자동으로 감지하여 자동 전환을 한다.

㉰ 이동 전화 단말기와 기지국간의 통화 종료를 의미한다.

㉱ MTSO와 cell site 간의 정보 전송 속도의 변경을 의미한다.

정답 36. ㉮ 37. ㉯

38. 기지국의 관리 및 제어, 셀간의 핸드오프(hand-off)를 수행하는 곳은?

㉮ MSC   ㉯ BS   ㉰ BSC   ㉱ OMC

39. 디지털 셀룰러 이동 통신 시스템의 교환기를 무엇이라 하는가?

㉮ BSC   ㉯ BS   ㉰ MSC   ㉱ VLR

40. 유럽 GSM 시스템의 음성 부호화 방식의 표준으로 사용되고 있는 것은?

㉮ GMSK   ㉯ RELP   ㉰ SELP   ㉱ CELP

41. ITU에서 3세대 이동 통신용 음성 부호화 방식의 표준으로 확정된 방식은?

㉮ VSELP   ㉯ QSELP   ㉰ RPE-LTP   ㉱ CS-ACELP

해설 세계 각국의 음성 부호화 표준안 채택 현황

① 한국, 미국 : CDMA에 근거한 QCELP(Qualcomm Code Excited Linear Prediction)을 채택
② 북미, 일본 : VSELP(Vector Sum Excited Linear Prediction)을 채택
③ 유럽 : TDMA에 근거한 RPE-LTP(Regular Pulse Excite-Long Term Prediction)을 채택
④ CS-ACELP(Conjugate Structure Algebraic CELP)

사용지역	표준규격	전송률	대역폭	음성코딩	Duplexing	변조
미국	IS-54	48.6kb/s	30kHz	7.95kb/s VSELP	FDD	π/4 DQPSK
유럽	GSM	270.8kb/s	200kHz	13kb/s RPE-LTP	FDD	GMSK
	DECT	1.152Mb/s	1.728MHz	32kb/s ADPCM	TDD	GMSK
일본	PDC	42kb/s	30kHz	7.95kb/s VSELP	FDD	π/4 DQPSK
	PHS	384kb/s	300kHz	32kb/s ADPCM	TDD	π/4 DQPSK

정답 38. ㉰   39. ㉰   40. ㉮   41. ㉱

42. 아날로그 셀룰러 이동 통신 시스템의 다자간 접속방식으로 사용되는 것은?

㉮ TDMA   ㉯ FDMA

㉰ CDMA   ㉱ SDMA

43. 디지털 셀룰러 이동 통신 시스템의 다자간 접속방식으로 사용되는 것은?

㉮ TDMA   ㉯ FDMA

㉰ CDMA   ㉱ SDMA

44. 다음 중 개인 휴대 통신(PCS : Personal Communication System)에 대한 설명으로 잘못된 것은?

㉮ 800~900MHZ의 주파수를 사용한다.

㉯ 13kbps의 음성부호화 방식을 사용한다.

㉰ 데이터의 전송속도는 14.4kbps이다.

㉱ PCS 기지국의 셀 반경은 1km 정도이다.

해설 개인 휴대 통신(PCS)에서는 1.7~1.8GHZ의 UHF대역 주파수를 사용한다.

구분	PCS	기존의 휴대폰
사용 주파수	1.7~1.8GHZ	800~900MHz
셀 반경	1~2km	1~2km
음성부호화	13kbps QCELP	8kbps QCELP
데이터 전송속도	14.4kbps	9.6kbps
다중화 방식	CDMA	CDMA

정답   42. ㉯   43. ㉰   44. ㉱

45. 다음 중 주파수 공용통신(TRS : Trunked Radio System)에 대한 설명으로 잘못된 것은?

㉮ 무선 중계국에서 할당한 채널을 다수의 가입가가 공동으로 이용하는 이동통신 방식이다.

㉯ 시스템당 통신채널은 5~20채널 정도이며, 1.6GHz의 주파수 대역을 사용한다.

㉰ 무선 중계국의 서비스 반경은 약20km이다.

㉱ PTT(Press-To-Talk) 통신방식을 사용하고 있다.

> 해설 **주파수 공용통신(TRS : Trunked Radio System)의 개념**
> ① 무선 중계국에서 할당한 채널을 다수의 가입가가 공동으로 이용하는 이동통신 방식이다.
> ② 채널당 가입자수를 극대화 하기 위하여 통화시간은 1~3분으로 제한하고 있다.
> ③ 시스템당 통신채널은 5~20채널 정도이며, 800MHz의 주파수 대역을 사용한다.
> ④ 무선 중계국의 서비스 반경은 약 20km이다.
> ⑤ PTT(Press-To-Talk) 통신방식을 사용하고 있다.

46. 이동 통신 단말기의 이동에 따라 수신신호 주파수가 변하는 현상을 무엇이라 하는가?

㉮ 채널 간섭 현상   ㉯ 지역 확산 현상

㉰ 도플러 현상   ㉱ 페이딩 현상

> 해설 **이동 통신에서 나타나는 현상**
> ① 도플러 현상 : 이동체의 움직임에 따라 수신된 주파수가 변하는 현상으로 900[MHz]를 사용하는 이동체가 고속으로 이동할 때 도플러 변이는 대략 ~100[Hz]이다.
> ② 페이딩 현상 : 전파의 전송 과정에서 전파의 회절이나 반사등에 의하여 수신신호간에 상호 간섭을 일으켜 수신신호의 레벨이 변동(20~30[dB])하는 것을 말한다.
> ③ 채널 간섭 현상 : 셀룰러(cellular)방식에서는 주파수를 재사용하기 때문에 인접 채널간의 간섭이 일어날 수 있다.
> ④ 지역 확산 현상 : 길이가 다른 다중 경로 전파 현상으로 신호가 수신기에 도달되는 시간의 차이 때문에 생기는 현상이다.
> ⑤ 수신 전력 감쇠 현상 : 자유공간에서는 전파신호의 수신전력이송수신거리의 자승의 관계로 감쇠하지만 도심지역에서는 일반적으로 감쇠률이 거리의 3승~4승에 비례한다.

47. 이동 통신 시스템에서 산, 언덕 등과 같은 지형 때문에 발생하는 페이딩은?

㉮ rician 페이딩　　　　　　　　　　㉯ short term 페이딩

㉰ 편파성 페이딩　　　　　　　　　　㉱ long term 페이딩

48. 도심 지역에서 가장 문제가 되는 페이딩 현상은?

㉮ rician 페이딩　　　　　　　　　　㉯ short term 페이딩

㉰ 편파성 페이딩　　　　　　　　　　㉱ long term 페이딩

49. ITU-T에서 규정한 미래 공중 육상 이동 통신 시스템의 명칭은?

㉮ cellular　　　　　　　　　　　　　㉯ PCS

㉰ CT-3　　　　　　　　　　　　　　㉱ IMT-2000

50. 다음 중 IMT-2000에 대한 설명으로 잘못된 것은?

㉮ IMT-2000은 FPLMTS(Future Public Land Mobile Telecommunication System)의
약칭이다.

㉯ PCS에 이은 차세대 이동 통신 시스템으로서 2000년초에 상용화 될 예정이다.

㉰ 세계적으로 800~900[MHz]의 통일된 주파수를 사용한다.

㉱ 음성, 영상, 데이터, 팩스 등의 서비스를 제공한다.

> 해설　IMT-2000은 세계적으로 1885~2025MHz 및 2110~2200MHz의 통일된 주파수를 사용한다.

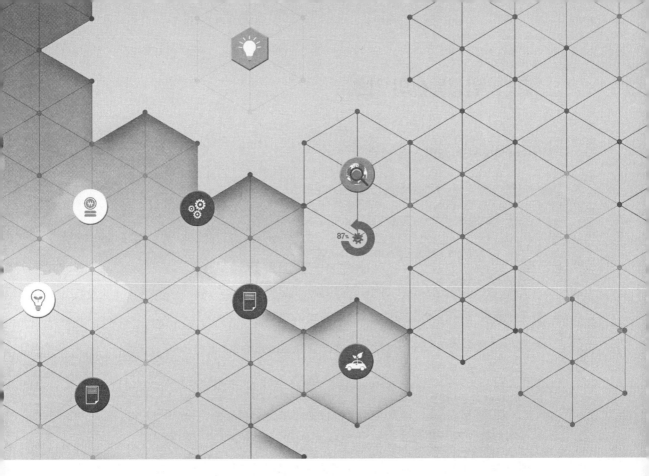

CHAPTER 7

위성통신기기

7.1 위성통신의 기초

(1) 위성통신의 서비스의 분류

- 고정 위성(FSS : Fixed Satellite Service)

- 방송 위성(BSS : Broadcasting Satellite Service)

- 이동 위성(MSS : Mobile Satellite Service)

- 지상 위성(MSS : Meteordogical Satellite Service)

- 지구탐지 위성(EESS : Earth Exploration Satellite Service)

- 무성 항행 위성(RNSS : Radio Navigational Satellite Service)

(2) 위성통신의 특징

- 통신위성은 지구의 적도 상공 35,800km의 정지궤도상에 위치한다.

- 광대역(4~8GHz, 12.5~18GHz) 주파수를 사용하여 통신 및 방송서비스를 제공한다.

- 광대역 주파수를 사용함으로 대용량의 신호를 고속으로 전송할 수 있다.

- 광범위한 지역을 하나의 위성으로 커버할 수 있다.

- 음성, 영상, 데이터 등 다원접속이 가능하다.

(3) 위성통신의 주파수 대역

〈표 7-1〉위성통신의 주파수 대역

밴드	주파수 대역	하향 주파수 (위성 → 지구)상향	상향 주파수 (지구 → 위성)	활용분야
L/S	1.5~1.6GHz	1.5GHz	1.6GHz	셀룰러폰
C	4~6GHz	4GHz	6GHz	통신 및 방송
X	7~8GHz	7GHz	8GHz	군사위성
Ku	12~14GHz	12GHz	14GHz	통신 및 방송
Ka	20~30GHz	20GHz	30GHz	초고속 통신

 상향 주파수가 하향 주파수 보다 높은 이유

- 자유공간에서 주파수의 전파간섭을 방지하기 위하여 상향 주파수와 하양 주파수를 다르게 설정하였다.
- 자유공간에서의 전파손실($(4\pi d/\lambda)^2$)은 파장이 짧으면 손실이 커짐으로 이를 보상하기 위하여 전력레벨을 높여야 하는데 지구국이 위성보다 전력공급이 용이하기 때문에 지구국에서 발사하는 주파수를 높게 설정한 것이다.

(4) 위성통신의 종류

① 랜덤 위성(Randdom Sagellite)

- 수백km~수천km 궤도에 있는 수 시간 주기의 위성과 통신을 하는 위성

- 안정적인 통신망을 확보하기 위해서는 많은 위성이 필요하다.

- 지구국과 위성이 서로 마주 보고 있는 시간에만 통신이 가능하다.

② 위상 위성(Phased Satellite)

- 극지방의 궤도에 위성을 띄워 지구 전체의 기상 관측용등으로 사용하는 위성

- 수십개의 위성을 순차적으로 접속하여 통신하는 방식

③ 정지 위성(Geostationay Satellite)

• 35,800km의 상공에 지구와 공전 주기를 같이하는 위성을 사용하여 통신하는 방식

• 위성의 공전주기와 지구의 자전주기가 같아 위성은 정지된 것 처럼 보인다.

• 3개의 위성으로 전 세계 통신망을 확보할 수 있다.

⑸ 위성통신의 형태

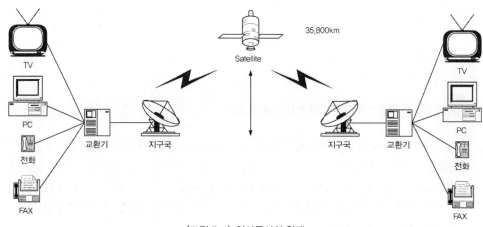

〈그림 7-1〉 위성통신의 형태

⑹ 위성통신의 장단점

① 장점

• 대용량의 통신이 가능하다.

• 다원접속이 가능하다.

• 통신비용을 절감할 수 있다.

② 단점

• 신호의 전송시간이 지연된다.

• 비화통신을 보장받지 못한다.

• 고장의 경우 수리가 어렵다.

• 기후에 많은 영향을 받는다.

⑺ 위성통신의 기술적 제원

① 위성통신 영역

- 위성의 고도(h)와 지구국 안테나의 통신가능 최저 앙각(θ)의 함수로 나타낸다.

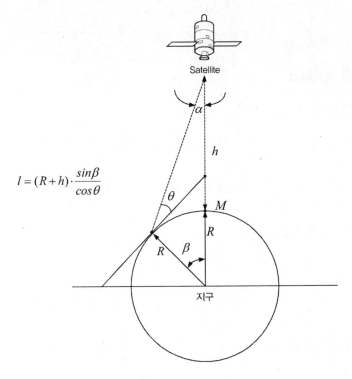

$$l = (R+h) \cdot \frac{\sin\beta}{\cos\theta}$$

〈그림 7-2〉 지구와 위성의 위치도

$$\frac{R}{R+h} = \frac{\cos(\theta+\beta)}{\cos\theta}$$

R : 지구반경, β : 커버리지의 중심각

② 통신거리

$$l = (R+h) \cdot \frac{\sin\beta}{\cos\theta}$$

R : 지구반경, β : 커버리지의 중심각, θ : 안테나의 최소 앙각

③ 전송 지연시간

$$T= \frac{2l}{c}= \frac{2(R+h)}{c} \cdot \frac{\sin\beta}{\cos\theta}$$

$$c : 빛의 속도 \ 3 \times 10^8$$

④ 위성통신의 파라메터

• 안테나의 이득

$$G= 10\log(\eta\frac{\pi^2 d^2}{\lambda^2})$$

η : 안테나 효율(0.5~0.6), d : 안테나의 직경, λ : 파장

• 자유공간 전송로의 손실

$$L= (\frac{4\pi d}{\lambda})^2$$

λ : 전파의 파장, d : 위성과 지구국간의 거리

• 반송파 전력대 잡음비(C/N)

$$C/N= 10\log_{10}\frac{방송전력}{잡음전력}[dB]$$

• 실요 등방성 복사 전력(EIRP : Effective Isotropic Radiated Power)

$$EIRP= P+ G_T[dBW]$$

P : 송신 출력[dBW], G_T : 송신 안테나의 이득[dB]

• 위성 성능지수(EE)

$$EE= G_R- T[dB/K^\circ]$$

G_R : 수신 안테나의 이득[dB], T : 수신기의 잡음온도[K°]

7.2 위성 통신의 시스템

(1) 위성 통신 시스템의 구성

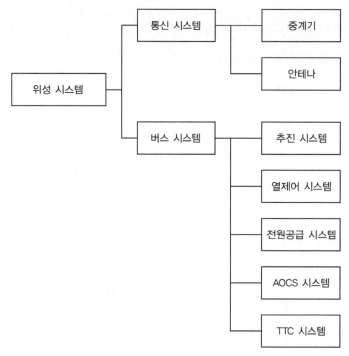

〈그림 7-3〉 위성 시스템

① 통신 시스템

• **중계기**(Transponder)

　- 신호를 수신한 후 주파수 변환하여 재송신하는 역할을 담당한다.

　- 수신부, 주파수 변환부, 송신부로 구성되어 있다.

• **안테나**(Antenna) : 신호의 송수신 기능을 담당한다.

② 버스 시스템

• **추진 시스템**(Propulsion Subsystem) : 위성 발사시에 자세변동시 궤도 위치

• **열제어 시스템**(Thermal Control Subsystem) : 위성에 사용된 전자부품의 열적 안정
　을 담당

- **전원 공급 시스템(Electric Power Supply Subsystem)** : 위성의 전자장치에 필요한 전력을 공급

- **자세 궤도 제어 시스템(AOCS : Altitude and Orbit Control Subsystem)** : 위성의 궤도상 위치 및 자세 제어를 담당

- **TTC(Telemetry Tracking and Command) 시스템**

    - 위성의 상태를 보고하는 텔레메트리 신호 송신

    - 위성 관제소로 부터의 명령신호 수신

(2) 위성 안테나

- **글로벌 안테나(Global Antenna)** : 원추형의 안테나로서 넓은 지역을 커버하는 빔을 만드는데 사용한다.

- **파라볼라 안테나(Parabola Antenna)** : 반구 Beam 안테나, Zone Beam 안테나, Spot Beam 안테나가 있으며 좁은 지역을 커버하는 빔을 만드는데 사용한다.

- **무지향성 안테나** : 명령 및 텔레메트리 데이터의 송신을 위하여 사용한다.

- **헬리컬 안테나(Helical Antenna)** : 낮은 주파수대에서 사용한다.

- **비컨 안테나(Becon Antenna)** : 주파수 대역이 좁은 지향성 안테나이다.

(3) 위성 중계기(Transponder)

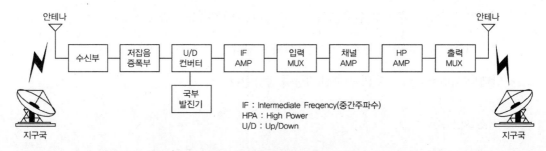

〈그림 7-4〉 위성 중계기의 시스템 블록도

- **수신부** : 수신된 전파중에서 불필요한 주파수를 제거하는 기능을 갖는다.

- **저잡음 증폭부(LNA : Low Noise Amplifier)** : 수신된 미약한 전파를 검출하기 위하여 사용 된다.

- **U/D컨버터(Up/Down Converter)** : Up Link 주파수(상향 주파수)를 Down Link 주파수(하향 주파수)로 변환하는 장치이다.

- **입력MUX** : BPF(Band Pass Filter)를 사용해서 정해진 채널 주파수를 통과시키는 역할을 한다.

- **채널 AMP** : 진행파관 증폭기(TWTA : Travelling Wave Tube Amplifier)에 적합한 출력으로 증폭시키는 역할을 한다.

- **HP AMP** : 소비 전력은 크지만 광대역 특성을 갖고 있는 HP AMP로 TWTA 증폭가 사용된다.

- **출력 MUX** : 고조파 필터를 사용하여 HP AMP의 출력 신호를 결합하는 회로이다.

7.3 위성 통신의 지구국

(1) 지구국의 종류

- **표준 A 지구국** : 사용주파수대(6/4GHz), 안테나 지름(15~17m)

- **표준 B 지구국** : 사용주파수대(6/4GHz), 안테나 지름(11~14m)

- **표준 C 지구국** : 사용주파수대(14/12GHz), 안테나 지름(11m이하)

- **표준 D 지구국** : 사용주파수대(6/4GHz), 안테나 지름(45m,11m)

- **표준 E 지구국** : 사용주파수대(14/12GHz), 안테나 지름(3.5~10m)

- **표준 F 지구국** : 사용주파수대(6/4GHz), 안테나 지름(4.5~10m)

- **기타 표준 지구국** : 이외에 표준 지구국으로 G, Z 지구국이 있다.

(2) 지구국의 기본구성

- **안테나계** : 고이득, 저잡음, 광대역 특성을 갖춘 안테나를 사용한다.

  - 파라볼라(Parabola)형, 카세그레인형, 어레이형

- **저잡음 수신기(저잡음 증폭기)** : 미약한 신호를 수신하기 위하여 저잡음 증폭기(LNA : Low Noise Amplifier)를 사용한다.

- **송수신 주파수 변환장치** : 마이크로웨이브와 중간주파수와의 주파수 변환을 위하여 필요한 장치

- **변복조 장치** : 신호의 변조 및 복조에 필요한 장치

- **감시제어 장치** : 지구국의 상태를 감시하고 제어하는 장치

- **고출력 송신기(대전력 증폭기)** : 100W~1kW의 높은 출력 전력을 얻기 위하여 대전력 증폭기(HPA : High Power Amplifier)로서 진행파관(TWT : Travelling Wave Tube)나 클라이스트론 등을 사용한다.

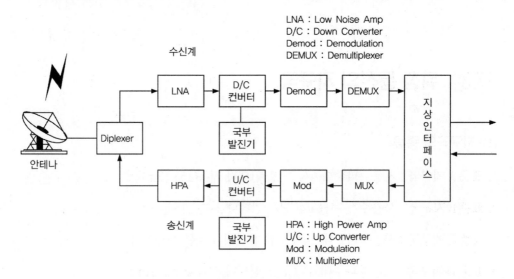

〈그림 7-5〉 지구국의 기본구성

(3) 지구국의 위성 안테나

- **파라볼라 안테나(Parabola Antenna)** : 극초단파의 통신 레이더에 주로 사용한다.

- **혼 안테나(Horn Antenna)** : 고이득, 고효율, 광대역용으로 주로 사용한다.

- **카세그레인 안테나(Cassegrain Antenna)** : 표준 A 지구국의 위성 안테나로 가장 많이 사용한다.

  - 이득 : $G = \eta (\frac{\pi D}{\lambda})^2$ D : 안테나의 직경, λ : 파장, η : 안테나 성능지수

  - 성능지수 : 40.7dB

⑷ 추미방식

- 지구국의 안테나로 정지궤도상의 통신위성을 자동으로 추적하여 안테나가 항상 통신위성을 향하도록 하는 장치
- **자기 추미 방식** : 위성체에서 발신하는 신호를 수신하여 안테나를 추미시키는 방식
  - 로빙(Roving) 방식 : 안테나의 빔(beam)을 움직여서 위성체의 발신 신호를 검출하는 방식
  - 모노펄스(Mono-pulse)방식 : 안테나의 빔(beam)을 고정시켜서 위성체의 발신 신호를 검출하는 방식
- **프로그램 제어 방식** : 공전하는 위성체의 위성궤도를 예측하여 안테나를 추미 시키는 방식

1. 다음 중 위성 통신의 특징이 아닌 것은?

㉮ SHF 주파수를 사용한다.　　　　　　㉯ 전송 오류율이 감소한다.

㉰ 고품질의 협대역 통신이 가능하다.　　㉱ 통신용량이 크다.

> 해설 위성통신의 특징
>
> ① 통신 범위가 넓다.　　　　　　　⑤ 하나의 위성으로 전국을 커버할 수 있다.
> ② 다원 접속이 가능하다.　　　　　⑥ 광대역 통신과 데이터의 고속 전송이 가능하다.
> ③ 이중 통신에 적합하다.　　　　　⑦ 전송 지연이 발생한다.
> ④ 회선 설정과 변경이 용이하다.

2. 다음 중 위성 통신에 대하여 잘못 설명한 것은?

㉮ 원거리 통신에는 SHF 주파수대를 이용한다.

㉯ 위성통신 시스템은 다중화 장비를 사용할 수 없다.

㉰ 마이크로웨이브 통신방식에서 사용하는 주파수대로 가시거리 통신이 특징이다.

㉱ 지구의 정지궤도에 떠 있는 통신위성이 중계소 역할을 한다.

3. 다음 중 위성 통신의 특성이 아닌 것은?

㉮ 고속 대용량의 통신에는 융통성이 적다.

㉯ 광대역 주파수를 사용함으로 대용량의 신호를 고속으로 전송할 수 있다.

㉰ 음성, 영상, 데이터 등 다원접속이 가능하다.

㉱ 회선 설정과 회선 수 변경이 용이하나 전송 지연이 크다.

4. 다음 중 현재 위성 통신에서 저잡음 증폭기로 많이 사용하고 있는 것은?

㉮ Gascode　　　　　　　　　　　㉯ Maser

㉰ Magnetron　　　　　　　　　　㉱ GaAsFET

> 해설 위성으로부터 미약한 전파를 검출하기 위해서 예전에는 파라메트릭 증폭기(parametrinc amplifier)를
> 사용하였으나 최근에는 GaAsFET를 많이 사용하고 있다.

정답 1. ㉰　　　2. ㉯　　　3. ㉮　　　4. ㉱

5. 다음 중 위성통신의 종류에 해당하지 않는 것은?

㉮ 랜덤(random) 위성 통신　　　　㉯ 위상 위성 통신

㉰ 정지 위성 통신　　　　　　　　㉱ 이동 위성 통신

　해설　위성통신의 종류 : ① 랜덤(random) 위성 통신, ② 위상 위성 통신, ③ 정지 위성 통신

6. 다음 중 위성통신의 종류에 속하지 않는 것은?

㉮ 다중 위성 통신　　　　　　　　㉯ 랜덤 위성 통신

㉰ 위상 위성 통신　　　　　　　　㉱ 정지 위성 통신

7. 다음 중 위성을 궤도의 높이에 따라 구분할 때 정지 위성에 속하는 궤도는?

㉮ 저고도　　　　　　　　　　　　㉯ 동기 궤도

㉰ 중고도　　　　　　　　　　　　㉱ 상고도

8. 수백km~수천km 궤도에 있는 수 시간 주기의 위성과 통신을 하는 위성으로 지구국과 위성이 서로 마주 보고 있는 시간에만 통신이 가능한 위성 통신은?

㉮ 다중 위성 통신　　　　　　　　㉯ 랜덤 위성 통신

㉰ 위상 위성 통신　　　　　　　　㉱ 정지 위성 통신

9. 다음 중 수십개의 위성을 순차적으로 접속하여 통신하는 방식은?

㉮ 다중 위성 통신　　　　　　　　㉯ 랜덤 위성 통신

㉰ 위상 위성 통신　　　　　　　　㉱ 정지 위성 통신

정답　5. ㉱　　　6. ㉮　　　7. ㉯　　　8. ㉯　　　9. ㉰

10. 다음 중 35,800km의 상공에 지구와 공전 주기를 같이하는 위성을 사용하고 3개의 위성으로 전 세계 통신망을 확보할 수 있는 위성 통신 방식은?

㉮ 다중 위성 통신   ㉯ 랜덤 위성 통신

㉰ 위상 위성 통신   ㉱ 정지 위성 통신

11. 다음 중 위성 통신의 장점에 해당하지 않는 것은?

㉮ 대용량의 통신이 가능하다.   ㉯ 다원접속이 가능하다.

㉰ 기후에 많은 영향을 받지 않는다.   ㉱ 통신비용을 절감할 수 있다.

12. 다음 중 위성 통신의 단점에 해당하지 않는 것은?

㉮ 신호의 전송시간이 지연된다.   ㉯ 비화통신을 보장받지 못한다.

㉰ 다원접속이 어렵다.   ㉱ 기후에 많은 영향을 받는다.

> 해설 위성 통신의 장단점
>
> (1) 장점
>
> ① 대용량의 통신이 가능하다.   ② 다원접속이 가능하다.
>
> ③ 통신비용을 절감할 수 있다.
>
> (2) 단점
>
> ① 신호의 전송시간이 지연된다.   ② 비화통신을 보장받지 못한다.
>
> ③ 고장의 경우 수리가 어렵다.   ④ 기후에 많은 영향을 받는다.

13. 위성의 정지궤도에 대한 설명으로 옳지 않은 것은?

㉮ 적도에서 약 36,000[km]의 고도를 일정하게 유지한다.

㉯ 지구에서 바라볼 때 위성의 위치가 계속 변한다.

㉰ 마이크로파 통신 시스템의 중계역할을 한다.

㉱ 지구의 자전과 같은 방향과 주기로 지구 주위를 회전한다.

정답   10. ㉱   11. ㉰   12. ㉰   13. ㉯

14. 위성 통신의 서비스의 종류가 아닌 것은?

㉮ 고정위성 서비스   ㉯ 방송위성 서비스

㉰ 이동위성 서비스   ㉱ 화상정보 서비스

15. 지구국의 전송 방식으로 고속의 데이터 전송이 가능한 방식은?

㉮ TDMA 방식   ㉯ FDMA 방식

㉰ ASK 방식   ㉱ FSK 방식

16. 정지 궤도에 있는 위성은 지구 표면의 몇[%]를 커버할 수 있는가?

㉮ 10.6[%]   ㉯ 21.2[%]

㉰ 42.4[%]   ㉱ 84.8[%]

17. 안테나의 잡음 증가 및 페이딩의 영향 등을 고려하여 지구국 안테나의 최소 앙각 θ는 몇도로 하는가?

㉮ 5°   ㉯ 10°

㉰ 15°   ㉱ 20°

18. 위성통신에서 지구와 위성간의 통신 거리를 옳게 나타낸 것은?(단, R : 지구반경, h : 위성의 고도, β : 커버리지의 중심각, θ : 안테나의 최소 앙각)

㉮ $l = (R+h) \cdot \dfrac{\cos\theta}{\sin\beta}$ ㉯ $l = (R+h) \cdot \dfrac{\sin\beta}{\cos\theta}$

㉰ $l = h \cdot \dfrac{\cos\theta}{\sin\beta}$ ㉱ $l = h \cdot \dfrac{\sin\beta}{\cos\theta}$

정답   14. ㉱   15. ㉮   16. ㉰   17. ㉮   18. ㉯

19. 위성 통신 영역에서 위성의 고도(h)와 지구국 안테나의 통신가능 최저 앙각(θ)의 함수의 관계를 옳게 나타낸 것은?(단, R : 지구반경, β : 커버리지의 중심각)

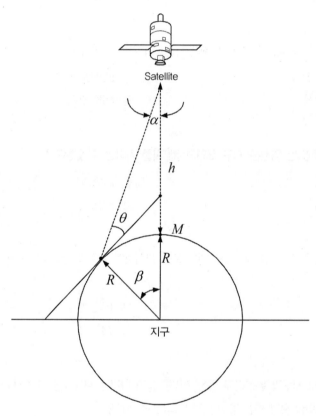

㉮ $\dfrac{R}{R+h} = \dfrac{\sin\theta}{\cos(\theta+\beta)}$　　　　㉯ $\dfrac{R}{R+h} = \dfrac{\cos(\theta+\beta)}{\sin\theta}$

㉰ $\dfrac{R}{R+h} = \dfrac{\cos\theta}{\cos(\theta+\beta)}$　　　　㉱ $\dfrac{R}{R+h} = \dfrac{\cos(\theta+\beta)}{\cos\theta}$

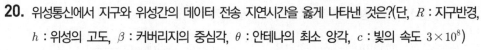

20. 위성통신에서 지구와 위성간의 데이터 전송 지연시간을 옳게 나타낸 것은?(단, R : 지구반경, h : 위성의 고도, β : 커버리지의 중심각, θ : 안테나의 최소 앙각, c : 빛의 속도 3×10^8)

㉮ $T = \dfrac{2(R+h)}{c} \cdot \dfrac{\cos\theta}{\sin\beta}$

㉯ $T = c(R+h) \cdot \dfrac{\cos\theta}{\sin\beta}$

㉰ $T = \dfrac{2(R+h)}{c} \cdot \dfrac{\sin\beta}{\cos\theta}$

㉱ $T = 2c(R+h) \cdot \dfrac{\cos\theta}{\sin\beta}$

21. 지구에서 발사된 전파가 정지궤도 위성을 거쳐 다시 지구에 되돌아오는데 걸리는 전파 지연 시간은?

㉮ 최소 238[ms], 최대 278[ms]

㉯ 최소 476[ms], 최대 556[ms]

㉰ 최소 952[ms], 최대 1,112[ms]

㉱ 최소 1,904[ms], 최대 2,224[ms]

22. 위성 통신의 파라메타인 안테나 이득을 옳게 나타낸 것은?(단, η : 안테나 효율(0.5~0.6), d : 안테나의 직경, λ : 파장)

㉮ $G = 10\log(\eta \dfrac{\pi^2 d^2}{\lambda^2})$

㉯ $G = 10\log(\dfrac{\eta \pi d}{\lambda})$

㉰ $G = 10\log(\eta \dfrac{\lambda^2}{\pi^2 d^2})$

㉱ $G = 10\log(\dfrac{\lambda}{\eta \pi d})$

23. 위성 통신에서 자유공간 전송로의 손실을 옳게 나타낸 것은?(단, λ : 전파의 파장, d : 위성과 지구국간의 거리)

㉮ $L = \dfrac{4\pi d}{\lambda^2}$

㉯ $L = \dfrac{4\pi d}{\lambda}$

㉰ $L = (\dfrac{4\pi d}{\lambda})^2$

㉱ $L = \dfrac{(4\pi d)^2}{\lambda}$

정답   20. ㉰   21. ㉮   22. ㉮   23. ㉰

24. 위성 통신에서 반송파 전력대 잡음비(C/N)를 옳게 나타낸 것은?

㉮ $C/N = 10\log10\left(\dfrac{방송전력}{잡음전력}\right)^2 [dB]$

㉯ $C/N = 10\log10\dfrac{방송전력}{잡음전력} [dB]$

㉰ $C/N = 20\log10\left(\dfrac{방송전력}{잡음전력}\right)^2 [dB]$

㉱ $C/N = 20\log10\dfrac{방송전력}{잡음전력} [dB]$

25. 위성 통신에서 실효 등방성 복사 전력(EIRP : Effective Isotropic Radiated Power)을 옳게 나타낸 것은?(단, P : 송신 출력[dBW], G_T : 송신 안테나의 이득[dB])

㉮ $EIRP = P \times G_T [dBW]$

㉯ $EIRP = P/G_T [dBW]$

㉰ $EIRP = P - G_T [dBW]$

㉱ $EIRP = P + G_T [dBW]$

26. 위성 통신에서 위성의 성능지수(EE)를 옳게 나타낸 것은?(단, G_R : 수신 안테나의 이득[dB], T : 수신기의 잡음온도[K°])

㉮ $EE = G_R + T [dB/K^\circ]$

㉯ $EE = G_R - T [dB/K^\circ]$

㉰ $EE = G_R \times T [dB/K^\circ]$

㉱ $EE = G_R/T [dB/K^\circ]$

27. 위성체 구성부 중 텔레메트릭 명령계의 기능에 해당되지 않는 것은?

㉮ 주파수 변환

㉯ 빔(beam) 중심 조정

㉰ 위치 제어, 자세 제어

㉱ 정상 기능 검사

28. 다음 중 위성통신에서 가장 많이 사용하는 주파수는?

㉮ 1[GHz], 1.5[GHz]

㉯ 2[GHz], 3[GHz]

㉰ 4[GHz], 6[GHz]

㉱ 8[GHz], 12[GHz]

정답 24. ㉯   25. ㉱   26. ㉯   27. ㉮   28. ㉰

29. 다음 중 위성 통신 지구국의 기본적인 구성이 아닌 것은?

㉮ 인터페이스   ㉯ 자세 제어계

㉰ 송수신계   ㉱ 안테나계

> 해설   위성 지구국의 기본 구성
>
> ① 전원계, ② 감시 제어계, ③ 인터페이스계, ④ 변복조계, ⑤ 송수신계, ⑥ 안테나계

30. 위성 통신에 사용하는 안테나의 종류가 아닌 것은?

㉮ 파라볼라 안테나(Parabola Antenna)   ㉯ 헬리컬 안테나(Helical Antenna)

㉰ 비컨 안테나(Becon Antenna)   ㉱ 루프 안테나(Loop Antenna)

31. 파라볼라(parabolla) 안테나의 특징을 잘못 설명한 것은?

㉮ 지향성과 이득은 방사점 위치에 관계 없다.

㉯ 접속 작용은 주파수에 무관하다.

㉰ 비교적 구조가 간단하다.

㉱ 지향성이 예민하다.

> 해설   파라볼라 안테나의 구경과 초점 거리(방사점)에 의해 안테나의 지향성이 결정된다.

32. 위성 통신 시스템의 구성에 속하지 않는 것은?

㉮ 전력 공급계   ㉯ 추진 명령계

㉰ 자세 궤도 제어계   ㉱ 텔레메트리계

33. 통신 위성의 자체(space segment)의 구성요소가 아닌 것은?

㉮ 주파수 분할 멀티 플렉싱 변환기   ㉯ 전력 공급부

㉰ 변환기부(transponder)   ㉱ 안테나부

> 해설   주파수 분할 멀티 플렉싱 변환기는 위성의 지구국 장비이다. 위성은 변환기부, 전력 공급부, 안테나부
> 로 구성되어 있다.

정답   29. ㉯   30. ㉱   31. ㉮   32. ㉯   33. ㉮

34. 위성 중계기의 구성 요소에 해당하지 않는 것은?

   ㉮ 수신부   ㉯ 안테나부

   ㉰ 주파수 변환부   ㉱ 신호 증폭부

> 해설   위성 중계기의 구성 : ① 수신부, ② 신호 증폭부, ③ 주파수 변환부, ④ 송신부

35. 위성을 목적에 따라 분류할 때 그 종류에 속하지 않는 것은?

   ㉮ 천체 탐사용 위성   ㉯ 기상 관측용 위성

   ㉰ 전리층 비컨(beacon)위성   ㉱ 전자파 차단용 위성

> 해설   위성에는 천제 탐사용 위성, 지구 관측용 위성, 과학연구 위성, 군사 위성 등이 있다.

36. 위성 통신 시스템에서 신호를 수신하여 주파수 변환한 후 재송신하는 장치는?

   ㉮ 안테나 시스템   ㉯ 자세 궤도 제어 시스템

   ㉰ 트랜스폰더   ㉱ 전원 공급 시스템

37. 다음 중 위성에 장착하는 안테나와 거리가 먼 것은?

   ㉮ 파라볼라 안테나   ㉯ 글로벌 안테나

   ㉰ 헬리컬 안테나   ㉱ 카세그레인 안테나

> 해설   **위성 통신의 안테나**
>
> ① 글로벌 안테나(Global Antenna) : 원추형의 안테나로서 넓은 지역을 커버하는 빔을 만드는데 사용한다.
> ② 파라볼라 안테나(Parabola Antenna) : 반구 Beam 안테나, Zone Beam 안테나, Spot Beam 안테나가 있으며 좁은 지역을 커버하는 빔을 만드는데 사용한다.
> ③ 무지향성 안테나 : 명령 및 텔레메트리 데이터의 송신을 위하여 사용한다.
> ④ 헬리컬 안테나(Helical Antenna) : 낮은 주파수대에서 사용한다.
> ⑤ 비컨 안테나(Becon Antenna) : 주파수 대역이 좁은 지향성 안테나이다.

정답   34. ㉯   35. ㉱   36. ㉰   37. ㉱

38. 위성 중계기의 구성 중 신호 증폭부에 주로 사용되는 증폭기는?

㉮ TWTA
㉯ TDA
㉰ 마그네트론(Magnetron)
㉱ 클라이스트론(Klystron)

> **해설** TWTA는 소비 전력이 많은 대산 광대역 특성을 가지고 있기 때문에 주로 위성 중계기의 신호 증폭기로 사용된다.

39. 다음의 위성 중계기의 시스템 블록도의 (a), (b), (c)에 들어갈 장치는?

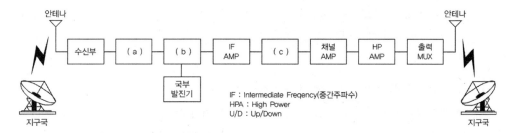

㉮ (a) 저잡음 증폭부, (b) U/D컨버터, (c) 입력MUX

㉯ (a) 입력MUX, (b) 저잡음 증폭부, (c) U/D컨버터

㉰ (a) U/D컨버터, (b) 입력MUX, (c) 저잡음 증폭부

㉱ (a) 입력MUX, (b) U/D컨버터, (c) 저잡음 증폭부

> **해설** 위성 중계기의 시스템
>
> ① 수신부 : 수신된 전파중에서 불필요한 주파수를 제거하는 기능을 갖는다.
>
> ② 저잡음 증폭부(LNA : Low Noise Amplifier) : 수신된 미약한 전파를 검출한다.
>
> ③ U/D컨버터(Up/Down Converter) : Up Link 주파수(상향 주파수)를 Down Link 주파수(하향 주파수)로 변환하는 장치이다.
>
> ④ 입력MUX : BPF(Band Pass Filter)로 정해진 채널 주파수를 통과시키는 역할을 한다.
>
> ⑤ 채널 AMP : 진행파관 증폭기(TWTA : Travelling Wave Tube Amplifier)에 적합한 출력으로 증폭시키는 역할을 한다.
>
> ⑥ HP AMP : 소비 전력은 크지만 광대역 특성을 갖고 있는 HP AMP로 TWTA 증폭가 사용된다.
>
> ⑦ 출력 MUX : 고조파 필터를 사용하여 HP AMP의 출력 신호를 결합하는 회로이다.

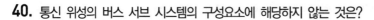

연습문제

40. 통신 위성의 버스 서브 시스템의 구성요소에 해당하지 않는 것은?

㉮ 제어계

㉯ 구동계

㉰ 전원계

㉱ 텔레메트리 커멘드(telemetry command)계

> 해설 **통신 위성의 구성**
> ① 통신계와 안테나계 : 지상으로 부터의 전파를 수신하고 증폭한 후에 다시 지상으로 송신하는 장치
> ② 텔레메트리 커멘드(telemetry command)계 : 위성내의 각종 장치의 동작과 관계되는 장치
> ③ 제어계 : 위성의 자세, 궤도 등을 제어하기 위한 장치
> ④ 전원계 : 여러 장치에 필요한 전력을 공급

41. 위성의 버스 서브 시스템에 속하지 않는 것은?

㉮ 자세 제어계   ㉯ 전력계

㉰ 트랜스폰더   ㉱ 텔리메트리 명령계

> 해설 위성은 payload와 bus-sub 시스템으로 구성되어 있다.
> ① payload 시스템 : 트랜스폰더(transponder), 안테나
> ② bus-sub 시스템 : 전력계, 텔리메트리 명령계(자세제어)

42. 위성 네트워크 구성시에 기본 구성 장비와 거리가 먼 것은?

㉮ 통신망 관리센터   ㉯ 통신망 프로세서

㉰ 집선 장치   ㉱ 통신망 이용센터

> 해설 위성 네트워크 구성시 통신망 제어 프로세서 및 통신망 관리센터, Terminal/Host간의 집선장치가 필요하다.

정답   40. ㉯   41. ㉰   42. ㉱

43. 다음 중 텔리메트리 명령계의 기능에 해당하지 않는 것은?

㉮ 빔 중심 제어 ㉯ 정상 기능 점검

㉰ 위치 제어, 자세 제어 ㉱ 온도 제어

> 해설 텔리메트리 명령계의 기능
>
> ① 위치 제어, 자세 제어
> ② 빔 중심 제어
> ③ 정상 기능 점검
> ④ 위성 일식을 대비한 축전지의 충전
> ⑤ 부품 고장시 지상에서의 복구 조치 기능
> ⑥ 고장을 대비한 예비용 장비와의 절체 기능

44. 위성 통신에서 사용하는 다중 접속 방식이 아닌 것은?

㉮ TDMA ㉯ FDMA

㉰ CSMA ㉱ SSMA

> 해설 위성 통신에서 사용하는 다중 접속 방식
>
> ① TDMA(Time Division Multiple Access)
> ② FDMA(Frequency Division Multiple Access)
> ③ CDMA(Code Division Multiple Access), SSMA(Spread Spectrum Multiple Access)

45. 주로 위성을 감시하고 제어하는 서브 시스템은?

㉮ 추진 서브 시스템 ㉯ 원격 측정, 추적 제어(TTC) 서브 시스템

㉰ 전원 공급 서브 시스템 ㉱ 통신 서브 시스템

> 해설 TTC 서브 시스템은 위성의 상태를 감시하는데 사용된다.

정답 43. ㉱ 44. ㉰ 45. ㉯

46. 다음 중 지구국의 기본 구성에 해당하지 않는 것은?

㉮ 송수신 주파수 변환장치   ㉯ 변복조 장치

㉰ 감시제어 장치   ㉱ 자세 제어 장치

> 해설 **지구국의 기본 구성**
> ① 전원 공급 장치   ② 변복조 장치   ③ 주파수 변환 장치
> ④ 감시제어 장치   ⑤ 고출력 송신기   ⑥ 저잡음 수신기
> ⑦ 안테나

47. 다음 중 통신 위성의 자세 제어시 기준축이 아닌 것은?

㉮ Yaw 축   ㉯ Roll 축

㉰ Pitch 축   ㉱ Telecom 축

> 해설 **위성의 자세 제어 방식**
> ① 회전 제어 방식   ② 3축 자세 제어 방식
> ③ 중력 기울기 안정법   ④ 바이어스 모멘텀 자세 제어 방식

48. 위성의 자세 제어계의 구성요소가 아닌 것은?

㉮ 구동 장치   ㉯ 증폭 장치

㉰ 제어 장치   ㉱ 자세 제어 장치

49. 다음 중 위성 통신에 사용되는 대표적인 저잡음 증폭기는?

㉮ Magnetron   ㉯ GaAs FET

㉰ Cascode   ㉱ Maser

> 해설 분자증폭기(maser : micro wave amplification by stimulated emission of radiation) 이 증폭기는 물질을 구성하는 분자의 에너지를 이용한 증폭기로서 다음과 같은 특징이 있다.
> ① 저잡음   ② 안정한 발진
> ③ 임의 주파수 발진 또는 증폭이 어렵다.   ④ 큰 직류 자계 발생 장치가 필요하다.

정답   46. ㉯   47. ㉱   48. ㉯   49. ㉱

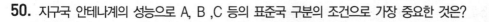

연습문제

50. 지구국 안테나계의 성능으로 A, B ,C 등의 표준국 구분의 조건으로 가장 중요한 것은?

㉮ G/T ㉯ CN

㉰ S/N ㉱ SWR

> **해설** 복수의 지구국이 하나의 위성에 접속하기 위한 안테나의 수신 이득과 수신 시스템의 성능지수(G/T) 가 규정되어 있고, 이 규격을 만족하는 지구국을 표준 기지국이라 한다.

표준 기지국	사용 주파수대[GHz]	G/T[dB/K]
A	6/4	35
B	6/4	31.7
C	14/12(14/11)	37
D	6/4	23~32
E	14/12(14/11)	25~34

51. 위성 통신 시스템 중에서 정지 궤도에 진입 또는 자세 제어에 사용되는 시스템은?

㉮ 추진 시스템 ㉯ 전원 공급 시스템

㉰ 자세 궤도 제어 시스템 ㉱ TTC 시스템

52. 위성 통신 표준 A지구국에서 사용하는 주파수대는?

㉮ 2.5/5[Hz] ㉯ 6/4[Hz]

㉰ 8/7[GHz] ㉱ 14/12[GHz]

53. 위성 통신에서 지구국 안테나의 성능 조건에 해당되지 않는 것은?

㉮ 광각이 넓을 것 ㉯ 광각의 지향성이 좋을 것

㉰ 이득이 클 것 ㉱ 잡음 온도가 낮을 것

정답 50. ㉮ 51. ㉰ 52. ㉯ 53. ㉮

연습문제

54. 위성 통신에서 사용하는 고전력 증폭기는?

㉮ Maser   ㉯ GaAs FET

㉰ TWTA   ㉱ Magnetron

55. TWTA RF 출력 전력의 90[W] 동작에 필요한 DC입력 전력이 100[W]라고 할 때 TWTA의 효율은 몇[%]인가?

㉮ 50[%]   ㉯ 70[%]

㉰ 90[%]   ㉱ 100[%]

> **해설** TWTA의 효율 $\eta = \dfrac{RF출력전력}{DC입력전력} \times 100[\%] = \dfrac{90}{100} \times 100[\%] = 90[\%]$

56. 위성 통신의 지구국에 사용하는 안테나는?

㉮ 헤리컬 안테나   ㉯ 카세그레인 안테나

㉰ 비컨 안테나   ㉱ 무지향성 안테나

> **해설** ① 위성 안테나 : 글로벌 안테나(Global Antenna), 파라볼라 안테나(Parabola Antenna), 무지향성 안테나, 헬리컬 안테나(Helical Antenna), 비컨 안테나(Becon Antenna)
> ② 지구국 안테나 : 카세그레인 안테나(Cassegrain Antenna), 파라볼라 안테나(Parabola Antenna), 혼 안테나(Horn Antenna)

57. 전파를 발사하여 목표물에 반사되어 수신된 시간이 $1.5[\mu s]$일 때 목표물까지의 거리는?

㉮ 225[m]   ㉯ 250[m]

㉰ 570[m]   ㉱ 680[m]

> **해설** $d = \dfrac{1}{2}ct = 0.5 \times (3 \times 10^8) \times 1.5 \times 10^{-6} = 225[m]$

정답 54. ㉰   55. ㉰   56. ㉯   57. ㉮

58. 위성체에 사용되는 태양전지의 효율은 몇[%]인가?

    ㉮ 10[%]   ㉯ 25[%]

    ㉰ 50[%]   ㉱ 80[%]

59. 위성 통신의 지구국에서는 수신신호를 FM 검파하기 전에 중간 주파수로 변환하는데 이때 중간 주파수는 몇 [MHz] 인가?

    ㉮ 20[MHz]   ㉯ 55[MHz]

    ㉰ 70[MHz]   ㉱ 100[MHz]

60. 위성 통신 시스템의 다원 접속 방식 중에서 트랜스폰더의 주파수 대역폭을 분할하여 지구국에 할당함으로서 지구국들의 신호 간섭을 방지할 수 있는 방식은?

    ㉮ 주파수 분할 다중 방식   ㉯ 시간 분할 다중 방식

    ㉰ 코드 분할 다중 방식   ㉱ 공간 분할 다중 방식

61. 위성 통신에서 데이터를 변조하는 방식은?

    ㉮ FM 변조   ㉯ SSB 변조

    ㉰ DSB 변조   ㉱ QPSK 변조

    해설 위성 통신에서 음성신호와 영상신호는 FM 변조를 하고 데이터는 QPSK 변조를 한다.

62. 위성 통신에서 음성신호와 영상신호를 변조하는 방식은?

    ㉮ DSB 변조   ㉯ SSB 변조

    ㉰ AM 변조   ㉱ FM 변조

정답 58. ㉯   59. ㉰   60. ㉮   61. ㉱   62. ㉱

63. TV위성을 궤도에 올려 놓을 때 위성간의 간격은 몇 도로 하여야 하는가?

㉮ 5° ㉯ 6°

㉰ 7° ㉱ 8°

64. 마이크로 웨이브를 사용한 데이터 전송은 몇 [km]마다 중계소가 필요한가?

㉮ 5[km] ㉯ 10[km]

㉰ 15[km] ㉱ 20[km]

65. 마이크로 웨이브 중계소의 역할을 옳게 설명한 것은?

㉮ 신호의 증폭 ㉯ 신호의 점검

㉰ 신호의 변환 ㉱ 신호의 감소

66. 정지 위성을 사용하는 INTELSAT에서는 통신 가능 최저 양각은 5°이다. 이때 정지위성과 지구국간의 통신거리는?

㉮ 10,276[km] ㉯ 20,552[km]

㉰ 41,105[km] ㉱ 82,210[km]

해설 $l=\dfrac{R}{R+h}\cdot\dfrac{\sin\beta}{\cos\theta}$에서

R : 지구 반경 β : 커버리지의 중심각

θ : 안테나의 최소 양각 $\alpha=\dfrac{17.34°}{2}=13.67$이다. 이때

$\delta=180°-13.67°=166.33°$

$\beta=180°-(90°+\alpha)=(5°+90°)+\beta=180$가 되어야 하기 때문에

$\beta=76.33$가 된다. 결국 위성과 지구국간의 통신 거리는

$l=(6,378+35,786)\cdot\dfrac{\sin 76.33°}{\cos 5°}=41,105[km]$

정답 63. ㉯ 64. ㉮ 65. ㉯ 66. ㉰

67. 위성 지구국의 고전력 증폭기에 사용되지 않는 소자는?

    ㉮ 트랜지스터   ㉯ 마그네트론

    ㉰ 진행파관   ㉱ 클라이스트론

> 해설   위성 지구국의 대전력 증폭기에는 트랜지스터, 진행파관(TWT), 클라이스트론이 사용된다.

68. 500[MHz]대의 광대역 증폭이 가능한 증폭기는?

    ㉮ 진행파관   ㉯ 마그네트론

    ㉰ 트랜지스터   ㉱ 클라이스트론

> 해설   클라이스트론은 소비전력이 적고 가격면에서 좋으나 협대역용으로 많은 채널을 수용할 수 없다. 반면에 진행파관(TWT)은 소비 전력은 크지만 주로 광대역 증폭기로 사용하며 광대역 특성은 약500[MHz]이고 포화출력은 8.5[W]~20[W]이다.

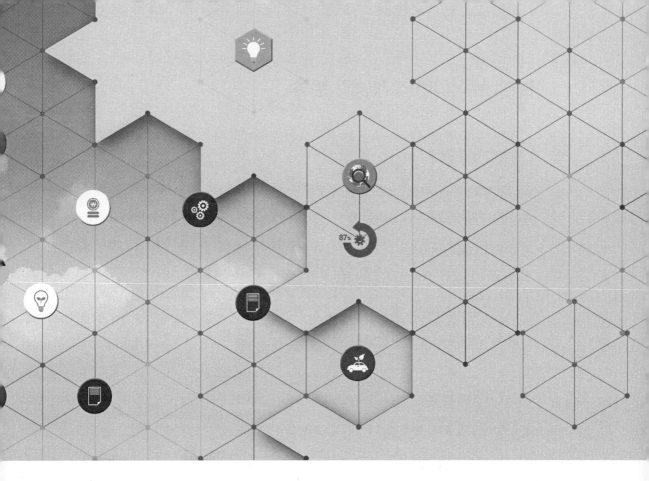

CHAPTER 8

뉴미디어 기기

8.1 뉴미디어의 개념과 분류

(1) 뉴미디어의 개념

- **뉴미디어(New Media)** : 음성신호, 영상신호, 데이터 신호를 통신 네트워크와 통합시켜 사용자의 요구를 충족시키는 새로운 형태의 미디어로서 3차원적인 멀티미디어

- **멀티미디어(Multimedia)** : 2가지 이상의 매체를 이용하여 효과적으로 정보를 전달하기 위한 미디어를 멀티미디어라 한다.

- **하이퍼미디어(Hypermedia)** : 음성, 영상, 데이터 등의 미디어를 통합한 데이터 베이스를 하이퍼미디어라 한다.

(2) 뉴미디어의 분류

- 뉴미디어는 방송계, 통신계, 패키지계 등으로 구분한다.

〈표 8-1〉 뉴미디어의 분류

분류	구분
유선계	LAN(Local Area Network) : 근거리 통신망
	VAN(Value Added Network) : 부가가치 통신망
	ISDN(Integrated Service Digital Network) : 종합정보 통신망
	VRS(Video Response System) : 화상응답 시스템
	텔레컨퍼런스(Teleconference) : 화상회의
	비디오 텍스(Videotex)
무선계	텔레텍스트(Teletext) : 문자다중방송
	고품질 TV(HDTV)
	직접위성 방송(DBS)
유무선 통합	비디오 디스크(Video Disc)
	디지털 오디오 디스크(Digital Audio Disc)

(3) 뉴미디어의 표준화

- JPEG(Joint Photographic Expert Group) : 정지화상 압축의 표준화 그룹

- MPEG(Moving Picture Expert Group) : 동화상 압축의 표준화 그룹

  - 유선 통신 : MPEG-1, MPEG-2

  - 무선 통신 : MPEG-3

  - 유무선 통합 : MPEG-4

- Hyper ODA(Open Document Architecture) : 하이퍼 개방형 문서구조

- MHEG(Multimedia & Hypermedia Information Coding Expert Group) : 멀티미디어와 하이퍼미디어 정보의 압축 표준화 그룹

8.2 LAN(Local Area Network), 근거리 통신망

(1) LAN의 기본 개념

- LAN(Local Area Network)는 인접한 지역에서 설치한 고속의 통신 네트워크이다.

- **적용거리** : 2.5km(동축케이블), 100km(광케이블)

- **전송속도** : 10Mbps(동축케이블), 100Mbps(광케이블)

- **접속제어** : CSMA/CD, 토큰링(Token Ring)과 같은 저속의 LAN을 FDDI(Fiber Distributed Data Interface, 고속 광케이블)를 사용하여 고속의 LAN으로 구성할 수 있다.

(2) LAN의 기본 기능 3요소

- 통신 제어 기능

- 신호 변환 기능

- 정보 전달 기능

⑶ LAN의 특징

- 고속 통신이 가능하다.

- 데이터 전송 오류가 적다.

- 신뢰성이 높다.

- 시스템 확장이 용이하다.

- 다양한 형태의 통신 단말기에 접속이 용이하다.

⑷ LAN의 분류

① 네트워크의 접속 형태에 의한 분류

- 성형(Star)

- 링형(Ring)

- 버스형(Bus)

〈표 8-2〉 LAN의 분류

	성형(Star)	링형(Ring)	버스형(Bus)
형태			
특징	• 공통의 전송로 없음 • 개별 배선	• 데이터는 한쪽 방향으로 순환 • 송신원에서 데이터 소멸	• 단방향, 양방향 • 종단에서 데이터 소멸
교환국 이상	모든 통신의 중단을 일으킬 수 있어 통신망의 2중화가 필요	모든 통신의 중단을 일으킬 수 있어 통신망의 2중화가 필요	다른 통신장치에 미치는 영향은 적다.
통신이상 검출	쉽다	쉽다	어렵다
전송길이	길다	짧다	짧다

② 전송매체

• **트위스트 페어 동축케이블**

  - 버스형 네트워크를 구성하는 경우에 단말기의 접속이 용이하다.

  - 1.5Mbps까지 전송이 가능하다.

• **기저대역(Baseband) 동축케이블**

  - 신호를 변조하지 않고 사용할 수 있다.

  - 10Mbps까지 전송이 가능하다.

• **광대역(Broadband) 동축케이블**

  - 신호를 변조하여 사용하여야 한다.

  - 150Mbps까지 전송이 가능하다.

• **광섬유**

  - 저손실, 광대역 통신에 사용한다.

③ LAN의 엑세스 방식

• **CSMA/CD** : Carrier Sense Multiple Access/Collision Detection

• **토큰패싱** : Token Passing

• **TDMA** : Time Division Multiple Access

〈표 8-3〉 LAN의 엑세스 방식

구분 \ 방식	CSMA/CD	토큰패싱	TDMA
네트워크 접속 방식	베이스밴드 방식	링 방식	루프 방식
전송속도	고속, 10Mbps이하	고속, 10Mbps~수십Mbps	리얼타임 고속 수십Mbps~100Mbps
데이터 지연시간	적다	적다	거의 없다
경제성	좋다	보통	비싸다

(5) LAN의 통신 방식

〈표 8-4〉 LAN의 통신방식

구분＼방식	베이스밴드(Basebnad)	브로드 밴드(Broadband)
신호처리	디지털 신호	아날로그 신호
전송속도	10Mbps 이하	5Mbps이하
전송거리	10km 이하	수십km 이하
모뎀	불필요	필요

- **베이스밴드(Baseband) 방식** : 디지털 신호로 직접 전송하는 방식
- **브로드밴드(Broadband) 방식** : 아날로그 신호를 FDMA에 의하여 주파수분할 하여 사용한다.

8.3 VAN(Value Added Network), 부가 가치 통신망

(1) VAN의 기본 개념

- 직접 보유한 통신회선 혹은 임차한 통신회선을 이용하여 가입자에게 통신 서비스를 제공하는 것을 말한다.

(2) VAN의 기본 기능 3요소

- **정보 교환 기능** : 정보원의 단순한 교환을 행하는 기능(패킷교환, 회선교환)
- **정보 처리 기능** : 정보원을 가공하여 변형된 정보를 제공하는 기능
- **정보 전송 기능** : 정보원을 가공하지 않고 정보 전송만을 행하는 기능

(3) VAN의 구성

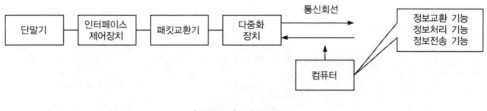

〈그림 8-1〉 VAN의 구성

8.4 ISDN(Integrated Service Digital Network) 종합정보 통신망

(1) ISDN의 기본 개념

- 음성, 영상, 데이터 등의 매체를 통합된 디지털 통신망으로 처리하는 종합정보 통신망
- N(Narrowband)-ISDN : 최대 144kbps의 동축케이블을 사용한 협대역 종합정보 통신망
- B(Broadband)-ISDN : 최대 수백Mbps의 광케이블을 사용한 광대역 종합정보 통신망

(2) ISDN의 기본 기능

- 회선교환, 패킷교환
- 통신망의 채널 신호처리
- 정보처리 및 저장
- 통신망의 운영 및 관리

(3) ISDN 채널의 종류

〈표 8-5〉 ISDN 채널의 종류

ISDN	채널의 종류		전송 속도	용도
N-ISDN	B		64kbps	정보 전송용 채널
	D		16kbps, 64kbps	회선교환의 신호채널
	H_0		384kbps	고속의 신호전송 고속 FAX 화상회의 영상서비스
	H_1	H_{11}	1.5Mbps	
		H_{12}	1.9Mbps	
B-ISDN	H_2	H_{21}	32Mbps	
		H_{22}	45Mbps	
	H_4		150Mbps	
	H_5		600Mbps	

8.5 Videotex, 비디오 텍스

(1) 비디오 텍스의 기본 개념

• 데이터 베이스에 저장된 화상정보를 전화선과 TV를 이용하여 가입자에게 서비스를 제공

• 쌍방향 화상 정보 시스템

• 전화망, 패킷 교환망, CATV망을 이용한다.

(2) 비디오 텍스의 시스템 구성

• **중앙정보센터** : 축적된 대용량의 화상정보를 사용자의 요구에 따라 정보를 검색/송출 하는 기능

• **통신망** : 통신 프로토콜 변환, 화상정보의 압축, 통신장치에 접속하는 기능

• **단말장치** : 압축된 화상정보를 복원하기 위한 디코더, TV수상기/CRT

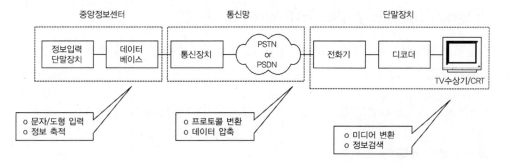

〈그림 8-2〉 비디오 텍스(Videotex) 시스템의 구성

8.6 Teletext, 텔레텍스트

(1) 텔레텍스트의 기본 개념

- 컴퓨터와 TV를 결합시킨 방송형태의 서비스로서 문자 다중 방송 서비스라고 한다.

- 정지화면 또는 문자정보를 TV 신호와 함께 전송한다.

- 단방향 통신 서비스이다.

- 뉴스 및 프로그램 정보를 제공하며 TV 프로그램의 자막으로 이용된다.

(2) 텔레텍스트의 시스템 구성

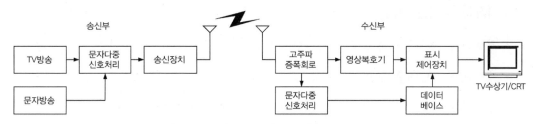

〈그림 8-3〉 텔레텍스트(Teletext) 시스템의 구성

(3) 텔레스(Telex)와 텔레텍스트(Teletext)의 차이점

- **텔렉스(Telex)** : 문서 편집 기능이 있는 워드프로세서에 통신기능을 부가한 문서 기록 장치이다.

- 텔레텍스트(Teletext) : 문서 편집 기능이 있는 문자 다중 방송 서비스 이다.

〈표 8-6〉 텔렉스와 텔레텍스트의 비교

항목	텔렉스(Telex)	텔레텍스트(Teletext)
특징	문서 기록 장치	문자 다중 방송 서비스
전송속도	50Baud	2400bps
전송방법	비동기식 반이중(Half Duplex)	동기식 전이중(Full Duplex)
사용코드	ITU-TS ITA No.2	ITU-TS ITA No.5
오류검사	없음	있음

8.7 MHS(Message Handling System), 메시지 통신 시스템

(1) MHS의 기본 개념

- 기존의 전자 사서함을 발전시킨 형태의 메시지 통신 시스템으로서 PSTN, PSDN 등 각 종 통신망간의 메시지 교환이 가능한 서비스이다.

(2) MHS의 기본 기능

- **정보검색** : 정보원(음성신호, 화상신호, 데이터 등)의 파일을 검색하는 기능
- **정보교환** : 정보원을 교환하는 기능
- **정보배달** : 정보원을 지정된 시각 또는 우선순위에 따라 배달하는 기능

(3) MHS의 에이전트

- MHS의 모델은 이용자 에이전트(UA : User Agent)와 메시지 전송 에이전트(MTA : Message Transfer Agent)로 구분할 수 있다.

① 이용자 에이전트(UA : User Agent)

- 발신자의 메시지를 MTA로 발신

- MTA로 부터 메시지를 수신

- 이용자에게 MHS의 각종 부가 기능(메시지 편집, 메시지 축적)을 제공

② 메시지 전송 에이전트(MTA : Message Transfer Agent)

- 발신 UA로 부터의 메시지 수신

- MTA로 메시지 중계

- 수신 UA로 메시지 전송

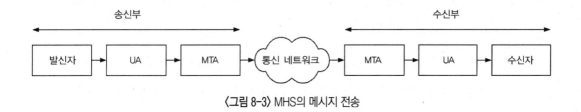

〈그림 8-3〉 MHS의 메시지 전송

(4) MHS의 특징

- 메시지를 일시적으로 저장할 수 있는 기능 때문에 교환기의 고장이나 교환기의 폭주를 방지할 수 있다.

- 동일 메시지를 다수에게 동시에 전송할 수 있다.

- 우선 순위를 정하여 메시지를 전송할 수 있다.

- 기종이 다른 메시지 전송 시스템 상호간에 메시지 교환이 가능하다.

8.8 EDI(Electronic Data Interchange) 전자문서 교환

(1) EDI의 기본 개념

- 기업내 문서의 자동화를 위하여 개발한 시스템으로서 표준화된 서식에 의한 전자화된 문서를 전송하는 방식을 말한다.

(2) EDI의 특징

- 문서교환의 시간을 절감할 수 있다.
- 문서작성에 소비되는 비용을 절감할 수 있다.
- 신속한 정보교환이 가능하다.
- 사무처리의 자동화

(3) EDI 소프트웨어의 구성

- **데이터 변환 소프트웨어** : 상호간의 컴퓨터가 전자문서를 해독하기 쉽도록 데이터를 표준화하는 기능을 수행한다.
- **양식 변환 소프트웨어** : 전자문서의 양식을 표준화하는 기능을 수행한다.
- **통신 소프트웨어** : 전자문서를 전송하기 위하여 통신 프로토콜을 선택/접속 시키는 기능을 수행한다.
- **공유 소프트웨어** : 전자문서를 공유하기 위한 기능을 수행한다.

〈그림 8-4〉 EDI 소프트웨어의 구성

1. 다음 중 뉴미디어의 분류 중 유선계에 해당하지 않는 것은?

㉮ LAN   ㉯ VAN

㉰ Teletext   ㉱ VRS

해설 뉴미디어의 분류

분류	구분
유선계	LAN(Local Area Network) : 근거리 통신망
	VAN(Value Added Network) : 부가가치 통신망
	ISDN(Integrated Service Digital Network) : 종합정보 통신망
	VRS(Video Response System) : 화상응답 시스템
	텔레컨퍼런스(Teleconference) : 화상회의
	비디오 텍스(Videotex)
무선계	텔레텍스트(Teletext) : 문자다중방송
	고품질 TV(HDTV)
	직접위성 방송(DBS)
유무선 통합	비디오 디스크(Video Disc)
	디지털 오디오 디스크(Digital Audio Disc)

2. 다음 중 뉴미디어의 분류 중 무선계에 해당하는 것은?

㉮ 비디오 텍스(videotex)   ㉯ 텔레컨퍼런스(teleconference)

㉰ HDTV   ㉱ ISDN

3. 근거리 통신망의 약어를 옳게 나타낸 것은?

㉮ LAN   ㉯ VAN

㉰ ISDN   ㉱ VRS

정답   1. ㉰   2. ㉰   3. ㉮

4. 부가 가치 통신망의 약어를 옳게 나타낸 것은?

 ㉮ LAN   ㉯ VAN

 ㉰ ISDN   ㉱ VRS

5. 멀티미디어가 갖는 특성으로 가장 관계가 적은 것은?

 ㉮ 상호 작용성   ㉯ 정보의 전달

 ㉰ 동시성   ㉱ 단방향 정보

> **해설** 멀티미디어(multi media)란 다수라는 의미의 multi와 정보 전달 수단을 의미하는 media의 합성어 이며 다음과 같은 특징이 있다.
> ① 상호 작용성 : 이용자와 상호 작용을 가지면서 원하는 정보를 제공하여야 한다.
> ② 정보의 전달 : 매체를 이용하여 정보를 전달하여야 한다.
> ③ 동시성 : 둘 이상의 매체의 동시 표현이 가능하여야 한다.

6. 종합 정보 통신망의 약어를 옳게 나타낸 것은?

 ㉮ LAN   ㉯ VAN

 ㉰ ISDN   ㉱ VRS

7. 다음 중 LAN의 특징을 잘못 설명한 것은?

 ㉮ 방송 통신망으로 사용이 불가능하다.

 ㉯ 어떤 형태의 통신기기와도 통신이 가능하다.

 ㉰ 에러율이 매우 낮다.

 ㉱ 고속 통신이 가능하다.

정답   4. ㉯   5. ㉱   6. ㉰   7. ㉮

8. 다음 중 뉴미디어 표준화에 있어서 동화상 압축의 표준화 그룹에 해당하는 것은?

㉮ Hyper ODA ㉯ MHEG

㉰ JPEG ㉱ MPEG

해설 뉴미디어 표준화

① JPEG(Joint Photographic Expert Group) : 정지화상 압축의 표준화 그룹

② MPEG(Moving Picture Expert Group) : 동화상 압축의 표준화 그룹

③ Hyper ODA(Open Document Architecture) : 하이퍼 개방형 문서구조

④ MHEG(Multimedia & Hypermedia Information Coding Expert Group) : 멀티미디어와 하이퍼미디어 정보의 압축 표준화 그룹

9. LAN(근거리 통신망)의 기본 기능 3요소에 해당하지 않는 것은?

㉮ 통신 제어 기능 ㉯ 신호 변환 기능

㉰ 정보 전달 기능 ㉱ 정보 호환 기능

10. LAN의 특징을 잘못 설명한 것은?

㉮ 다양한 형태의 통신 단말기에 접속이 용이하지 못하다.

㉯ 고속 통신이 가능하다.

㉰ 데이터 전송 오류가 적다.

㉱ 신뢰성이 높다.

해설 LAN은 다양한 형태의 통신 단말기에 접속이 용이하다.

11. 근거리 데이터 통신망의 구성에서 버스(bus)형 통신망의 특징이 아닌 것은?

㉮ 고장 진단이 비교적 용이하다.

㉯ 링크를 추가할 때 통신망의 가동이 전면 중단된다.

㉰ 망의 제어 기능이 중심 노드에 위치한다.

㉱ 중심 노드가 시분할 방식일 때 자주 이용된다.

정답 8. ㉱ 9. ㉱ 10. ㉮ 11. ㉯

12. LAN의 분류중 네트워크의 접속 형태에 의한 분류에 해당하지 않는 것은?

㉮ 성형(Star)　　　　　　　　　　㉯ 링형(Ring)

㉰ 버스형(Bus)　　　　　　　　　　㉱ 링크형(Link)

13. LAN의 특징에 해당하지 않는 것은?

㉮ 결핍성　　　　　　　　　　㉯ 연결성

㉰ 경제성　　　　　　　　　　㉱ 호환성

14. LAN의 분류를 잘못 나타낸 것은?

㉮ 논리적 위상에 의한 분류　　　　㉯ 물리적 위상에 의한 분류

㉰ 거리에 의한 분류　　　　　　　　㉱ 전송매체에 의한 분류

> 해설 **LAN의 분류**
> ① 논리적 위상에 의한 분류
> ② 물리적 위상에 의한 분류
> ③ 전송 매체에 의한 분류
> ④ 변조 방식에 의한 분류

15. LAN의 분류 중 전송매체에 의한 분류가 아닌 것은?

㉮ 트위스트 페어 동축케이블　　　　㉯ 알페스 케이블

㉰ 기저대역(Baseband) 동축케이블　㉱ 광대역(Broadband) 동축케이블

> 해설 **LAN의 전송매체에 의한 분류**
> ① 트위스트 페어 동축케이블 : 버스형 네트워크를 구성하는 경우에 단말기의 접속이 용이하다.
> 　 1.5Mbps까지 전송이 가능하다.
> ② 기저대역(Baseband) 동축케이블 : 신호를 변조하지 않고 사용할 수 있다.10Mbps까지 전송이 가
> 　 능하다.
> ③ 광대역(Broadband) 동축케이블 : 신호를 변조하여 사용하여야 한다. 150Mbps까지 전송이 가능하다.
> ④ 광섬유 : 저손실, 광대역 통신에 사용한다.

정답 12. ㉱　　　　13. ㉮　　　　14. ㉰　　　　15. ㉯

16. LAN의 분류 중 엑세스에 의한 분류가 아닌 것은?

㉮ CSMA/CD   ㉯ 토큰패싱

㉰ FDMA   ㉱ TDMA

> 해설   LAN의 엑세스에 의한 분류
> ① CSMA/CD : Carrier Sense Multiple Access/Collision Detection
> ② 토큰패싱 : Token Passing
> ③ TDMA : Time Division Multiple Access

17. LAN의 접속 방식 중 집중형 네트워크에서 주로 사용되는 방식은?

㉮ FDMA 방식   ㉯ TDMA 방식

㉰ 알로하(ALOHA) 방식   ㉱ 토큰링 방식

> 해설   알로하(ALOHA) 방식은 집중형 네트워크로서 넓게 분산된 사용자의 터미널이 중앙의 호스트 시스템 (host system)을 엑세스(access)하는 방식이다.

18. VAN(부가가치 통신망)의 기본 기능 3요소에 해당하지 않는 것은?

㉮ 정보 축적 기능   ㉯ 정보 교환 기능

㉰ 정보 처리 기능   ㉱ 정보 전송 기능

19. 직접 보유한 통신회선 혹은 임차한 통신회선을 이용하여 가입자에게 통신 서비스를 제공하는 서비스는?

㉮ VAN   ㉯ LAN

㉰ ISDN   ㉱ CATV

정답   16. ㉰   17. ㉰   18. ㉮   19. ㉮

20. VAN의 통신 처리 기능에 해당하지 않는 것은?

㉮ 축적 기능   ㉯ 프로토콜 변환

㉰ 속도 변환   ㉱ 패킷 교환

> 해설 패킷 교환은 전송 기능에 속한다.

21. 다음 중 종합정보통신망(ISDN)을 잘못 설명한 것은?

㉮ 세계적으로 통일된 디지털 socket을 사용하기 때문에 통신형태에 융통성이 있다.

㉯ 단말기와 통신 네트워크의 자유로운 기능 분담으로 이용자에 대한 서비스가 어렵다.

㉰ 이용자에게 제공되는 기능이나 속도에 따라 요금체계가 다르다.

㉱ 통신의 효율성과 경제성이 뛰어나다.

22. ISDN의 장점 중 이용자측에서 본 장점이 아닌 것은?

㉮ 경제성과 효율성

㉯ 음성/영상의 광범위한 서비스

㉰ 다양한 통신 기능

㉱ 세계적으로 통일된 digital socket을 사용

> 해설 경제성과 효율성은 통신 사업자 측면에서 본 장점이다.

23. ISDN의 기본 기능에 해당하지 않는 것은?

㉮ 회선교환, 패킷교환   ㉯ 통신망의 채널 신호처리

㉰ 정보처리 및 저장   ㉱ 정보 검색

> 해설 ISDN의 기본 기능
> ① 회선교환, 패킷교환   ② 통신망의 채널 신호처리
> ③ 정보처리 및 저장   ④ 통신망의 운영 및 관리

정답   20. ㉱   21. ㉯   22. ㉮   23. ㉱

24. ISDN의 특징을 잘못 설명한 것은?

㉮ OSI 통신 계층 구조를 교환할 수 있다.

㉯ 64[kbps]의 통화선으로 음성, 영상, 문자, 데이터를 교환할 수 있다.

㉰ 전송 속도가 빠르며 효율적인 새로운 서비스가 가능하다.

㉱ 하나의 전송매체에 여러 통신회선을 공유하기 때문에 비용을 통화선별로 부담하여야 한다.

25. 다음 중 협대역 종합정보 통신망(N-ISDN)의 채널에 해당하지 않는 것은?

㉮ B 채널

㉯ H_0 채널

㉰ H_1 채널

㉱ H_2 채널

해설 ISDN 채널의 종류

ISDN	채널의 종류		전송 속도	용도
N-ISDN	B		64kbps	정보 전송용 채널
	D		16kbps, 64kbps	회선교환의 신호채널
	H_0		384kbps	고속의 신호전송 고속 FAX 화상회의 영상서비스
	H_1	H_{11}	1.5Mbps	
		H_{12}	1.9Mbps	
B-ISDN	H_2	H_{21}	32Mbps	
		H_{22}	45Mbps	
	H_4		150Mbps	
	H_5		600Mbps	

26. ISDN 채널에서 B채널과 D채널의 전송속도를 옳게 나타낸 것은?

㉮ B채널 = 16kbps, D채널 = 16kbps/64kbps

㉯ B채널 = 64kbps, D채널 = 16kbps/64kbps

㉰ B채널 = 32kbps, D채널 = 16kbps/64kbps

㉱ B채널 = 128kbps, D채널 = 16kbps/64kbps

정답 24. ㉱　　　25. ㉱　　　26. ㉮

27. 다음 중 광대역 종합정보 통신망(B-ISDN)의 채널에 해당하지 않는 것은?

   ⑦ H_1 ④ H_2 ④ H_4 ㉑ H_5

28. ISDN 채널에 있어서 16kbps/64kbps 회선교환의 신호채널로 사용되고 있는 것은?

   ⑦ B 채널   ④ D 채널   ④ H_0 채널   ㉑ H_1 채널

29. ISDN에 있어서 User Interface 채널 구조를 옳게 나타낸 것은?

   ⑦ 2B+D   ④ 2(B+D)   ④ B+D   ㉑ B+2D

> 해설 ISDN의 채널은 전화회선 2개와 데이터 통신용 채널 1개를 합한 전송 용량(2B+D)을 갖는다.

30. 다음 중 ISDN의 일반 원칙에 속하지 않는 것은?

   ⑦ 기본 서비스   ④ 인텔리전트

   ④ 광대역화   ㉑ 경제성 및 효율성

> 해설 ISDN의 일반 원칙
> ① 종합 서비스   ② 광대역화   ③ 인텔리전트
> ④ 기본 서비스   ⑤ 접속 기능   ⑥ 계층화

31. 다음 중 이더넷(ethernet)의 기본 규격에 해당하지 않는 것은?

   ⑦ 데이터 전송속도는 10[Mbps]이다.   ④ 스테이션간 최대거리는 25[km]이다.

   ④ 엑세스 방식은 CSMA/CD 이다.   ㉑ 스테이션 수는 최대 1,024개이다.

> 해설 이더넷(ethernet)의 기본 규격
> ① 데이터 전송속도 : 10[Mbps]   ② 엑세스 방식 : CSMA/CD
> ③ 스테이션간 최대거리 : 2.5[km]   ④ 스테이션 최대 수 : 1,024개
> ⑤ 회선망 형대 : unrooted tree

정답   27. ⑦   28. ④   29. ⑦   30. ㉑   31. ④

32. 다음 중 비디오 텍스(videotex)에 대한 설명으로 옳지 않은 것은?

㉮ 데이터 베이스에 저장된 화상정보를 전화선과 TV를 이용하여 가입자에게 서비스를 제공

㉯ 쌍방향 화상 정보 시스템

㉰ 정지화면 또는 문자정보를 TV 신호와 함께 전송한다.

㉱ 전화망, 패킷 교환망, CATV망을 이용한다.

해설 정지화면 또는 문자정보를 TV 신호와 함께 전송하는 것은 텔레텍스트(teletext)서비스이다.

33. 다음 중 비디오 텍스의 시스템 구성에 해당하지 않는 것은?

㉮ 중앙정보센터　　　㉯ 통신망　　　㉰ 단말장치　　　㉱ 안테나

해설 비디오 텍스의 시스템 구성

　① 중앙정보센터 : 축적된 화상정보를 사용자의 요구에 따라 정보를 검색/송출하는 기능

　② 통신망 : 통신 프로토콜 변환, 화상정보의 압축, 통신장치에 접속하는 기능

　③ 단말장치 : 압축된 화상정보를 복원하기 위한 디코더, TV수상기/CRT

34. 다음 중 비디오텍스(videotex) 시스템의 구성에 해당하지 않는 것은?

㉮ 정보 보관자　　　　　　　　㉯ 정보 분배자

㉰ 정보 수요자　　　　　　　　㉱ 정보 제공자

해설 비디오텍스의 시스템 구성

　① 정보 제공자, ② 정보 수요자, ③ 정보 분배자

35. 다음 중 비디오텍스의 하드웨어 구성 요소가 아닌 것은?

㉮ 전기 통신망　　　　　　　　㉯ 헤드엔드

㉰ 정보 입력 단말기　　　　　　㉱ 중앙 정보 센터

해설 비디오텍스의 하드웨어 구성

　① 정보 입력 단말기, ② 중앙 정보 센터, ③ 전기 통신망

정답　32. ㉰　　　33. ㉱　　　34. ㉮　　　35. ㉯

36. 다음 중 비디오텍스의 응용 분야가 아닌 것은?

    ㉮ 정보 검색   ㉯ 정보의 교환 기능

    ㉰ 전산 처리 서비스   ㉱ 원격 감시 서비스

> **해설** 비디오텍스의 응용 분야
>
> ① 정보 검색, ② 메시지 전달, ③ 거래 처리 서비스, ④ 전산 처리 서비스, ⑤ 원격 감시 서비스

37. 비디오텍스에서 제공할 수 있는 서비스의 종류가 아닌 것은?

    ㉮ 정보 처리 서비스   ㉯ 메시지 전송 서비스

    ㉰ 정보 검색 서비스   ㉱ 홈뱅킹 또는홈쇼핑

38. 비디오 텍스의 기술 중 도트(dot)형태로 문자를 표현하는 방식은?

    ㉮ 알파 모자이크 방식   ㉯ 알파 지오메트릭 방식

    ㉰ 알파 포토그래픽 방식   ㉱ 알파 혼합 방식

> **해설** 비디오 텍스의 기술
>
> ① 알파 모자이크 방식 : 도트(dot)형태로 문자를 표현
>
> ② 알파 포토그래픽 방식 : 문자 및 그림 정보를 미리 점의 형태로 분해하여 문자를 표현
>
> ③ 알파 지오메트릭 방식 : 점, 선, 호, 원, 다각형과 같은 기하학적 요소로 문자를 표현

39. 비디오 텍스의 기술 중 문자를 점, 선, 호, 원, 다각형과 같은 기하학적 요소로 표현하는 방식은?

    ㉮ 알파 모자이크 방식   ㉯ 알파 지오메트릭 방식

    ㉰ 알파 포토그래픽 방식   ㉱ 알파 혼합 방식

정답 36. ㉯   37. ㉮   38. ㉮   39. ㉯

40. 텔레텍스트의 특징을 잘못 설명한 것은?

    ㉮ TV수신기와 디코더의 조합성이 좋다.   ㉯ 한정된 지역에서 사용된다.

    ㉰ 수신조건이 일정하지 않다.   ㉱ 화면의 전송 속도가 빠르다.

> 해설　텔레텍스트의 특징
> ① TV수신기와 디코더의 조합성이 좋다.   ② 전국적으로 사용할 수 있다.
> ③ 수신조건이 일정하지 않다.   ④ 화면의 전송 속도가 빠르다.
> ⑤ 전송로의 특성이 좋지 않다.

41. 일반공중통신망(PSTN)을 이용하여 텔렉스 신호를 전송할 수 있는 장치는?

    ㉮ TV 폰   ㉯ 비디오 텍스(videotex)

    ㉰ 텔레텍스트(teletext)   ㉱ 텔레텍스(teletex)

> 해설　텔레텍스는 워드프로세서에 통신기능을 추가시킨 단말기이며, 공중통신망을 이용하여 텔렉스 신호를 전송할 수 있다.

42. 다음 중 텔레텍스트의 특징을 잘못 설명한 것은?

    ㉮ 쌍방향 통신서비스이다.

    ㉯ 컴퓨터와 TV를 결합시킨 방송형태의 서비스로서 문자 다중 방송 서비스라고 한다.

    ㉰ 정지화면 또는 문자정보를 TV 신호와 함께 전송한다.

    ㉱ 뉴스 및 프로그램 정보를 제공하며 TV 프로그램의 자막으로 이용된다.

> 해설　텔레텍스트는 단방향 통신서비스이다.

43. 컴퓨터와 TV를 결합시킨 방송형태로 TV 방송과 함께 문자 정보 제공이 가능한 뉴미디어는?

    ㉮ 비디오 텍스   ㉯ 텔레텍스

    ㉰ 텔레텍스트   ㉱ CCTV

정답　40. ㉯　　　41. ㉱　　　42. ㉮　　　43. ㉰

44. 텔레텍스트와 비디오텍스를 잘못 비교한 것은?

    ㉮ 비디오텍스는 축적 정보량이 많은 반면에 텔레텍스트는 적다.

    ㉯ 비디오텍스는 정보제공자와 운용주체가 같지만, 텔레텍스트는 정보제공자와 운용주체가
다르다.

    ㉰ 비디오텍스는 화면 전송속도가 느린 반면에 텔레텍스트는 화면 전송속도가 **빠르다**.

    ㉱ 비디오텍스는 시스템은 비싼 반면에 텔레텍스트는 저렴하다.

    해설 비디오 텍스는 정보제공자와 운용주체가 다르지만, 텔레텍스트는 정보제공자와 운용주체가 같다.

45. 텔렉스(telex)와 텔레텍스트(teletext)를 비교 설명한 것 중 옳지 않은 것은?

    ㉮ 텔렉스는 문서 기록 장치이다.

    ㉯ 텔레텍스트는 문자 다중 방송 서비스이다.

    ㉰ 텔렉스는 동기식 전이중(Full Duplex) 방식을 사용한다.

    ㉱ 텔레텍스트에 사용하는 코드는 ITU-TS ITA No.5이다.

    해설 **텔렉스와 텔레텍스트의 전송방법**

        • 텔렉스 : 비동기식 반이중(Half Duplex)

        • 텔레텍스트 : 동기식 전이중(Full Duplex)

46. 기존의 전자 사서함을 발전시킨 형태의 메시지 통신 시스템으로서 PSTN, PSDN 등 각종 통신
망간의 메시지 통신 처리 서비스를 종합적으로 제공하는 서비스는?

    ㉮ 텔레텍스트   ㉯ 텔렉스

    ㉰ 비디오텍스   ㉱ MHS

47. 다음 중 MHS의 특징을 설명한 것 중 옳지 않은 것은?

    ㉮ MHS는 메시지를 일시적으로 저장할 수 있는 기능이 없다.

    ㉯ 동일 메시지를 다수에게 동시에 전송할 수 있다.

정답   44. ㉯   45. ㉰   46. ㉱   47. ㉮

㉺ 우선 순위를 정하여 메시지를 전송할 수 있다.

㉻ 기종이 다른 메시지 전송 시스템 상호간에 메시지 교환이 가능하다.

> 해설　MHS는 메시지를 일시적으로 저장할 수 있는 기능 때문에 교환기의 고장이나 교환기의 폭주를 방지
> 할 수 있다.

48. MHS의 기본기능의 3요소에 해당하지 않는 것은?

㉮ 정보검색　　　　　　　　　　　㉯ 정보교환

㉰ 정보가공　　　　　　　　　　　㉱ 정보배달

> 해설　MHS의 기본기능의 3요소
>
> ① 정보검색 : 정보원(음성신호, 화상신호, 데이터 등)의 파일을 검색하는 기능
> ② 정보교환 : 정보원을 교환하는 기능
> ③ 정보배달 : 정보원을 지정된 시각 또는 우선순위에 따라 배달하는 기능

49. MHS에서 메시지 형식은 어떻게 구성되어 있는가?

㉮ 엔벨로프와 콘텐트　　　　　　　㉯ 보디와 콘텐트

㉰ 엔벨로프와 헤딩　　　　　　　　㉱ 헤딩과 보디

> 해설　MHS에서 메시지 형식은 제어정보가 들어있는 엔벨로프(envelope)와 사용자의 메시지 정보가 들어
> 있는 콘텐트(content)로 구성되어 있다.

50. MHS의 서비스 형태가 아닌 것은?

㉮ 우선 순위 지정 서비스　　　　　㉯ 사서함 서비스

㉰ 지연 배달 서비스　　　　　　　　㉱ 동보(동시 통신) 서비스

정답　48. ㉰　　　49. ㉮　　　50. ㉯

51. 다음 중 MHS의 MTA와 UA에 대한 설명으로 옳지 않은 것은?

㉮ MTA는 개인간 메시지 통신 서비스(IMPS)를 제공한다.

㉯ UA는 메시지 편집기능과 메시지 축적기능이 있다.

㉰ MTA는 UA로부터 메시지를 수신하거나 UA에게 메시지를 발신한다.

㉱ UA는 다른 UA와 협조하여 각종 서비스를 제공한다.

해설 IMPS는 텔렉스의 엑세스 기능과 관련하여 UA가 제공하는 서비스이다.

52. MHS에서 이용자 에이전트(UA : User Agent)에 대한 설명으로 옳지 않은 것은?

㉮ 발신자의 메시지를 MTA로 발신

㉯ 발신 UA로 부터의 메시지 수신

㉰ MTA로 부터 메시지를 수신

㉱ 이용자에게 MHS의 각종 부가 기능(메시지 편집, 메시지 축적)을 제공

해설 발신 UA로 부터의 메시지 수신은 메시지 전송 에이전트(MTA)의 기능이다.

53. MHS에서 메시지 전송 에이전트(MTA : Message Transfer Agent)에 대한 설명으로 옳지 않은 것은?

㉮ 발신 UA로 부터의 메시지 수신 ㉯ MTA로 메시지 중계

㉰ 수신 UA로 메시지 전송 ㉱ MTA로 부터 메시지를 수신

해설 MTA로 부터 메시지를 수신은 이용자 에이전트(UA)의 기능이다.

54. 기업내 문서의 자동화를 위하여 개발한 시스템으로서 표준화된 서식에 의한 전자화된 문서를 전송하는 서비스는?

㉮ Teletext ㉯ EDI

㉰ Telex ㉱ MHS

55. EDI에 대한 설명 중 옳지 않은 것은?

㉮ 전자문서교환 이라 부른다.

㉯ 기업의 생산성 향상에 도움이 된다.

㉰ 기업간 상호간에 비정형화된 문서를 주고 받을 수 있다.

㉱ 종이 없는 사무실로 만들 수 있는 방법이다.

해설 EDI는 정형화된 문서만 교환 가능하다.

56. 다음 중 EDI에 대한 특징을 잘못 설명한 것은?

㉮ 문서교환의 시간을 절감할 수 있다.

㉯ 문서작성에 소비되는 비용을 절감할 수 있다.

㉰ 신속한 정보교환이 가능하다.

㉱ 우선 순위를 정하여 메시지를 전송할 수 있다.

해설 우선 순위를 정하여 메시지를 전송할 수 있는 기능은 MHS에 있는 기능이다.

57. EDI와 기업전산망과의 가장 큰 차이점은?

㉮ 문서형태 ㉯ 전송속도

㉰ 네트워크의 구성 ㉱ 단말기 형태

해설 EDI는 정형화된 문서만 교환 가능하나 기업전산망은 정형화된 문서는 물론 비정형화된 문서까지도 정보 교환이 가능하다.

이시우
- 日本大學(Nihon Univ.) 전자공학과 석사
- 日本大學(Nihon Univ.) 전자공학과 박사
- 현재 상명대학교 정보통신공학과 교수
- NCS 집필위원
- 전략물자관리원 판정위원
- 국방과학기술평가원 심사위원
- 한국방송통신전파진흥원 심사위원
- 중소기업청 심사위원
- 조달청 심사위원
- 국가과학기술위원회 자문위원
- 한국대학교육협의회 심사위원
- 한국산업기술평가관리원 심사위원
- 국가평생교육진흥원 심사위원
- 한국산업기술진흥원 심사위원
- 한국전자정보진흥센터 심사위원
- 한국정보통신기술진흥센터 심사위원
- 창조경제밸리혁신기술개발 전담지원 전문가(PS)

저서

〈전자회로〉〈정보통신공학개론〉〈정보통신산업기사〉〈디지털전자회로〉〈정보전송공학〉〈정보통신기기〉
〈정보통신설비기준〉〈전자계산기일반〉〈정보통신 및 전송공학개론〉〈PC와 인터넷활용〉

정보통신기기

1판 1쇄 인쇄 2016년 08월 01일
1판 1쇄 발행 2016년 08월 13일
저 자 이시우
발 행 인 이범만
발 행 처 **21세기사** (제406-00015호)
       경기도 파주시 산남로 72-16 (10882)
       Tel. 031-942-7861   Fax. 031-942-7864
       E-mail : 21cbook@naver.com
       Home-page : www.21cbook.co.kr
       ISBN 978-89-8468-685-4

정가 26,000원